Das Buch

Haben Sie eigentlich schon einmal nachgezählt, wie oft Sie sich Tag für Tag über ganz kleine Gemeinheiten ärgern? Über die üblichen Unhöflichkeiten, über das ganz normale schlechte Benehmen? Herkömmliche Benimmbücher begreifen Manieren als rein formale Anstandsregeln, sind nicht auf der Höhe unserer aktuellen Probleme und oft in abscheulichem Tanzlehrerdeutsch geschrieben. Andrea Hurtons erfrischender Rundgang durch die Situationen des modernen Lebens ist da ganz anders. Er ist für alle Frauen unersetzlich, weil sie darin ihre Erfahrungen bestätigt finden, wie schlecht sich Männer üblicherweise aufführen: zu laut, grob und unsensibel. Noch nützlicher ist dieser amüsante Lehrgang für alle Männer, die wissen wollen, wie man(n) bei Frauen Eindruck macht.

Die Autorin

Andrea Hurton, Jahrgang 1961, Germanistik- und Romanistikstudium in Wien. Ist Gesellschaftskolumnistin der Wiener Stadtzeitung ›FALTER‹ und publiziert u. a. in ›Neue Zürcher Zeitung‹, ›Frankfurter Rundschau‹, ›WIENER‹. Weitere Buchtitel: ›Die Erotik des Parfums‹ (1991), ›Kultobjekt Mann‹ (1995), Beiträge in ›Markenkult. Kulturmarken‹ (1994).

Andrea Hurton:
Man benimmt sich wieder

Wege zum gesellschaftlichen Erfolg

Deutscher
Taschenbuch
Verlag

Ungekürzte Ausgabe
Dezember 1995
Deutscher Taschenbuch Verlag GmbH & Co. KG,
München

ISBN 3-8218-1329-6
Umschlagfoto: Alfred Gescheidt/Image Bank
Satz: IBV Satz- und Datentechnik, Berlin
Druck und Bindung: C. H. Beck'sche Buchdruckerei,
Nördlingen
Printed in Germany · ISBN 3-423-12121-1

Inhaltsübersicht

Vorwort

Du schreibst ein Benimmbuch? Wozu eigentlich? Es gibt doch schon Ellmayer, Pappritz und jede Menge von echten Gräfinnen verfaßte Anstandsliteratur.

Damit hatten sie recht, die kritischen Beobachter, die Kollegen, die immer alles ganz genau wissen: an deutschen Benimmbüchern älteren und neueren Datums herrscht kein Mangel.

Aber keines davon ist ein *modernes* Benimmbuch.

Diese Bücher sind nicht modern:

- Weil sie Manieren als hohle, rein formale Aneinanderreihung von Regeln und Vorschriften begreifen. Dieser Gestus, der bei allen Benimmautoritäten und Sittenwächterinnen vor und nach Pappritz gang und gäbe ist, entspricht dem 19. Jahrhundert, aber nicht der Wende zum 21. Jahrhundert.
- Weil sie nicht auf der Höhe der Zeit sind und Etikette als Ansammlung antiquierter Verhaltensweisen beschreiben. Heute interessiert uns der Umgang mit den neuen Kommunikationstechnologien, mit Fax, Anrufbeantworter oder Handy wesentlich mehr als die Handhabung des Silberbestecks, wie sie unter feinen Leuten üblich ist. Die Frage, wie benehme ich mich im Fitneßcenter, ist dem modernen Menschen näher als Regeln für das vorschriftsgemäße Promenieren.
- Weil sie in einem Stil geschrieben sind, der zur Jahrhundertwende in einem Damenstift üblich gewesen sein mag, der aber heute fehl am Platz ist. (Erinnert

Sie dieser spitze, leicht pikierte Tonfall nicht auch an die Erzieherin in »Heidi«, die dem Landmädchen die feinen Sitten beibringen soll?)

- Weil Etikette nicht mehr nach dem Obrigkeitsprinzip abgehandelt werden kann: »Dies ist korrekt, man tut es, es gehört sich so.«

Der einzig zeitgemäße Zugang zu diesem Thema ist der, Umgangsformen unter dem Aspekt der Nützlichkeit zu betrachten. Denn nicht alle Regeln und Rituale wurden nur deshalb erfunden, damit Gräfinnen und Tanzmeister dem einfachen Volk erzählen konnten, wie es bei Hofe oder in besseren Kreisen zugeht, sondern manche dieser Regeln haben ihren Sinn. Zum Beispiel die Sitte, Leute einander vorzustellen oder während des Essens den anderen nicht Zigarettenrauch ins Gesicht zu blasen.

Gesellschaftliche Regeln hatten immer auch eine Schutzfunktion. Wo alle gesellschaftlichen Tabus gebrochen werden, regiert das primitive Recht des Stärkeren. Die zivilisierte Gesellschaft aber, die Regeln und Rituale kennt, bietet körperlich Schwächeren Schutz. Nicht durch die Etikette werden Frauen unterdrückt, sondern durch eine wölfische Gesellschaft, die alle Konventionen über Bord geworfen hat. Allein deswegen stimmt das alte Vorurteil »Manieren sind reaktionär« nicht.

Sieht man die unerlaubte Terrainaneignung als die Quintessenz der schlechten Umgangsformen an, sieht man auf einen Blick, warum die schlechten Manieren ein überwiegend männliches Problem sind. Aufgrund ihrer körperlichen Überlegenheit – größer, schwerer, grober – scheinen viele zu glauben, es stünde ihnen zu, sich im Raum auszubreiten, wie es ihnen paßt. Nicht nur körperliche Grobheiten und Unsitten wie Anrempeln, Anstoßen, Rülpsen etc., auch starker Körpergeruch, überlaute Stimme gehören zu diesen unverschämten Terrainerweiterungen.

Die Grundlagen der Etikette haben sich verändert. Eine Singlegesellschaft verlangt andere Verkehrsformen als die Kleinfamilie. In der modernen, demokratischen Familie geht man anders miteinander um als früher in der patriarchalischen Familie. Kaum jemand hat heute mehr die repräsentative Großwohnung zur Verfügung, die früher die Grundlage für die Demonstration gesitteter Umgangsformen war. Heutige Wohnungen sind so klein, daß soziale Beziehungen mehr und mehr in die Öffentlichkeit, in Lokale, Cafés, Restaurants verlegt werden. Dies verlangt neue Codes.

Menschen haben heute ganz andere Bedürfnisse als früher. Der Single aus der Großstadt möchte wissen, wie die moderne Kontaktanzeige aussieht, und nicht, wie man feststellt, ob ein Handkuß perfekt war.

Moderne Etikette ist kein Rückfall ins Konservative, sondern eine Mischform: ein Bastard aus alten Formen und neuen gesellschaftlichen Werten. Die veränderten Rollenbilder von Mann und Frau, die neue Ächtung des Rauchens, eine kritischere Einschätzung des Autofahrens, Moden – all dies fließt in die moderne Etikette ein. Man benimmt sich nicht wieder wie in den 50er Jahren, sondern es hat sich – auch vor dem Hintergrund der Absage an das Rüpelhafte und das Sich-Gehenlassen der 60er und 70er Jahre – eine neue Art von Manieren entwickelt, die auf die alten Formen zum Teil zurückgreift und mit ihnen spielt. Die neue Romantik beispielsweise ist ein nostalgisches Zitat, eine Tändelei mit alten Ritualen. Ein gesellschaftliches Spiel.

Und wie kommst du dazu, ein Benimmbuch zu schreiben?

Wieder hatten sie ganz recht, die kritischen Beobachter, die Kollegen, die immer alles ganz genau wissen. Wie komme ich eigentlich dazu? Ich bin weder adelig noch höheren Standes, woher kann ich wissen, was moderne Etikette ist?

Ein Buch, das moderne Umgangsformen zum Gegenstand hat, ist nämlich *auch* eine Chronik unseres Alltags. Ich bin zwar keine Gräfin, dafür aber eine Sammlerin – von Anekdoten aus Fernsehserien und Unterhaltungsshows, Zeitungsausschnitten, Filmszenen und ganz normalen Geschichten aus dem Leben.

Ich mache mir meine verdrängte schulmeisterliche Ader zunutze und beobachte meine Umwelt, notiere ihre kleinen Fehler, sammle Geschichten und nutze die Arbeit für Milieustudien. Die kurze Zeit als Lehrerin in der niederösterreichischen Provinz war ebenso aufschlußreich wie später die Jahre als Journalistin (bei Alternativblättern wie dem Frankfurter ›Pflasterstrand‹ zum Beispiel) oder dann die Zeit als Redakteurin eines österreichischen Theatermagazins, wo sich reichlich Gelegenheit ergab, das Hochkulturmilieu zu studieren. (Sie ist jemand, der auf vielen gesellschaftlichen Parketts zu Hause ist, würden Kavaliere von mir sagen.) Beobachtung beflügelt – ebenso wie Ärger.

Haben Sie eigentlich schon einmal nachgezählt, wie oft Sie sich Tag für Tag über ganz kleine Gemeinheiten ärgern? Über die kleinen Unhöflichkeiten, über das ganz normale schlechte Benehmen. Über die Frau, die Ihnen im Supermarkt den Einkaufswagen in die Rippen fährt und sich dann noch bei der Kasse vordrängt, über die Leute, die Ihnen in der Straßenbahn gegenübersitzen und Sie anstarren, als seien Sie einem Raumschiff entstiegen, über den Mann an Ihrer Seite, der immer einen halben Meter vor Ihnen durch die Stadt läuft, über den Kellner, der Ihnen die Suppe schon bringt, wenn Sie noch den Aperitif vor sich stehen haben, über den ekelhaften Typen am Nebentisch, der sein Handy braucht, um die neuesten Fußballpokalspiele zu diskutieren?

Sehen Sie, dazu ist ein modernes Benimmbuch gut. Es sagt Ihnen (auch), wie Sie sich rächen können.

Dieses Buch ist Ihr Freund, nicht Ihre Gouvernante!

Für Rat und Unterstützung, Anregungen, Diskussionen und Anekdoten danke ich meinen Freundinnen und Freunden:

Monika Faber, Petra Erdmann, Ursula Hübner, Charlie Schneller, Tex Rubinowitz, Thomas Kussin, David Levinthal, Andrea Zajicek – und besonders Peter Illetschko.

»Hier spricht Richard Nixon. Ich werde dieses Band nicht löschen...«

Moderne Kommunikationstechnik im Alltag

Früher galt die einwandfreie Handhabung des Bestecks – insbesondere seiner raffiniertesten Teile wie Krebsbesteck und Austerngabel – als Inbegriff von Etikette. Heute zählt diese starre, unnachgiebige Formensprache wenig, zu sehr ist sie von unserem Alltag entfernt.

Gibt es aber heute so etwas wie das Herzstück moderner Umgangsformen, dann ist es der Umgang mit den neuen technologischen Instrumentarien – Fax, Anrufbeantworter usw. –, die zum Zeitpunkt, als die meisten gängigen Benimmbücher geschrieben wurden, noch gar nicht verbreitet waren. Die Beherrschung dieser Codes gehört zum Standard moderner Umgangsformen.

Hier überschneidet sich Etikette mit der Beherrschung einer modernen Kulturtechnik. Wer Scheu davor hat, das Tonband eines Anrufbeantworters zu besprechen, wer sich mit seinem Computer nicht auskennt und Tag für Tag seine Bürokollegen damit nervt, wer immer noch nicht weiß, wie man ein Faxgerät bedient, riskiert, als unmodern, unpraktisch, ungeschickt eingestuft zu werden. Und wer will das schon?

Das Telefon

Klingen sie nicht wunderbar nostalgisch, die Geschichten über Fernsprechsitten von damals, als es noch keine Telefonnummern gab und man dem Fräulein vom Amt den Namen des gewünschten Teilnehmers sagte und vermittelt wurde? Als in Gedichten der »blaue Telefonengel« angebetet wurde und eine traurige Ballade über einen jungen Mann entstand, der in New York die Telefonnummer seiner Geliebten verliert und sie deshalb nie mehr wiederfindet?

Solche Geschichten sind Schnee von gestern. Pure Nostalgie in einer Zeit, die das Telefon nicht anders kennt als einen nützlichen Apparat, der in möglichst effizienter Weise zu handhaben ist.

Klassische Etikette

Moderne Apparate wie das Telefon werden in Benimmbüchern der fünfziger Jahre, wenn überhaupt, nur am Rande erwähnt. Dann aber unter Hätschelüberschriften, wie sie für Haustiere passend erscheinen: »Hallo? – Geliebtes Telefon.« Wie man damit umging, brauchte niemand zu wissen. Schließlich gab es gesellschaftliche Rituale aus dem vorigen Jahrhundert, die die profanen Dinge regelten. Das Abheben des Telefonhörers wurde »dem Personal« überlassen. Immer wenn der Fernsprecher klingelte, holte »Lisbeth, die Hausangestellte, ihre ›Gnädige‹,« heißt es dann in Benimmbüchern aus der Adenauerära. Was aber tat jemand, der kein Personal hatte? War ihm der Besitz eines Telefonapparats überhaupt gestattet?

Wie melde ich mich am Telefon?

Launig gemeinte Täuschungsmanöver: In einer Weihnachtsfolge der Fernsehserie »Das Model und der Schnüffler« meldete sich Bruce Willis einmal mit »Hier Nordpol. Der Weihnachtsmann.« Man kann es lustig finden, wenn sich ein Privatdetektiv im Fernsehen als Weihnachtsmann ausgibt, aber ist es wirklich komisch, sich am Apparat mit Möllemann, David Koresh oder Muhammed Ali zu melden, wenn man keiner von den dreien ist? Manche Leute sind in Telefonscherze derart vernarrt, daß sie sogar ihre Stimme verstellen und sich beispielsweise mit dem Namen ihres besten Freundes melden. Lassen Sie diesen herzensfrohen, kindlichen Naturen unter uns die Freude. Lachen Sie, aber seien Sie mißtrauisch. Meldet sich einer mit Möllemann, hören Sie lieber zweimal hin.

Einige Grundregeln für erfolgreiches Telefonieren:

Privat: Melden Sie sich mit klarer und deutlicher Stimme und – vor allem – mit Ihrem Namen. Keine Frage, daß es bequemer ist, ein träges »Ja« oder gar ein grantiges »Was ist?« in den Hörer zu grunzen.

Sie fragen, wozu die ganze Mühe, wo doch in 99% der Fälle ohnehin nur die Mama mit Tips fürs Wäschebügeln dran ist oder der Freund, der mitteilt, daß er zu einem wichtigen Fußballspiel muß. Aber was, wenn eines Augenblicks *das wichtige* Gespräch kommt, der Anruf, auf den Sie lange schon gewartet haben? Es ruft einer an und meldet sich mit Arnold Schwarzenegger. Und er ist es wirklich.

Ein in den Hörer gemurmeltes »Ja« oder »Hallo« mag bequem sein, aber es wirkt nicht gut. Besserwisserische Anrufer empören sich gelegentlich sogar darüber: »Kannst du dich nicht ordentlich melden? Man sagt seinen Namen!« bellt Dr. N. (im übrigen ein Mensch, der mit Leidenschaft die Fehler bei den anderen sucht), Verletzern der Telefonetikette ins Ohr. Für ihn als Anrufer pflegt Dr. N. zu monieren, sei es schließlich wichtig zu wissen, ob er sich nicht verwählt habe usw. Ist ja gut!

Also: Melden Sie sich mit Ihrem Namen – und zwar im Idealfall mit Vor- *und* Zunamen. So wirken Sie wie ein ganzer Mensch und nicht wie ein in den Hörer gehecheltes unverständliches Atom eines Zunamens. Sie haben nie gelernt, sich mit Vor- und Zunamen zu melden? Dann üben Sie es doch. Vielleicht entdecken Sie ganz neue Klangqualitäten an Ihrem Namenskonstrukt. Sollte Ihnen die Kombinationsübung – die Kür der Telefonetikette – nicht gelingen, vergessen Sie nicht, der Familienname ist Pflicht.

Streichen Sie bitte die besonders kommunikativ sein wollenden, alternativen Telefonumgangsformen aus ihrem Meldewortschatz. Wer sich mit »Wohngemeinschaft Stümpergasse« oder mit »Hallo, hier ist Ernst« meldet, gibt sich einerseits als Individuum gar nicht zu erkennen und öffnet andererseits am Telefon quasi die Wohnungstür. Mit dem Vornamen meldet man sich höchstens am Kindertelefon.

Sie sprechen, wenn möglich, auch wenn Sie gestreßt sind, klar und deutlich, nicht gehetzt, aber auch nicht zu langsam in den Hörer. Sehen Sie: Sie wirken souverän und gewinnen Sympathie! Ihr Gesprächspartner ist Ihnen freundlich gestimmt, weil er weiß, mit wem er es zu tun hat und nicht lange nachfragen muß, und er wird in

Ihnen jemanden erkennen, der die Telefonetikette beherrscht.

Gehobene Büroumgangsformen: Sie melden sich mit Vor- und Zunamen, und sagen, wenn Sie Ihren Arbeitgeber lieben und es ganz perfekt machen wollen, den Namen der Firma dazu. (Unternehmensbeauftragte für »effizientes Telefonieren« schärfen Angestellten zumeist ein, den Namen der Firma *zuerst* zu nennen, denn in Amerika hätten sie festgestellt, daß dadurch noch ein zusätzlicher Werbeeffekt erzielt werden könne, da sich der Anrufende – ein potentieller Kunde! – den Namen dadurch besser einpräge. Sagt hingegen der Angestellte seinen Namen zuerst, ginge dieser Effekt verloren.) Im Grunde können Sie es halten, wie Sie wollen. Schließlich sind Sie ein freier Mensch. Tatsache ist, daß die Reihenfolge von Ihrer Position im Betrieb abhängen wird. Arbeiten Sie als Telefonistin oder Sekretärin, werden Sie sich nicht mit »Rosa Schnee, Verlag Glockenblume, guten Tag!« melden. Sind Sie hingegen Leiterin der Vertriebsabteilung des Verlags Glockenblume, ist es wahrscheinlich, daß die Telefonistin den Anrufer erst zu Ihnen durchgestellt hat. In diesem Fall genügt es, sich mit Ihrem Namen zu melden. Sie müssen nicht noch einmal betonen, daß man mit dem Verlag Glokkenblume verbunden ist.

Wenn Sie für einen Kollegen oder eine Kollegin einen Anruf entgegennehmen, sagen Sie im Idealfall »Apparat Hirsch, hier Reh, kann ich etwas ausrichten?«

Normale Büroumgangsformen: Ein »Hallo« oder ein »Ja, bitte« sind eine Katastrophe. Im Geschäftsleben gehört es zu den absoluten Selbstverständlichkeiten, solch anonyme Formen zu vermeiden.

»Den gibt es nicht mehr«, »Ich weiß auch nicht, wo der ist« sind übliche, aber keineswegs aussagekräftige Formulierungen. Manchmal berichten Sekretärinnen leutselig »Der Chef ist gerade Tennisspielen« oder Kollegen berichten »Der ist leider grad auf dem Klo.« Das ist weder besonders interessant noch höflich.

Zu welcher Uhrzeit kann ich anrufen?

Büro: Die Geschäftszeiten sind bekannt.
Privat: Jeder Mensch hat ein Recht auf Privatsphäre und ist keinesfalls verpflichtet, rund um die Uhr verfügbar zu sein. Deshalb wurde in Zeiten, als es noch keine modernen Techniken der Kommunikation gab, die Sitte der Besuchszeit (Sonntag zwischen 12 und 13 Uhr usw.) erfunden. Zu anderen Zeiten störte man nicht unangemeldet.

Dementsprechend sollten auch bei Telefonanrufen bestimmte Tabuzeiten beachtet werden. Angenehm sind: Keine Anrufe während der Abendnachrichten im Fernsehen, während wichtiger Fußballspiele und anderer TV-Ereignisse. Keine Anrufe zu früh am Morgen und zu spät am Abend (außer bei Freunden, die Spätnachtanrufe ausdrücklich erlaubt haben, ruft man nach 21 Uhr nicht mehr an, besagt die allgemein akzeptierte Regel). Die Zusatzregel nicht während des Essens, zwischen 14 und 16 Uhr anzurufen, entfällt heute, wo die meisten Frauen berufstätig und am Arbeitsplatz erreichbar sind.

Ab wann darf mich morgens jemand anrufen?

Sind Sie Barkellner, Schichtarbeiter oder Nachtschwester? Dann sind Sie von dieser Regel ausgenommen, denn Sie leben nach einem anderen Rhythmus.

Sind Sie Kioskbesitzerin, Bankangestellter oder Serviererin in einer Konditorei? Dann sind Sie von dieser Regel ausgenommen, denn Sie müssen ohnehin frühmorgens aufstehen.

Sind Sie aber Opernsängerin, Journalist oder Kinderbuchillustrator, gehören Sie also zu diesen Leuten, die es sich – aus welchen Gründen immer – erlauben können, bis in den hellen Vormittag hinein zu schlafen, dann merken Sie sich: Zehn Uhr gilt als christliche Zeit. Der Papst hat da schon Audienzen und Fußwaschungen hinter sich! Wenn das Telefon um zehn in der Früh klingelt, gehen Sie ran und seien Sie gefälligst ein bißchen freundlich!

Wie verhalte ich mich, wenn bei mir das Telefon zu einer Zeit klingelt, die für mich noch Schlafenszeit, für viele andere Leute aber schon normale Arbeitszeit ist?

Es empfiehlt sich nicht, das Telefon abzuheben, wenn man schlechter Laune oder gerade erst im Aufwachen begriffen ist. Aus Gründen, die nur das Leben selber kennt, kommen gerade die wichtigsten Anrufe zu den ungelegensten Zeiten.

Ein Hausmittel aus der Praxis: Gehen Sie auf keinen Fall an den Apparat, wenn Sie sich nicht frisch und munter fühlen. Schalten Sie auf Anrufbeantworter und lassen Sie sich die Nachricht des frühen Anrufers aufs Tonband sprechen. Dieses Signal zum Aufstehen müssen Sie allerdings ernst nehmen und sich auf einen baldigen Rückruf vorbereiten. Nach Dusche und Morgenkaffee greifen Sie zum Hörer, bedanken sich für den Anruf und schwindeln: »Ich war gerade Brötchen holen, es ist ja so ein schöner Tag draußen, habe gerade Orangensaft gepreßt, war unter der Dusche.« Und nun können Sie fragen, was es gibt.

Wie berechnet man die optimale Länge eines Anrufs?

Mit Fingerspitzengefühl! Für ein kurzes »Wie geht's denn immer?« sollte Zeit sein. Denn Anrufer, die ohne jedes höfliche Wort auskommen und den Grund ihres Anrufs in einem Atemzug mit der Begrüßung nennen – »Guten Tag, ich rufe an, weil ...« –, wirken unpersönlich und unsympathisch. Aber gerade bei beruflichen Telefonaten mit Leuten, die man auch persönlich kennt, sollte man Maß und Ziel kennen. Wer endlos redet und andere aufhält, darf sich nicht wundern, wenn er mit einem rüden »Ich muß jetzt Schluß machen.« abgefertigt wird. Auch wiederholtes Anrufen wegen Nichtigkeiten wirkt nicht souverän und vertrauenerweckend.

Wie bringe ich meinem Freund bei, daß er mich nicht so oft anrufen soll?

Erklären Sie ihm, daß auch das Telefon zwei Seiten hat. Wenn es klingelt, nehmen wir dies einerseits als erfreuliches Zeichen der Außenwelt zur Kenntnis und freuen uns, daß jemand an uns denkt, andererseits könnte es uns gerade jetzt besonders stören.

Sagen Sie Ihrem Freund klipp und klar:

- daß Sie es natürlich sehr schön finden, wenn er sich so um Sie kümmert und daß Sie sein hohes Mitteilungsbedürfnis als Beweis von Vertrauen und Zuneigung schätzen,
- daß aber das Telefon für Sie ein Gebrauchsgegenstand und keine Ersatzmutter ist,
- und daß Sie permanente Anrufe aus Ihrer Arbeit reißen und daß Sie deshalb manchmal ungehalten reagieren.

Schließlich ist der Anrufer einer, der in die Privatsphäre eines anderen eindringt, ein ungebetener Gast gewissermaßen.

Was tun, wenn ein Telefongespräch zu lang wird?

Aufhören, aber nicht einfach auflegen. Es ist bekannt, daß für viele Leute das Telefonieren eine Passion ist. Zwei-, sogar dreistündige Gespräche ziehen sie einem Kaffeeplausch, der sich leicht in dieser Zeit absolvieren ließe, vor. Aber auch das interessanteste Gespräch kann zu lang werden, der Arm ist vom Halten des Hörers schon taub, oder man möchte einfach seine Ruhe haben. Für solche Fälle ist ein Telefongesprächbeendigungsritual in der Dauer von zirka fünf Minuten zu veranschlagen.

Keinerlei Manieren in dieser Angelegenheit beweist Frau A. Sie mißt mit zweierlei Maß: für sich selber nimmt sie die längsten Gesprächszeiten der Welt in Anspruch – schließlich erzählt sie auch die interessantesten Geschichten der Welt, wie sie meint –, nur bei den anderen, ihrem Verlobten, Herrn P. zum Beispiel, wird sie ungeduldig und fällt ihm gar ins Wort: »Du, ich muß jetzt aufhören«, sagt sie unvermittelt.

So geht es nicht! Man muß

- auch den extemporierenden Telefonpartner seine Geschichte zu Ende erzählen lassen, ohne ihm ins Wort zu fallen.
- Man sollte aber dabei darauf achten, daß er nicht zu einer neuerlichen ausschweifenden Erzählung anhebt.
- Es wird angeraten, sich ein Arsenal an Verabschiedungsfloskeln zurechtzulegen, die man, kaum ist eine Geschichte zu Ende erzählt, wie aus der Pistole geschossen vortragen kann:
  »War wirklich schön, mal wieder von dir zu hören, leider habe ich Lasagne im Backrohr und muß jetzt Schluß machen.«
  »Treffen wir uns doch einmal auf einen Kaffee, anstatt am Telefon so lange rumzuplaudern. Ich ruf dich an, tschüs…«

Bei Auslandsgesprächen ist es nicht Unhöflichkeit, sondern vielmehr ein handfester Grund fürs Aufhören, auf die hohen Gebühren zu verweisen: »Wir haben jetzt eine Stunde geredet, und du weißt ja, was das kostet. Ich komm' dich lieber einmal in Paris besuchen…«

Der Anrufbeantworter

ist heute mehr als ein technisches Accessoire, er ist ein weit verbreitetes und oft unentbehrliches Kleinmöbel. Übers Ziel hinaus schoß aber ein Autor des Magazins der ›Frankfurter Allgemeinen Zeitung‹, der in einem kulturgeschichtlichen Artikel über den Anrufbeantworter gar vom religiösen Charakter des Geräts sprach und ihn als eine Art Beichte interpretierte. Man kann doch die Kirche nicht *aller* Funktionen berauben! Und was ist schon die einschüchternde Atmosphäre eines katholischen Beichtstuhls mit harten Kniebänken und lila Samtvorhängen gegen das unverbindliche, ins Leere Schnarren eines Tonbandes, das Nachrichten bekommen will?

Wer den Anrufbeantworter mythologisiert, begeht ein modernes Sakrileg. Er ist nicht mehr als ein Gebrauchsgegenstand mit kompliziert zu handhabender Software, ist doch die Art und Weise, wie das Tonband besprochen ist, eine hörbare Visitenkarte.

In einem aber hat der Autor der ›FAZ‹ allerdings recht: er meint nämlich, hätte Grace Kelly in Alfred Hitchcocks Film ›Bei Anruf Mord‹, in dem ein Mann seine Frau durch einen Killer aus dem Weg räumen lassen will (tödliches Signal: das Klingeln des Telefons), den Anrufbeantworter eingeschaltet und ferngesehen, statt zum Apparat zu eilen, hätte sie nie mit einer Männerleiche Ärger gehabt.

Die Karriere des Anrufbeantworters zeichnete sich erst spät ab. Als zu Beginn der 60er Jahre die ersten Geräte für 25 Dollar Monatsmiete in Amerika angeboten wurden, erfreuten sie sich nur mäßiger Beliebtheit. Fleischgroßhändler sollen die ersten gewesen sein, die die Vorteile des Anrufbeantworters für sich entdeckten, weil ihre Kunden dadurch auch mitten in der Nacht anrufen und ihre Bestellung durchgeben konnten.

In breiten Schichten durchgesetzt wurde der Anrufbeantworter erst in den 80er Jahren, als ihn eine Vorhut karrierefixierter junger Leute zum unentbehrlichen

Heimutensil erkor. ›The Official Young Aspiring Professional's Fast Track Handbook‹, ein 1984 erschienenes Yuppiehandbuch, bezeichnete den Anrufbeantworter als wesentliches Accessoire, das die Rund-um-die-Uhr-Verfügbarkeit sicherstellte. Der Anrufbeantworter wurde neben Walkman, Schnurlostelefon und anderem elektronischen Spielzeug zur Minimalausstattung des Medienraums des Yuppies dargestellt. Heute, wo die Yuppies eine ausgestorbene Spezies sind, schätzt man die praktischen Vorteile eines solchen Geräts ohne jegliches karriereneurotische Brimborium.

Wie bespreche ich das Tonband meines Anrufbeantworters?

Der Anrufbeantworter ist der moderne Diener. Er hat keine Kunststücke vorzuführen, sondern nüchterne Botschaften mitzuteilen und aufzunehmen.

Hände weg von selbstverfertigter Poesie und sonstigen Kunstformen! Sie haben auf dem Tonband nichts verloren.

Aus Gründen, die therapeutischer Natur zu sein scheinen, hat sich das Besprechen des Tonbands zu einer populären Kunstgattung entwickelt.

Jeder zweite übt sich darin und stellt die Nerven des Anrufenden auf eine Zerreißprobe.

Abschreckende Beispiele

Radiomoderator W. G. bespielt sein Tonband mit japanischen Technoklängen, nennt aber weder Namen noch Telefonnummer. Man soll wohl denken, man sei mit Koshirohito verbunden. Bei S. erklingt steirische Volksmusik, und Herr Fritz, der den Spitznamen Derek trägt, sagt: »Weder Fritz noch Derek sind zu Hause...« Besonders beliebt und besonders nervtötend: der Ausleihneffe, die -nichte, die mit Kinderstimme auf das Band sprechen: »Mein Onkel Kurt ist leider nicht zu Hause...«

Ebenso schrecklich und leider ebenso schick:

- Selbst gesungene Lieder. Zu Festtagen wie Weihnachten vermehrt sich die Zahl der derart kreativ »veredelten« Tonbänder sprunghaft.
- Launige Nachrichten zählen ebenfalls nicht zu den Rennern: »Hier ist Salman Rushdie, ich bin nicht zu Hause, habe aber keine Lust, Ihnen zu sagen, wo ich mich aufhalte.« In Amerika kursiert erfolgreich ein Band mit der Ansage: »Ich bin nicht zu Hause. Wegen der Raubüberfälle hier in der Gegend bin ich weggegangen, um Munition für mein Gewehr zu kaufen. Hinterlassen Sie eine Nachricht oder kommen Sie herüber: ich warte.«

Wem selber nichts einfällt, der kauft sich eben den Ratgeber »Wie bespreche ich mein Tonband besonders witzig« oder gleich die Stimmenimitations-Kassette mit der fertigen Ansage. Hier kann man mittlerweile auch in Deutschland aus einer ganzen Riege prominenter Stimmen von Reich-Ranicki bis Kohl und Otto wählen. In Amerika sehr erfolgreich ist ein Tonband mit der Stimme von Richard Nixon, auf dem er sagt: »I promise not to erase the tape.«

Alles Klimbim. Auf einen Anrufbeantworter gehört eine knappe und präzise Nachricht. »Das ist der Anschluß von... Bitte hinterlassen Sie eine Nachricht.« –

»Sie haben die Nummer Frankfurt… gewählt. Wenn Sie eine Nachricht hinterlassen wollen, sprechen Sie bitte nach dem Signalton.«

Da kennt man sich aus und spricht dann auch lieber eine Nachricht auf Band. Je höher die aufgebaute Barriere durch künstlerisch gestaltete Nachrichten, um so geringer die Wahrscheinlichkeit, daß Anrufer tatsächlich Nachrichten hinterlassen.

Viele vergessen allerdings, daß sie auch als Anrufer gewisse Regeln zu beachten haben und plappern einfach drauflos. Halbe Kassetten werden vollgeschwätzt mit den unsinnigsten Dingen. Eine Nachricht, die auf einem Tonband hinterlassen wird, sollte zumindest so präzise sein, daß der Angerufene weiß, wer angerufen hat, und erkennen kann, worum es geht. Wer sich nur seltsam räuspert oder ein namenloses »na gut, dann nicht, danke« auf dem Band hinterläßt, sollte lieber seine Nerven in Zaum halten und gar nichts sagen.

Darf ich mir in fremden Wohnungen, in denen ich Gast bin, die Nachrichten auf dem Anrufbeantworter anhören?

Und dann auch noch die Briefe lesen und die Photoalben durchblättern… Den Anrufbeantworter sollten Sie, wenn Sie wollen, daß Ihr Herz rein bleibt, nur abhören, wenn die Annahme berechtigt ist, daß eine Nachricht für *Sie* drauf ist. Zum Beispiel, Ihr Gastgeber will sich mit Ihnen abends zum Essen verabreden, weiß aber noch nicht, wo und wann, wollte Ihnen aber diese Nachricht auf Band hinterlassen.

Andererseits kann bei manchen Anrufbeantwortern nicht überprüft werden, ob Sie die Nachrichten abgehört haben oder nicht, da die Zählanzeige nur beim Rückspulen, nicht aber beim Abhören des Bandes erlischt. Dies wiederum können Sie nur im Trial-and-Error-Verfahren rauskriegen. Sollten Sie sich verraten, dachten Sie eben, leider, es sei eine Nachricht für Sie dabei…

Vorurteile gegen Anrufbeantworter

Das Vorhandensein eines Anrufbeantworters ruft bei manchen Leuten seltsame Reaktionen hervor. Sie betrachten ihn als weiteres Indiz für die Enthumanisierung der Welt und benehmen sich, als hätten sie soeben die Sprache verloren. Prinzipiell sprechen sie auf keine Tonbänder. Obwohl es zu den Anforderungen des modernen Lebens gehört, zu wissen, wie man Nachrichten auf einem fremden Anrufbeantworter hinterläßt. Es ist doch sehr unpraktisch, jemand zwanzig Mal anzurufen, um ihn einmal persönlich ans Telefon zu bekommen.

Wer Scheu hat, auf Tonbänder zu sprechen, braucht nur ein bißchen Übung. Dadurch läßt sich die verlangte Mischung aus Souveränität und Freundlichkeit mit Leichtigkeit herstellen.

Wer einen Anrufbeantworter besitzt, sollte diesen gut behandeln und keine opportunistischen Nachrichten wie »Hier ist…, ich weiß, daß Ihnen Anrufbeantworter unangenehm sind, bitte Sie aber trotzdem, mir eine Nachricht zu hinterlassen…« auf sein Tonband sprechen.

Behandeln Sie Ihren Anrufbeantworter gut. Er leistet Ihnen wertvolle Dienste. Notiert wichtige Termine für Sie, beschützt Sie vor ungewollten Störungen und schirmt Sie vor ungebetenen Anrufern ab. Bei Leuten, die Sie nicht sprechen wollen, gehen Sie einfach nicht an den Apparat. Das ist nicht unhöflich, sondern höchstens egoistisch.

Wie oft soll ich die Nachricht auf meinem Anrufbeantworter ändern?

Ein amerikanisches Yuppiehandbuch empfahl, die Nachricht jeden Tag zu ändern, »to show callers how clever you are«. Weniger aufgeregte Leute ändern sie, wenn sie nicht mehr stimmt.

Das Handy

auch bekannt als die »Oh-wie-bin-ich-wichtig-Antenne«. »In Wiener Kaffeehäusern trägt der Mann von Welt heute Pockettelefon, in San Francisco Computer…«, behauptet ein Autor der Zeitschrift ›Männer-Vogue‹ in einem Artikel über Trendaccessoires für den modernen Mann. Woher immer der Autor seine Informationen bezogen haben mag, hiermit sei klargestellt: es gibt keinen einzigen Ort auf der ganzen Welt, an dem der »Mann von Welt« ungestraft ein Handy spazieren tragen darf. Lassen einen diese Geräte doch am menschlichen Verstand zweifeln: es gibt, stellen wir plötzlich fest, Leute, die ein Telefon nicht von einem Wanderpokal unterscheiden können.

Ein Dissertationsthema wäre zu vergeben: Handys und ihre Besitzer, die größte Landplage unserer Zeit.

Welche Komplexe sind es, die den Handyphonisten auf der Seele lasten? Warum wollen sie uns, die nicht ständig und überall Erreichbaren, glauben machen, daß sie so wichtig sind, daß sie keinen Schritt ohne Telefon tun können. Haben Sie denn nicht Umberto Eco gelesen? Die Stelle nämlich, an der er nachweist, daß die permanente Erreichbarkeit in Wirklichkeit ein Armutszeugnis ist: »Wer das Mobiltelefon als Machtsymbol vorzeigt, erklärt damit in Wirklichkeit allen seine verzweifelte Lage als Subalterner, der gezwungen ist, in Habachtstellung zu gehen, auch wenn er gerade einen Beischlaf vollzieht, wann immer ihn der Geschäftsführer anruft.« Mächtige Männer werden nicht in »La Cantinetta« angerufen, wenn sie gerade beim Rindscarpaccio sind, mächtige Männer rufen selber an. Und am anderen Ende der Leitung sitzt ein armes Würstchen, das auf den Anruf des Chefs wartet und das Handy neben der Salatschüssel liegen hat.

Aber Mitleid liegt uns fern, denn diese Männer – Frauen mit Handy sieht man erstaunlich selten –, die im Fitneßcenter, auf dem Fußballplatz, in der Straßenbahn, im Restaurant immer ihr kleines elektronisches Ding dabei haben, sind eine Landplage. Man sieht sie durch Fußgängerzonen streifen und dabei wichtige Dinge, wie Fußballresultate schnurlos besprechen. Man sieht, wie sie Bahnhofrestaurants und wahrscheinlich auch öffentliche Toilettenanlagen betreten und dabei in das drahtlose Ding belangloses Zeug murmeln. Neuerdings läuten diese Telefone sogar schon im Theater während der Vorstellung. Dabei hat das anonyme »Council of Etiquette« Handys (außer wenn sie an der Börse oder zu sonstigen rein geschäftlichen Zwecken verwendet werden) eindeutig als zu protzige Angeberaccessoires geächtet!

Aber wer weiß, vielleicht fallen eines Tages die Preise ins Bodenlose und dann besitzt jeder, nicht nur der Vorstadtyuppie mit der Dauerwelle in den Haaren, so ein Ding. Vielleicht läßt sich damit sogar ganz manierlich umgehen, vorausgesetzt, man brüllt nicht hinein, daß alle mithören müssen und spielt sich nicht auf wie ein Pfau.

Skepsis beim »Council of Etiquette«. Das Handy neben der Salatschüssel wird niemals zum guten Ton gehören.

Das Telefax

ist ein Veteran unter den Kommunikationsmedien. Schon in den 60er Jahren des 19. Jahrhunderts wurde es in England erfunden. 1922 konnte man bereits ein Bild von Papst Pius XI. nach England senden. Ende der 30er Jahre übermittelte der Fernkopierer Wetterkarten und Verbrecherphotos.

Heute ist es ein unentbehrliches Kommunikationsmittel, das besonders unter Technologieneulingen Kultcharakter genießt: »Ist gut, ich fax die Speisekarte gleich rüber!«

Vor fünfzehn, zwanzig Jahren hätte niemand auf den Siegeszug des Fax gewettet, damals setzte alles auf BTX und Teletext. Sie sollten das Bestellen von Waren oder Dienstleistungen ermöglichen. Diese Dienste besorgt heute das Fax. Es hat sich durchgesetzt, weil es so einfach zu bedienen ist. Telefonieren kann schließlich jeder.

Fax und Etikette

Das Fax ist eine Mischform, ein Zwitter aus Brief und Telefonat.

Für halbformelle Dinge wie Einladungen zu Cocktailparties, Vernissagen und dergleichen eignet es sich oft besser als der Telefonanruf. Ort und Uhrzeit sind schriftlich festgehalten, wodurch die Einladung per Fax weniger flüchtig wirkt als per Telefon.

Mittels Fax können Sie jemandem zum Geburtstag gratulieren, zu einem Fest einladen (ein Anruf sollte folgen, das macht die Sache persönlicher), ihm einen Kurzbrief schicken, an etwas erinnern, eine kurze Anfrage schicken, manche Hotels akzeptieren Buchungen nur noch nach schriftlicher Bestätigung per Fax usw. Die Einsatzmöglichkeiten dieses Geräts sind äußerst vielfältig. Auch Liebesbriefe sind schon per Fax übermittelt worden. Das galt eine Zeitlang als besonders *cool.* Ein Herz mit einem Pfeil mitten durch, das aus dem Fax herauskommt, kann ja auch süß wirken. Vorausgesetzt, der Faxanschluß ist nicht identisch mit einem Firmenfax, nur so lassen sich Spott und Häme von Kollegen vermeiden.

Vorsicht bei vertraulichen Mitteilungen! Sie dürfen niemals an für viele Leute zugängliche Faxanschlüsse (im Betrieb etc.) gesandt werden, sondern nur an Einzelanschlüsse. Persönliche Botschaften, ans Firmenfax adressiert, können den oder die Angesprochene(n) in die Bredouille bringen und zum Gespött machen.

Ungeeignet, um via Fax übermittelt zu werden, sind Beileidsbekundungen (ein Fax mit den Zeilen »Der Tod Ihres Mannes tut mir furchtbar leid« würde oberflächlich, »unbetroffen« und fast so, als wollte man sich lustig machen, wirken).

Auch offizielle oder »feinere« Einladungen zu einem formellen Abendessen, einem Hochzeitsfest usw. sollten brieflich erfolgen. Das Fax wäre hier auf der falschen Stilebene angesiedelt.

Erst kürzlich hat der »Arbeitskreis Umgangsformen« des Internationalen Tanzlehrerkongresses gefaxte Wünsche zu Feiertagen als »unangebracht« verworfen. Ein »Frohe Ostern!«-Fax mit einem gezeichneten Hasen drauf wirkt unter Konzernmanagern tatsächlich komisch. Von Sachbearbeiterin zu Sachbearbeiterin, die auf einer anderen Ebene miteinander verkehren, wird es als kollegialer Gruß und nette Geste sicher geschätzt.

Die Kurzmitteilung per Fax darf handschriftlich sein. Das macht erstens weniger Arbeit, als einen Brief auf Computer abzufassen, und zweitens wird dadurch, behauptet zumindest die Zeitschrift ›Die Woche‹, eine kulturelle Tat vollbracht. Sie schreibt: »Der Zwitter zwischen Telefonat und Brief hat die handschriftliche Notiz beflügelt und ins Digitalzeitalter hinübergerettet. ›Faxe‹, findet eine Berliner Journalistin, ›sind wie Zettel an einer Pinwand. Persönlich und unverwechselbar.‹ Wer wollte seiner Freundin schon ein Ich-liebe-dich zumuten, das die Nadeln eines Matrixdruckers aufs Papier gestanzt haben.«

Wer seinen Alltag gerne mit viel theoretischem Ballast belädt, hält sich an diese Erklärung, alle anderen schicken ihre handschriftlichen Kurzfaxe aus purer Faulheit.

Soll man versuchen, unermüdliche Polemiker gegen Fax und Computer von deren Vorurteilen zu überzeugen?

Nein, es wäre ohnehin sinnlos. Und zudem vergeudete Energie, da dieser Menschenschlag (durch Überalterung?) immer seltener anzutreffen ist. Einige Aufrechte gibt es aber immer noch.

Natürlich kann man sich weigern, das Wort Diskette auszusprechen, oder die Diskette ständig mit Kassette verwechseln, aber es muß einem klar sein, daß der Widerstand gegen moderne Technologien wie Telefax oder Computer schlechtes, weil selbstschädigendes Verhalten ist. Wer aus ideologischen Gründen nicht wissen will, wie man einen Computer einschaltet, schadet nicht den anderen, sondern sich selbst.

Netiquette

Warum Manieren im Internet so wichtig sind

Das amerikanische Magazin ›the net‹, das sich im Untertitel als »your cyberspace companion« empfiehlt, widmete die Covergeschichte seiner ersten Ausgabe, die im Juni 1995 auf den Markt kam, dem Thema »Cybermanners«. Dieses Summary der »Dos« und »Don'ts« auf dem Information Highway sollte die Cybercommunity tunlichst vor dem Internet-Fauxpas bewahren. Netiquette, wie die Etikette im Internet genannt wird, ist nichts anderes als die Zusammenfassung einiger Basisregeln, die mithelfen sollen, die anarchische Natur des Netzwerks einigermaßen in den Griff zu bekommen. Genausowenig, wie man bestimmte Dinge im normalen Leben jemals tun sollte, etwa jemandem schräg über den Tisch ins Gesicht zu spucken oder dem Nachbarn sein neues Auto zu Schrott zu fahren, gibt es einige essentielle Regeln, die Begegnungen auf dem Datenhighway möglichst kollisionsfrei und reibungslos gestalten sollen.

Top-Fauxpas im Internet

Wer alles falsch machen will, verheddert sich beispielsweise in endlose Diskussionen darüber, ob ein Mac besser ist als ein PC, oder verwendet eine e-mail-Signature, die länger ist als manche Message. Es kommt auch nicht besonders gut an, wenn Leute sich als eine Art im Netz hängengebliebenes Ekel Alfred präsentieren und Diskussionen an sich reißen oder andere Leute beschimpfen, nur weil sie einen anderen Standpunkt vertreten als sie selber. Auch jenseits des Computers gelten solche Verhaltensweisen nicht gerade als die bezauberndsten.

Einige Grundregeln der Netiquette

- Beantworten Sie Nachrichten möglichst rasch.
- Halten Sie Ihre Messages kurz.
- Geben Sie zu erkennen, wer Sie sind.
- Denken Sie zwei Sekunden nach, bevor Sie eine e-mail verschicken.
- Streuen Sie hin und wieder ein nettes Wort ein, und

verstören Sie andere Leute nicht mit Ihrem überbordenden Sinn für Humor und abartige Späßchen.

Der Laptop

Wann ist der Laptop in der Öffentlichkeit erlaubt?

Grundsätzlich dann, wenn es Ihnen gelingt, glaubhaft zu machen, daß Sie wirklich arbeiten und das Gerät nicht zu reinen Dekorationszwecken mit dem Hintergedanken »Bitte, alle hersehen! Hier sitzt ein toller Typ.« aufgestellt haben.

Die Glaubwürdigkeit wiederum hängt wesentlich von Situation und Ort ab:

Café, Restaurant

Hier ist der Laptop ebenso tabu wie Handy oder ein transportables Fax. Das gilt auf jeden Fall, wenn Sie in Gesellschaft sind. Aber auch wenn Sie alleine im Café sitzen, sieht es blöd aus, wenn Sie wichtigtuerisch auf Ihrem Laptop herumklimpern.

Abschreckendes Beispiel: Frau A. hat einmal im Café Kranzler in Berlin eine Szene beobachtet, die für immerwährende Laptopächtung in Kaffeehäusern ausreicht.

Am Nebentisch saßen ein Mann und eine Frau, die Tee tranken. Sie sah aus, als stünde sie vor der dritten

Staatsprüfung in Jura und als hätte sie eben einen Laptop geschenkt bekommen. Sie hatte also das Gerät aufgestellt und tippte sinnlos darauf herum, ohne sich damit auszukennen. Er saß teilnahmslos daneben, kannte sich auch nicht aus und drückte ständig auf piepsende Tasten. Der Sinn des Ganzen kann nur gewesen sein, die anderen Gäste mit dem grünen Licht, das die Computerschrift abgibt, zu blenden.

Eisenbahn, Flugzeug

Hier kann man nicht ausschließen, daß jemand tatsächlich etwas arbeitet, deshalb ein grundsätzliches Ja zum Laptop. Im Flugzeug allerdings sollten Laptops, Gameboys und andere elektronische Geräte bei Start und Landung nicht benutzt werden, weil Störungen der Navigationsinstrumente auftreten könnten.

Auch Laptopbesitzer haben Rechte. Nämlich das Recht darauf, in Ruhe gelassen zu werden. Wenn Sie auf einem Computer schreiben, ist das im Prinzip nichts anderes, als mit Papieren zu hantieren. Ihre Mitreisenden sollten Sie in Ruhe lassen, anstatt neugierig zu fragen, was sie denn tun.

Abschreckendes Beispiel: Charles B. Havior saß einmal auf der Bahnfahrt von Stuttgart nach München einer jungen Frau gegenüber, die auf einem Laptop schrieb. Ein leises Tippgeräusch war zu hören. Zwei Sitzreihen weiter vorn saß ein altes Ehepaar. Die Frau konnte sich über den Laptop nicht beruhigen. »Dieses Geräusch, das ist, als ob es brennen tät'«, sagte sie ständig zu ihrem Mann. Der antwortete: »Geh Resi, das Fräulein schreibt ja nur einen Liebesbrief.« – »Nein, das klingt, als ob es wo brennen tät'«, sagte Resi wieder und wieder. Schließlich klappte die junge Frau ihren Laptop zu, und Charles B. Havior ärgerte sich, daß er als moderner Kavalier nicht eingegriffen hatte.

Video

Darf ich jemanden gegen seinen Willen photographieren oder auf Video aufnehmen?

Das Filmen von geselligen Zusammenkünften wie Grillfesten oder Geburtstagen entspricht ungefähr der altmodischen Sitte, sich ins Gästebuch einzutragen. Es wird ein Stück Erinnerung produziert, das dann zumeist in Videoschränken verstaubt. So nett es auch gemeint sein mag, Ihren Willen dürfen Sie Photo- und Videomuffeln nicht aufzwingen. Wenn jemand nicht photographiert oder gefilmt werden will, wird er schon Gründe dafür haben. Boshafte Bemerkungen über Aussehen oder Alter dieser Person sind allerdings nicht gestattet!

Walkman

Der Walkman ist ein privates Unterhaltungsmedium. Die Geräusche, die er produziert, sind dementsprechend nur für den eigenen Kopf und nicht für fremde Ohren bestimmt. Man muß nicht überall gleich so weit gehen wie in München, wo Walkmanhören in der U-Bahn generell verboten ist, aber Walkmanhörer sollten zur Kenntnis nehmen, daß ihr Gerät einen Regler für die Lautstärke besitzt. Wie kommt ein Monteverdi-Liebhaber dazu, sich Guns 'n Roses aus dem Walkman seines Nachbarn in der U-Bahn anzuhören? (Der umgekehrte Fall wäre auch verwerflich, scheint aber unwahrscheinlich, da Liebhaber klassischer Musik beiläufigen Musikkonsum, wie sie der Walkman bietet, nicht schätzen.) Und bitte schön, wie kommt man überhaupt dazu, sich den Lärm fremder Leute anzuhören? Wenn schon Walkman, dann unter Berücksichtigung der Omaregel: gefälligst leise.

Der Brief

Eigentlich gibt es den Brief gar nicht mehr. Den Brief, so, wie man ihn durch Jahrhunderte hindurch kannte – als Liebesgeflüster, von philosophischen Ideen durchsetztes hochgeistiges Konstrukt, als frivoles, anekdotisches Geplauder, als eine Form eben, die aus der Notwendigkeit, sich mitzuteilen und dies nur auf diesem Wege tun zu können, lebte – gibt es nicht mehr. Die Kunst des Briefeschreibens ist ausgestorben.

Durch bequeme Medien wie Fax oder Telefon lassen wir uns schnell formulierte, nützliche Botschaften zukommen, aber das kühne Denken, die fragilen Wortgebilde überlassen wir den anderen, den alten Meistern. Wie viele Tonnen Briefe haben Generationen von Philosophen, Schriftstellern und Künstlern produziert, da brauchen wir doch nichts mehr zu schreiben.

Dabei kann der Brief, auch wenn er von uns und nicht von einem Meister der Sprachkunst wie Flaubert stammt, so viel: Er erlaubt Luftsprünge, Gedankenexperimente auf dem Papier. Er gibt die schönsten Liebeserklärungen weiter. Der Flüchtigkeit des Telefonanrufs setzt er Beständigkeit entgegen. Der Brief ist das antizyklische Medium par exzellence und somit für Leute, die Geist und Charakter beweisen wollen, hervorragend geeignet.

Wann ist der Brief die geeignetste Form der Mitteilung (in Konkurrenz zu Fax oder Telefon)?

Wenn es sich um *wichtige* Botschaften handelt, um Mitteilungen, die bestimmte Formen von Distanz und Höflichkeit verlangen. Ein Telefonanruf ist ein viel direkterer »Schritt« in die Intimsphäre eines anderen Menschen: man ruft an und verlangt, daß man angehört wird. Ein Brief wird verschickt, und dem Empfänger steht es frei, wann und wo er ihn öffnet, und ob er es überhaupt tut. Die freudigen und traurigen Zeremonien des Alltags verlangen die schriftliche Form. Einladungen zu Geburtstagsfesten, Hochzeitsanzeigen, Taufen und Beileidsbekundungen wird man auf jeden Fall schriftlich mitteilen.

Wie wirken computergeschriebene Briefe?

Oft unpersönlicher, als den Verfassern lieb ist, zumal, wenn sie anstelle einer Unterschrift den auch auf dem Computer heruntergetippten Namen des Schreibers tragen. Andererseits erfreuen sich computergeschriebene Briefe aufgrund ihrer Leserfreundlichkeit großer Beliebtheit, da sich niemand mit mühsam dechiffrierbarer Handschrift plagen muß. Als Kompromiß eignet sich die Mischvariante Computertext plus handschriftliche Anmerkung, oder es empfiehlt sich die amerikanische Art: man setzt zu den maschinen- oder computerschriftlichen Briefen Anrede und Gruß handschriftlich dazu.

Wann ist ein handschriftlicher Brief angebracht?

Bei Kondolenzbriefen und Glückwunschschreiben zu Eheschließungen, Taufen etc. empfiehlt der Fachausschuß für Umgangsformen. In diesem Punkt hat er recht, denn ein lieblos auf dem Computer heruntergetipptes Beileidsschreiben würde wie der Gipfelpunkt des Zynismus wirken.

Wann ist der handschriftliche Brief deplaziert?

Im Geschäftsleben. Man möchte es nicht für möglich halten, wie oft Journalisten beispielsweise in unleserlichen Handschriften verfaßte Presseaussendungen auf den Schreibtisch bekommen. Jedermann kann sich ausrechnen, wie groß die Chance dieses Pressetextes ist, Beachtung zu finden.

Im Geschäftsleben hat der handschriftliche Brief nichts verloren. Da wirkt er schäbig und schlichtweg dilettantisch. Warum nicht gleich Notizzettel verschikken?

HISTORISCHE VIGNETTE:

»Papier und Briefkopf vermitteln dem Empfänger ein erstes Bild jenes Menschen, der ihm schreibt. Je schlichter und unauffälliger die äußere Aufmachung, desto erfreulicher dieser Eindruck. Und damit verbieten sich auch schon alle Extravaganzen wie Goldrand, farbiges Papier und betörendes Parfum. Ein schlichter, weißer Bogen glatten, holzfreien (100 g) Papiers in DIN-A-4-Format (21 x 29,7 cm) und das dazugehörige ebenfalls weiße, undurchsichtige (gefütterte) Kuvert im Normal- oder Langformat verraten bereits äußerlich den kultivierten Briefschreiber, der auf billige Effekte verzichtet. In der linken oberen Ecke des Briefbogens kann der gedruckte Name stehen. Auch er sollte unauffällig bleiben und daher in kleinem Schriftgrad gehalten werden. Wer seßhaft ist, kann rechts auch Wohnort, Adresse und Telefonnummer einsetzen lassen, die er andernfalls handschriftlich einfügen muß.«

Gehört es zur Etikette, ein eigenes Briefpapier zu besitzen?

Im Prinzip macht sich eigenes Briefpapier immer gut. Es zeugt von einer gewissen Souveränität und suggeriert, daß man es zu etwas gebracht hat (und wenn es nur das Briefpapier ist). Wenn Sie das Briefpapier aber ausschließlich für Ihre private Korrespondenz benötigen, können Sie die 300 Mark auch sparen und den Briefkopf am Computer fabrizieren.

Überaus eigenartig hingegen wirkt es, wenn Leute, die freiberuflich tätig sind, kein eigenes Briefpapier besitzen. Und dann wie Graphiker Carlo W. handgeschriebene Rechnungen verschicken. Was

- sowieso jämmerlich aussieht,
- bei den Geschäftspartnern eines noch dazu im graphischen Gewerbe Tätigen den Eindruck absoluter Kläglichkeit hervorrufen *muß*.

Auch wenn es nicht stimmt, sieht es so aus, als hätte Graphiker Carlo W. noch niemals in seinem Leben vorher einen Auftrag erhalten. Ein Briefvordruck mit Namen, Adresse und Bankverbindung macht sich bei Geschäftsbriefen immer gut und beeindruckt mehr als ein handgeschriebener Zettel.

Ein beliebter Scherz ist es geworden, Briefpapier aus Nobelhotels zu sammeln und dieses dann für die normale Privatkorrespondenz zu verwenden. Das kündet manchmal von besseren Zeiten (heute kann ich mir Hotels, wo es so vornehmes Briefpapier gibt, nicht mehr leisten) oder ist einfach ein nett gemeinter Scherz. Allzu oft sollte man ihn allerdings nicht strapazieren.

Anrede und Begrüßungsrituale

Das promiskuitive Du

Das seit den 60er Jahren verbreitete »Du« für alle ist eine späte Frucht der Studenten-, Öko-, Friedens- und Frauenbewegung. Ein naives Kürzel für Gleichheit – Unmittelbarkeit – Offenheit. Wer zu allen, egal, wie sie zu ihm stehen und in welchen Situationen er sie trifft, ungefragt »Du« sagt, signalisiert: ihr, die ihr die Anrede zu einem protokollarischen Staatsakt macht, ihr könnt mich alle mal. Normen sind Humbug, ich bin der Nabel meiner Welt und da tu' ich einfach so, als seien alle gleich.

Die bürgerliche Gesellschaft kannte das allgemeine »Du« ursprünglich nicht, dazu war sie zu sehr mit Abgrenzungen beschäftigt. Es ist das brüderliche, sozialistische »Du«, das sich in der Gewerkschaftsbewegung des 19. Jahrhunderts entwickelte, das im neuen promiskuitiven »Du« nachwirkt.

Tagaus, tagein wird einem an den anonymsten Plätzen so viel Vertrautheit aufgeschwatzt, daß es richtig unangenehm ist. Möbelhäuser reden ihre Kunden mit einem legeren »Du« an, in manchen Talkshows ist es selbstverständlich, daß alle Teilnehmer unter sechzig geduzt werden. Allen voran wieder einmal der besonders jugendliche Thomas Gottschalk. In der 1968-Gedenksendung von »Gottschalk täglich« bewies er, daß er nicht begreifen kann, daß Althippies und -kommunarden wie Peter Fonda und Fritz Teufel erstens nicht mit ihm in den Kindergarten gegangen sind und zweitens schon ältere Herren in der dritten Lebensphase sind. Zu so jemandem sagt man doch nicht einfach »Na, Peter, erzähl doch mal, wie war das damals mit dem Motorrad in ›Easy Rider‹, da fuhrst du doch ganz schön schnell, oder?«

Ist sie nicht empörend, die arrogante Selbstverständlichkeit, mit der im Fitneßcenter, im hypermodischen Pullovergeschäft zahlende Kundschaft geduzt wird? Gewaltig auf die Schnauze gefallen sind die Scharen progressiver Pädagogen, die ihren Schülern aus Gründen des Hierarchieabbaus das »Du«-Wort anboten. Was ist geblieben von dem Dialog, der endlich »mal ein Diskurs von gleich zu gleich« sein sollte? In disziplinierten Klassen ein »Du, ich geh mal eine rauchen, du.«

Mehr Distanz bitte! Halten Sie Abstand zu Ihrem Nächsten! Umarmen Sie ihn nicht mit jeder Anrede! Das »Du« ist eine Medaille, die Sie an diejenigen vergeben, die Sie besser kennen als den Rest der Menschheit!

Kann ich ein unüberlegtes »Du« in »Sie« rückverwandeln? Ich habe nämlich auf einer Party einen Mann geküßt, bei dem ich das gar nicht wollte. Als ich wieder nüchtern war, war mir die ganze Sache furchtbar peinlich.

Früher, zu Goethes Zeiten etwa, war das Duzen keine unwiderrufliche Angelegenheit. Angenommen, Frau von Stein hätte ihn mit dem vertraulichen »Du« angeredet, es wäre eine Auszeichnung gewesen. Und Frau von Stein hätte selbstverständlich die Freiheit besessen, gleich wieder zum förmlichen »Sie« zurückzukehren.

Heute läßt sich das »Du« praktisch nicht mehr rückgängig machen. Angenommen, Sie lernen einen von diesen notorischen Alle-Welt-Duzern kennen. Sie finden ihn weder sympathisch noch unsympathisch, weil es bequemer für Sie ist, nehmen Sie das »Du« an. Am Ende des Abends kränkt er Sie dann durch eine dumme Bemerkung. Sie gehen nach Hause und beschließen, ihn doch unsympathisch zu finden. Sie könnten höchstens beim nächsten, halbprivaten Treffen die distanziert freundliche Vergeßliche spielen und ihn siezen. Aber machen Sie sich nichts vor, Alle-Welt-Duzer überhören solche Nuancen.

Ein »Du«, das in einer Situation entstand, wo die Kontrollinstanz Vernunft – meistens durch die Einwirkung von Alkohol – außer Kraft gesetzt wurde (eine Betriebsfeier, eine feuchtfröhliche Party) können Sie leichter rückgängig machen. Das einmal im Vollrausch angetragene »Du« kann in nüchternem Zustand ohne weiteres in ein »Sie« zurückverwandelt werden.

Für die Zurücknahme weiterer Annäherungen gelten eigene Gesetze.

Eine Frau, an der mir nicht besonders viel liegt, hat mir das Du-Wort angetragen. Darf ich es ablehnen?

Da das Du-Wort als Synonym für Kontaktfreude gilt, sagen Menschen, die gerne Aufdringlichkeit mit Lebenslust verwechseln, unaufgefordert zu allen »Du«. Wer sich dem verweigert, muß damit rechnen, als introvertiert, kontaktscheu oder langweilig abgestempelt zu werden. Dabei wäre es hoch an der Zeit, bestimmten Leuten zu zeigen, daß der Fraternisierungszwang aufgehoben ist. Das selbstverständliche, ungefragte »Du« –

von Betrunkenen im Autobus, von weinseligen Nachbartrinkern beim Heurigen, von neurotischen Offenheitsfanatikern, die in der Stadtzeitung anrufen und sagen »Du, sag mal, was bedeutet eigentlich der Cartoon auf Seite zwei?« – ist im Grunde genommen eine Frechheit, die man sich verbitten sollte.

Längst fällige Trendwende – Vom Du für jedermann zum selektiven Sie

Die Anrede »Sie« signalisiert Distanz und Abgrenzung, ist aber in vielen Fällen die einzig richtige und mögliche Anrede.

Valerie B. reagierte leicht irritiert, als ihr die Putzfrau, die sich bei ihr auf Vermittlung einer Alternativdruckerei meldete, gleich vorschlug, »Du« zueinander zu sagen. Daß sie zum ersten vereinbarten Termin gar nicht erschien, irritierte sie dann noch mehr.

Distanz gegenüber den richtigen Leuten im rechten Augenblick kann wohltuend und im Gegensatz zur traditionellen Lesart befreiend sein. Die Haltung des »anything goes« der letzten Jahre hat die Konturen vollends verwischt. Wenn allgemeine Lockerheit und Offenheit zum Zwang werden, läßt sich die Wahl zwischen der distanzierten und der vertraulichen Form der Anrede ja schon wieder als ein Akt persönlicher Freiheit interpretieren. Er signalisiert: Wen ich duze und wen nicht, bestimme ich.

Man muß es ja wirklich nicht so halten wie Jean-Paul Sartre und Simone de Beauvoir, die als wesentliche Anekdote über ihr Privatleben die in der französischen Oberschicht früher übliche Coutume verbreiteten, sich auch nach jahrzehntelanger Bekanntschaft (in der Öffentlichkeit) zu siezen.

Lotte Tobisch, die langjährige Chefin des Wiener Opernballs und zweifellos eine Autorität in klassischer Etikette, hat die Sache mit dem Siezen einmal so auf den Punkt gebracht: »Mit Leuten, die ich nicht gut kenne, bin ich lieber per ›Sie‹. Wegen der Distanz. Was bringt eine Fraternität, die im Grunde keine ist?« Da hat sie recht.

Oder nehmen Sie John Steed, den Gentleman mit dem Bowlerhut, und Emma Peel, die exzentrischen Kämpfer gegen das Böse in der Fernsehserie ›Mit Schirm, Charme und Melone‹. Sie sprechen einander grundsätzlich mit »Sie« an. Um höfliche Distanz auszudrücken und um klarzumachen, daß Mrs. Peel John Steeds gleichberechtigte Partnerin und nicht sein Betthäschen ist. »Mrs. Peel, wir werden gebraucht!« pflegt Mr. Steed zu sagen, wenn wieder einmal ein Verbrechen passiert ist. James Bond oder Jason King hingegen pflegen mit der sie umgebenden, leicht bekleideten Damenwelt einen weniger förmlichen Umgang. »Häschen, bring mir doch ein Glas Champagner! Ich lade inzwischen meine Pistole.«

Die Sehnsucht nach der distanzierten Form als Reaktion auf den grassierenden Verbrüderungswahn ist in letzter Zeit Medienthema geworden. Im ›Spiegel‹ erschien unter der Überschrift »Verbale Krawatten« ein Artikel über neue studentische Nuancen. Nach dem Strickmuster »liberale, antiautoritäre 68er-Generation gegen neokonservative, formbedachte Zwanzigjährige« wurde eine entsetzte Pädagogikprofessorin zitiert, deren Studenten sich gegen das »Du« im Hörsaal verwahrt hätten. Besonders im privaten Bereich, »seit Kaisers Zeiten eine Hochburg des schnellen Duzens«, habe sich das Blatt gewendet, konstatierte der Reporter des ›Spiegel‹ und zauberte »gute Kumpel«, die »einander mit einem förmlichen ›Guten Tag, Herr Schmidt‹ begrüßen« und junge Frauen, die ihre Flirtversuche mit den Worten »Hätten Sie heute abend vielleicht Zeit?« aus dem Zauberköfferchen der Trends und Moden. Es ist sicher eine hübsche Idee, die Loriotfiguren Herr Müller-Lüdenscheid und Dr. Klöbner, die auch noch, als sie einander in der Badewanne gegenüber sitzen, beim »Sie« bleiben, als Leitbilder der neuen Förmlichkeit einzuführen, aber in ganz Deutschland wird man keine Fußballmannschaft aus Achtzehnjährigen, die einander mit »Herr Schmidt, achten Sie auf den Ball!« anreden, zusammenbekommen.

Die förmliche Anrede kann mindestens genauso deplaziert sein wie das wahllose »Du«. Unter Halbwüchsigen, Minderjährigen und Abiturienten wirkt das »Sie« hanebüchen. Nicht einmal im Internatsfilm ›Der Club der toten Dichter‹ reden die jungen Leute so miteinander.

Auch die distanzierte Anrede muß ins Layout einer Situation passen. Sie ist angebracht unter Geschäftspartnern, unter Leuten, die einander erst kennengelernt haben, als Disziplinierungsinstrument für Leute, die einem näher treten wollen, als man eigentlich will, aber doch nicht auf dem Schulhof.

Die moderne Innigkeit

Das Küßchen auf die Wange, das Jet-Set-Ritual, ist alltäglich geworden. Andy Warhol war ein Pionier dieser neumodischen Innigkeit. Es gibt massenhaft Bilder, die ihn küssend unter Seinesgleichen zeigen. Liza Minelli küßt Andy Warhol auf den Mund. Warhol küßt John Lennon auf die Wange. Salvador Dalí und Warhol küssen aneinander vorbei.

In Frankreich gehört das Wangenküssen zur Begrüßung zum kulturellen Erbgut. (Im Extremfall sind nicht einmal Personen, die einander soeben vorgestellt wurden, von dieser Herzlichkeitsdemonstration ausgenommen.) Im deutschsprachigen Raum wurde das Bussi-Bussi-Ritual erst in den 70er und 80er Jahren heimisch.

Das Bussi-Bussi-Ritual ist einer der wenigen bekannten Fälle einer Kreuzung aus dem Post-Hippie-Gestus der 70er Jahre mit seinem Authentizitätswahn und dem schnöseligen Yuppietum der 80er Jahre mit seiner Sucht nach Inszenierung und Pose. Das Ritual »wahllose Umarmung + Begrüßungskußshow = modische Innigkeit« ist ein Bastard, gezeugt aus zwei verfeindeten Lebensstilen: eine hippe *Love-Peace-Performance.*

Wie reagiere ich, wenn mich Leute zur Begrüßung auf die Wange küssen, bei denen ich das gar nicht mag?

Wer zwingt Sie, die Wange hinzuhalten? Davon ist nicht einmal in der Bibel die Rede. Es heißt nur Aug' um Aug', von Wang' an Wang' steht da nichts, obwohl der gesellschaftliche Kuß seinem Ursprung nach eine Abart des biblischen Bruderkusses ist und so viel bedeutet wie: du bist einer von uns, du gehörst zu uns (neuzeitlich: schließ dich unserer Clique an).

Akkolade, Umhalsung, lautet übrigens das Fremdwort für dieses modische Umarmungsritual, bei dem man sich meistens gar nicht auf die Wange küßt, sondern nur, wie es die Eskimos zur Begrüßung mit den Nasen machen, Wange an Wange reibt.

Um Annäherungen, die Ihnen unangenehm sind, auszuschließen, können Sie ritualisierte Abwehr signaliseren, indem Sie betont förmlich mit dem Kopf nicken und keinerlei Bussi-Bussi-Anstrengungen machen. Sollte das zuwenig sein, können Sie ja die Hand zum Gruß ausstrecken, das kann niemand mehr übersehen.

In meinem Bekanntenkreis ist es üblich, sich mit einem Kuß auf die Wange zu begrüßen. Ich bringe diese Lockerheit einfach nicht auf und fange an, in den Händen zu schwitzen, wenn die Reihe an mir ist. Was soll ich tun?

Lassen Sie sich nicht zur Lockerheit zwingen – aber auch nicht zur Einsiedelei verdammen, indem Sie aus Wangenkußangst das Treffen mit Ihren Bekannten meiden.

Hören Sie auf Ihren Körper, seine Sprache kennt die feinsten Zwischentöne. Niemand will einen Stockfisch umarmen, deshalb: sagen Sie einfach »Hallo«, das gilt schließlich auch als locker. Ein Händedruck würde in dieser Runde vermutlich deplaziert und verkrampft wirken.

Die Verbreitung des Bussi-Bussi-Rituals

Die Begrüßungsumarmung wird in drei Milieus besonders gepflogen: im alternativen studentischen, unter Leuten, die sich selber gern »die Kreativen« (Graphiker, Werbeleute, Journalisten usw.) nennen, sowie unter adeligem Jungvolk. Im studentischen und niederen Freiberuflermilieu signalisiert das Bussi-Bussi-Ritual Lockerheit, Ungezwungenheit und wird gelegentlich mit einem Hinweis auf die Fernsehserie ›Die Hausmeisterin‹ eingeleitet, wobei Helmut Fischers Begrüßungsritual »Ilsehasi. Bussi links, Bussi rechts« zitiert werden kann.

Unter adeligem Jungvolk löst die Bussi-Bussi-Begrüßung Hysterieanfälle aus. Die Begrüßungsumarmung wird von schrillem Kreischen langmähniger Werbegraphikerinnen aus niederem Landadel untermalt.

Das Kußritual wird von Frau zu Frau bzw. von Frau zu Mann gepflogen. Der Begrüßungskuß unter Männern hat sich trotz Männerselbsterfahrungsgruppen und Softytum – glücklicherweise – nicht durchgesetzt. Stattdessen begrüßen Männer einander demonstrativ mit den Worten: »Grüß dich, Helmut, du bekommst keinen Kuß.«

Hüten Sie sich vor Bussi- und Umhalsungsausbrüchen! Das sind keine Begrüßungen, sondern Hysterieanfälle. Hindern Sie die Gekreisch- und Gekichervariante der Bussi-Bussi-Innigkeitspose an weiterer Verbreitung! Wenn Ihnen danach ist, üben Sie sich in Distanziertheit. Es wird Ihren Nerven guttun. Überdies können Sie sich mit der Königinmutter in England herausreden. Die mag nämlich die Rumküsserei auch nicht und soll einmal zu Präsident Carter, als er sie anläßlich eines Staatsbesuchs umarmen wollte, gesagt haben: »Was erlauben Sie sich? Das darf nur mein Ehemann.«

Wann gebe ich jemandem zur Begrüßung die Hand?

Das Ritual, einander zur Begrüßung die Hand zu reichen, wurde von der Bussi-Bussi-Mode weitgehend verdrängt. Demonstratives Zur-Schau-Stellen von Innigkeit und Intimität, und wenn sie noch so schlecht gespielt ist, paßt offensichtlich besser in die aufgewühlte Therapiedekade als der minimalistische, zurückhaltende Händedruck.

Ein gekonnter Händedruck drückt Distanz *und* Höflichkeit aus. Der Handschlag ist eine Bekräftigung und demnach bei *außergewöhnlichen* Begegnungen und Ereignissen angebracht. Jemanden, den Sie jeden Tag im Büro sehen, werden Sie nicht allmorgendlich per Handschlag begrüßen. Vielmehr wird mit einem Händedruck ein Vertragsabschluß bekräftigt; wer eine längere Reise vor sich hat, verabschiedet; jemand, der einem gerade vorgestellt wurde, begrüßt.

Der Händedruck darf nicht inflationär eingesetzt werden, indem jeder zweite, der einem über den Weg läuft, per Handschlag begrüßt wird. Wägen Sie die Situationen sorgfältig ab, und setzen Sie den Händedruck eher selten, aber gezielt ein. Einfache Faustregel: Schütteln Sie nur Leuten die Hand, die Sie nicht allzu häufig sehen.

Wer gibt die Hand zuerst?

Nach der traditionellen »Rangordnung« sollte die Dame als »Höhergestellte« dem Herrn die Hand hinstrecken. Das ist heute für die Praxis unbedeutend.

Im Geschäftsleben gibt der, der über mehr Macht verfügt, dem anderen die Hand bzw. derjenige, in dessen Büro eine Besprechung stattfand, die nun beendet wird. Konservative Naturen legen darauf auch heute noch Wert.

Im Prinzip sind diese Rangordnungen heute sekundärer Natur. Als grober Fauxpas aber gilt es, eine ausgestreckte Hand nicht zu ergreifen. Dies besagt soviel wie: mit dir will ich nichts zu tun haben und wird als Affront gewertet.

Oft entstehen Unsicherheiten: jemand streckt die Hand zum Händedruck aus, der andere bemerkt es zu spät, worauf der eine die Hand verlegen zurückzieht... Solche Unsicherheitsmomente lassen sich zumeist mit einer witzigen, charmanten Bemerkung überspielen.

Wie schüttelt der Herr der Dame richtig die Hand?

Indem er ihre Hand ergreift und diese fest, aber nicht zu fest *drückt* und vor allem nicht zerquetscht. Leider gibt es viel zu viele Männer, die Frauenhände als Demonstrationsobjekt für ihre maskulinen Kräfte mißbrauchen. Wie oft muß man es mit anhören, daß Frauen statt eines freundlichen »Guten Tag« nur noch ein gequältes »Au« über die Lippen bringen, weil ein Mann ihre Hand mit der Pranke eines Bären verwechselt. Entweder sind manche Männer wirklich so rücksichtslos oder sie vergessen, daß Frauen häufig Ringe tragen, wodurch heftiger Händedruckschmerz entstehen kann.

Mechanistische Kurzanleitung für den idealen Händedruck: rechte Hand heraus, Daumen nach oben, lokker im Handgelenk, nicht schwitzen, nicht zittern. Wenn sich die andere Hand nähert und die Daumen einander berühren, wird die Hand zusammengedrückt, nicht zu fest, aber auch nicht zu schwach.

Das Grüßen

Früher war das Grüßen eine Geste vornehmer Zurückhaltung. Man grüßte durch Neigen des Kopfes und gegebenenfalls des Oberkörpers, auf der Straße grüßte der Herr, indem er den Hut abnahm oder, falls er eine Droschke lenkte, durch »Senken der Peitsche«.

Heute wird das Grüßen nicht selten zum lauten Spektakel. Man winkt, ruft »hallo« über die Straße, schickt Kußhände usw. Der Wirbel rund ums Grüßen belegt jene These, die besagt: früher ging es bei der Etikette darum, möglichst nicht aufzufallen, unsere heutigen Umgangsformen zielen auf das genaue Gegenteil.

Der Sinn des Grüßens lag für die Verhaltenspsychologen immer im Aggressionsabbau. Der Gruß hat eine beschwichtigende Funktion, er kann eine Situation entspannen.

Beispiel: Valerie B. kam nach Hause und ging zum Lift, um zu ihrer Wohnung hochzufahren. Ein Ehepaar, das sie noch niemals in diesem Haus gesehen hatte, wartete

Der Speichelgruss und andere exotische Begrüssungsrituale

Im alten Ägypten begrüßten die Untertanen ihren Herrn, indem sie sich vor ihm auf den Boden warfen und die kostbare Erde, über die seine Füße gegangen waren, berochen und küßten. Als besondere Gunst galt es, statt der Erde die Füße des Königs küssen zu dürfen.

Viele Naturvölker glauben, daß der Begrüßte mit einer vom Grüßenden stammenden Substanz in Berührung kommen soll. Bei den Niloto-Hamiten spuckt man den Partner an, oder man spuckt vor dessen Füße.

Von den Eskimos ist der Speichelgruß bekannt. Kotzebue soll, so zitiert es zumindest der Verhaltensforscher Irenäus Eibl-Eibesfeldt, in der Beringstraße von den Eskimos so begrüßt worden sein, daß sie in die Hände spuckten und ihm damit einige Male übers Gesicht fuhren.

beim Lift und starrte sie an. Warum soll ich die blöden alten Säcke grüßen, dachte Valerie, die können mich schließlich auch grüßen. Unter eisigem Schweigen fuhr man im Lift hoch, Valerie wußte nicht, wo sie hinschauen sollte, da die beiden sie immer noch anstarrten. Als sie ausstieg, grüßte Valerie, die die unangenehme Spannung in der Situation spürte, absichtlich besonders laut. Gerade als der Mann »Mäh!« sagte, um ihr zu zeigen, wie abscheulich er ihr Nichtgrüßen fand, sagte sie »Auf Wiedersehen« und entschied damit das Duell um den Gruß für sich.

Offizielle Rangordnung der Anrede, wie sie das anonyme »Council of Etiquette« ersonnen hat

Wertkonservative Konflikte: Der Historienmaler Archibald Grumboldi, 65, lernt endlich den von ihm heiß verehrten Publizisten und Vordenker konservativen Gedankenguts, Humbert Specht, 73, kennen. Sie verbringen angenehme Tage auf Castello Grumboldi im Piemont, und endlich hält Archibald die Zeit für gekommen, Humbert das Du-Wort anzubieten.

Der aber war ein Wertkonservativer. Er betrachtete die Etikette, wie sie ganze Ahnenreihen von Gräfinnen festgeschrieben hatten, als Veredelung der Gesellschaft und ehernes Gesetz. Da demnach die »Duz-Brüderschaft« nur vom Älteren angeboten werden kann, fand er Archibalds Verhalten unverzeihlich. Als der Jüngere, 65jährige, hätte Archibald warten müssen, bis ihm der 73jährige Humbert als der Ältere das Du-Wort anträgt. Der Fauxpas beendete die kurze Freundschaft zwischen dem Historienmaler und dem konservativen Publizisten.

Was Arcimboldo nicht wußte: Humbert stand noch ganz unter dem Schock der Etiketteverletzung. In Bayreuth war ihm Rosalind Barbar, die berühmte Sopranistin, vorgestellt worden. Das Benehmen der Diva, deren Äußeres einen nachhaltigen Eindruck auf ihn machte, befremdete ihn zutiefst. Denn kaum hatte sie Humbert kennengelernt, gab ihm Rosalind deutlich ihr Interesse zu erkennen und bot ihm das Du-Wort an.

Wie später von Arcimboldo wandte er sich auch von ihr brüsk ab. Im nachhinein, als er Rosalind an der Hand eines jüngeren Barons aus dem Salzburgischen entschweben sah, schimpfte er sich einen konservativen alten Trottel, der sich auch die wenigen sich bietenden

Gelegenheiten zu Damenbekanntschaften durch starrsinniges Pochen auf die Etikette entgehen läßt. Aber was half es: Humbert konnte nicht aus seiner Haut, er war durch und durch ein Wertkonservativer. Für ihn galt, was die Benimmliteratur verbreitete: die Dame darf dem Herrn niemals das Du-Wort anbieten. Der Herr hat von der Dame das Du-Wort zu »erbitten«, steht bei Pappritz. Eine Ausnahme bildet nur das Verhältnis Schwiegermutter-Schwiegersohn. Wenn Erwachsene einander das Du-Wort anbieten, geht dies stets vom »Würdigeren, Älteren, Vorgesetzten« aus.

Wer grüßt wen zuerst?

Klassische Etikette: Es tritt das alte Rangordnungsschema in Kraft.

Der wegen abzuleistender Minnedienste rangniedriger eingestufte Herr grüßt die ranghöhere Dame, die außer dem Recht, hofiert zu werden, wenig gesellschaftliche Rechte besaß.

Der Jüngere grüßt den Älteren.

Immer sollte der »Rangniedrigere« den Vorgesetzten zuerst grüßen:

der Schüler den Lehrer, der Angestellte den Chef.

Moderne Etikette: Die hierarchische Variante, wonach der Angestellte den Chef zuerst zu grüßen hat, besteht noch. Und wird möglicherweise eine Akzentuierung erfahren: Untersuchungen haben ergeben, daß sich in Zeiten der wirtschaftlichen Krise der altmodische, autoritäre Führungsstil unter Managern wieder stärker durchsetzt und neuere Modelle des Teamworking usw. zurückgedrängt werden.

Die früher bei Prügelstrafe selbstverständliche Variante, daß der Schüler den Lehrer gehorsamst zu grüßen hat, ist fragwürdig. Heute müssen Lehrer oft froh sein, wenn sie von den Schülern überhaupt eine Antwort bekommen. Da kann man's mit der Etikette nicht so genau nehmen.

In anderen gesellschaftlichen Situationen ist jegliche Rangordnung des Grußes lachhaft geworden.

Möchte man meinen.

Nur ranken sich um das Problem der Damenetikette in der Praxis mehr Probleme, als man annehmen möchte. Nicht wenige, auch fortschrittliche Damen, sind den alten Formen der Etikette so verhaftet, daß sie es als unerträglichen Affront empfinden, wenn ein Mann sie nicht zuerst grüßt oder vor ihnen im Lokal bestellt. Schreiduelle und das zumindest vorübergehende Abbrechen der Beziehungen sind aus solchen Situationen vermeintlich harmloser Etiketteverletzung schon entstanden.

Deshalb: Vorsicht! Verwerfen Sie die alten Regeln nicht allzu forsch. Sie könnten es bereuen. Bevor Sie den Sensibilitätsgrad einer Frau in Sachen Etikette kennen, seien Sie vorsichtig im legeren Umgang. Spielen Sie im Zweifelsfall lieber den Kavalier, es erhöht Ihre Erfolgschancen.

Er hat mich nicht gegrüßt!

Das gezielte Nichtgrüßen ist ein Dauerbrenner der Etiketteverletzungen. Jemanden direkt anzuschauen, ohne ein Zeichen von sich zu geben, daß man von ihm Notiz genommen hat, bedeutet: du bist es für mich gar nicht wert, wahrgenommen zu werden. Kein Wunder, daß deswegen schon Duelle ausgefochten worden sind, denn wer bekommt schon gerne bedeutet: Du bist Luft für mich. Wie reagiere ich?

- Es mit der Methode »dann bist du eben auch Luft für mich« heimzuzahlen, bringt meistens wenig. Man ärgert sich so und so und muß gleichzeitig noch die Anstrengung auf sich nehmen, jemanden so zu übersehen, daß der es auch merkt.
- Die Übersehmethode ist nur in Situationen mit Machtfaktor auszuspielen. Galerist F. übersieht Kunstkritikerin G. geflissentlich, weil er schon viele wichtige Kuratoren und Museumsdirektoren kennt, er kann unmöglich alle Leute grüßen. Frau G. grüßt er nur dann, wenn er will, daß sie eine Rezension über eine seiner Ausstellungen schreibt. Sie genießt es, auf die Vernissage zu gehen und zu beobachten, wie F. sie zu grüßen versucht.
- Die direkte Methode, sich vor dem Nichtgrüßer in fünf Zentimeter Distanz aufzustellen und »Guten Tag« zu sagen, mag witzig sein, aber ob sie imstande ist, eine dauernde Verhaltensänderung zu erzielen? Nichtgrüßer können sehr hartnäckig sein.

Ich habe einen Einkaufsfimmel. Mein Verlobter hat mir schlechte Manieren vorgeworfen, weil ich in Geschäfte hineinstürme, ohne die Verkäuferinnen zu grüßen. Müssen nicht sie mich als Kundin zuerst grüßen?

Warum müssen sie? Meistens werden Sie als Kundin ohnehin zuerst gegrüßt, und wenn nicht, können Sie so tolerant sein und den Siegeszug der antihierarchischen, vereinfachten Grußform zumindest akzeptieren: wer den anderen zuerst sieht, grüßt zuerst.

Aus der Welt des Jet-Set:

»Jemand trat an unseren Tisch, um die Dietrich zu begrüßen. Er sah elegant aus wie mein Vater, sprach französisch und war offenbar sehr bedeutend, denn meine Mutter stand auf, als er ihr die Hand küßte. (...) Die Dietrich stand immer vor älteren Damen auf und vor denen, die sie dazu auserwählte, dieses Zeichen ihrer Achtung zu verdienen. Angewiesen, immer dann aufzustehen, wenn auch sie es tat, sah das zuweilen recht merkwürdig aus. Da berühmte Menschen zu berühmten Orten gehen, um dort andere berühmte Menschen zu sehen, kam immer irgend jemand an unseren Tisch – um ›Marlene‹ die Hand zu küssen. Gewöhnlich stand sie auf, und wir taten es auch, wie Korkschwimmer an einer Angelrute, die an die Oberfläche schnellen, so wurde es von uns erwartet. Manchmal muß das ausgesehen haben, als warteten wir alle auf einen Bus!«

Maria Riva, ›Meine Mutter Marlene‹

Muß man im Winter die Handschuhe bei der Begrüßung ausziehen?

Grundsätzlich nein, egal, ob Mann oder Frau. Die Benimmliteratur führt vornehmlich »gesundheitliche Gründe« dafür an. In der Winterkälte seien bloße Hände unzumutbar!

In der Praxis wird die Handschuh-Anlaß-Regel – in Abhängigkeit von den herrschenden Temperaturen – recht frei gehandhabt. Behält das Gegenüber auch die

Handschuhe an, ist die Sache kein Problem. Dann kann man die Handschuhe einfach anbehalten. Aber behandschuht eine bloße Hand zu schütteln, wirkt schon sehr Queen Elizabeth-like.

Wann stehe ich auf beim Grüßen?

Klassische Etikette: Die Herren stehen immer auf, egal, ob sie Herren oder Damen begrüßen.

Damen stehen auf, wenn sie ältere oder würdigere Damen begrüßen. Früher rieten die Benimmbücher dazu, bei der Begrüßung eines Herrn auf jeden Fall sitzen zu bleiben, weil es sonst peinlich wirkte.

Für moderne Umgangsformen sind derlei Regeln nicht zu gebrauchen. Da eine Frau, die an ihrem Sessel klebt und sich sitzend begrüßen läßt, wieder den unseligen Queen Elizabeth-Effekt erzielt und arrogant und herablassend wirkt.

Ein Beispiel aus dem Fernsehen: In »Wetten, daß ...« am 23. Januar 1993 begrüßte Wolfgang Lippert Paul McCartney auf der Gästecouch. Katharina Witt, Caterina Valente und Uwe Ochsenknecht sitzen schon da, als er dazukommt.

Witt bleibt sitzen, als er ihr die Hand gibt.

Uwe Ochsenknecht steht auf.

Als Paul McCartney geht, steht Katharina Witt auf, und er gibt ihr einen Kuß auf die Wange. Caterina Valente bekommt auch einen, Uwe Ochsenknecht nicht.

Wer nicht einfach begrüßt werden will, sondern wie Katharina Witt von Paul McCartney geküßt werden will, muß unbedingt aufstehen.

Titulierung und Anrede: Der allerschlimmste Fall: »Weib«. Angenommen, Sie geraten an Siegmund Freuds Schrift ›Was will das Weib?‹ Sie finden Gefallen am Titel dieses Werks und beschließen, das weibliche Geschlecht fortan mit »Weib« zu titulieren. Sie betrachten das Ganze als heiteres, ironisches Aperçu, das im Kreis Ihrer Freunde (alles reife, gebildete Männer) Schmunzeln hervorrief.

Gratulation! Sie haben soeben die Sonnenfinsternis des Geschmacks heraufbeschworen. »Weib« gilt, vor allem unter jungen Frauen als infam und beleidigend. »Weib! So was sagen nur alte Idioten!« Diesen Vorwurf hört man immer wieder

- Der zweitschlimmste Fall: »gnädige Frau«. Stammt aus der k.u.k.-Monarchie und klingt danach: nach reifem Alter und gehörig altbacken. Diese Anrede wird heute manchmal mit ironischem Unterton verwendet. Zum Beispiel: Hellmuth Karasek hatte einmal in der Sendung ›Spiegel-Thema‹ eine Historikerin zu Gast, deren Thesen ihm nicht recht paßten und die er wie zur Strafe mit herablassendem Unterton ständig als »gnädige Frau« titulierte.
- Der drittschlimmste Fall: »Dame«. In einem Leserbrief an die Schweizer Wochenzeitung ›Weltwoche‹ kritisiert M.-L.L. aus Zürich einen Beitrag des Musikkritikers über die Sängerin Sinéad O'Connor, der den Titel trug »Ist die Dame tatsächlich durchgedreht?«

  »Dame ist ganz eindeutig ein Schimpfwort«, heißt es im Leserbrief, »eine Diskriminierung und Disqualifizierung der Frau. Mann nimmt die Frau nicht ernst, macht sie zum kraftlosen und lächerlichen Nonvaleur. Offenbar haben die Schreiber-Mannsbilder riesig Angst vor Frauen, daß sie nicht wagen, Frauen als Frauen zu bezeichnen.«

- Der viertschlimmste Fall: »Fräulein«. Die ehemalige Bezeichnung für die unverheiratete Frau eignet sich heute höchstens als Stichelei oder als ironische Anrede bei Leuten, die man gut kennt.
- Der Normalfall: »Frau«. Hat sich eingebürgert, dabei kann nichts schief gehen. Hat das hochnäsige und dabei mit Standesdünkeln behaftete »Dame« als allgemein gebrauchte Geschlechtsbezeichnung abgelöst. Errungenschaft der Frauenbewegung. »Mädchen« ist nur bei Frauen zu tolerieren, die wirklich noch »Mädchen« sind. Wenn sich zwei Werbephotographen über die Mädchen, die sie zu knipsen haben, unterhalten, klingt das oft so, als sprächen zwei Skilehrer über die »Betthäschen« der Saison.
- Außer Konkurrenz: »Liebe«, »Lieber«, »Verehrte«, »Verehrter«. Alte Herren in Clubsesseln dürfen diese Anrede gegenüber ihren würdigen Gästen verwenden. Ansonsten erinnert »liebe, verehrte gnädige Frau« ein bißchen an die Stimme aus dem Jenseits.

Wie lautet die richtige Anrede für eine Kellnerin? Darf ich »Fräulein« sagen?

In der Gastronomie kommt dieser Anredeform ein anderer Stellenwert zu als in anderen Bereichen des sozialen Lebens. Es hängt sehr von der Art des Lokals ab, ob Sie zur Kellnerin »Fräulein« sagen dürfen oder nicht.

Die empirische Erforschung des Sachverhalts ergab ein entschiedenes »Nein« für Bars und Cafés, die in Lokalführern unter »Szene« firmieren. Hier herrscht striktes Fräuleinverbot! Es würde als frauenverachtend, greisenhaft und vertrottelt mit Nicht- oder unfreundlicher Widerwillenbedienung geahndet werden. Um auf sich und seinen Bestellwunsch aufmerksam zu machen, empfehlen sich Hilfsmaßnahmen wie Aufzeigen oder ein halblautes »Entschuldigung, bitte!«

In Restaurants und Gaststätten aus den Rubriken »traditionell«, »gediegen«, »gut bürgerlich« herrschen noch größtenteils die alten hierarchischen Verhältnisse, und die Kellnerinnenanrede »Fräulein« (die für eine Frau um die Vierzig wirklich nicht erfreulich ist) ist dort durchaus üblich.

Dasselbe gilt für den Heurigen, da sich die Anrede »Schwester Oberin«, die einmal in Analogie zur männlichen Berufsbezeichnung von Angehörigen des altgermanistischen Instituts der Universität Wien während einer Feldforschung geprägt wurde, nicht durchsetzen konnte.

Wie man bedeutende Menschen anspricht

Titel: Den Geheimrat, Kanzleirat, Oberamtsrat gibt es nicht mehr. Glücklicherweise ist das stabile Gebäude aus Berufs- und Amtstiteln, das über die Jahrhunderte errichtet wurde, um auch minimale hierarchische Abstufungen deutlich machen zu können, zusammengestürzt wie ein Kartenhaus. (Sollten Sie freilich einmal mit Weizsäcker dinieren, zögern Sie nicht, ihn mit »Herr Bundespräsident« anzusprechen. Man hat selten die Gelegenheit, jemanden, der einen solchen Titel trägt, anzusprechen.)

Aus dem Titelschutt geborgen werden konnten nur

akademische Titel. Als Entschädigung für Leute, die sich lange Jahre durch ihr Studium gemüht haben, sind Herr Doktor, Frau Doktor auch heute noch recht gebräuchliche Titel. Aber auch sie werden immer weniger verwendet. In Österreich aber ist dies alles noch anders. Wer hier eine »Frau Doktor Scheibendecker« mit einem schlichten »Frau Scheibendecker« anredet, begeht einen Fauxpas. Hier hält man den Titel als Zeichen von Amt und Würden noch hoch. Auch skurrile Titel, wie Kommerzialrat oder Oberamtsrat, werden hier sehr ernst genommen. Vor allem aber der Titel »Professor«. Seit Udo Jürgens und Peter Weck ihn tragen, herrscht völlige Verwirrung, und niemand weiß mehr, für welche Verdienste er eigentlich verliehen wird.

Und wer den Tisch im Restaurant für »Magister Nußbaumer« bestellt, bekommt bestimmt einen besseren als der gewöhnliche Herr Nußbaumer. (Dabei ist Magister ein besonders unschöner Titel. Er klingt wie Wehrmann). In Krankenhäusern, auf Finanzämtern und Banken gelten akademische Titel als Garant für Sonderbehandlungen. Sollten Sie einen Doktortitel haben, verleugnen Sie diesen nie in Österreich! Ihnen entgehen Vorteile.

Die Körpersprache und ihre Codes

Typisch männliche Formen und Fehler

- Die starren Formen von früher, der Handkuß, die Verbeugung gelten als hoffnungslos veraltet und können – zu Recht – Anlaß für Spott und Hohn bieten.
- Schick ist hingegen alles, was lässig, aber auch nachlässig wirkt: das über der Hose getragene Hemd, die Kappe, die verkehrt auf dem Kopf sitzt, die offenen Bänder der Sneakers oder die Hände in den Hosentaschen.
  »Nur Schnapsbrüder und Bummler, nicht aber anständige deutsche Jungmänner, stecken die Hände in die Hosentaschen«, hieß es noch im ›Schicklichkeits- und Ritterspiegel‹ von 1915.
  Heute gelten die Hände in den Hosentaschen als Zeichen von Coolness.
  Leider wird es zumeist maßlos übertrieben, so daß ein lächerlicher Effekt entsteht. Besonders lächerlich wirkt die Kombination: Hände in den Hosentaschen, aufgekrempelte Sakkoärmel (diese häßliche Angewohnheit sieht man glücklicherweise heute viel seltener als noch vor einigen Jahren) und bis zu den Brusthaaren geöffnetes Hemd. Der Gipfelpunkt der Widerwärtigkeit! Die Jury für guten Geschmack spricht eine Verwarnung aus.
- Die vor der Brust verschränkten Arme, die Abwehr- und Wartestellung signalisieren, wirken eigentlich nur bei Anzugträgern lächerlich, da das Sakko verrutscht und die Ärmel spannen.
- Demonstratives Gähnen ist bei jungen Männern in

der Pickelphase sehr beliebt. Wer anderen Leuten auf der Straße mit sperrangelweit geöffnetem Mund entgegenkommt, möchte gerne provozieren, zeigt aber nur sein schlechtes Gebiß.

- Das Streichholz im Mundwinkel.
  Dazu gibt es verschiedene Theorien: für die einen ist es Ersatz für die Zigarette, die anderen geben an, sie würden den Holzsaft, der besonders gut schmeckt, aus dem Streichholz saugen, wieder andere üben heimlich den melancholisch verschatteten James-Dean-Blick.
  Wer unbedingt ein Streichholz im Mundwinkel braucht, darf, sagen wir, eine Minute darauf herumkauen. Dann weg damit. Oder finden Sie sich etwa schön damit?
- Neu: Haare zurückwerfen.
  Es galt bisher als typisch weiblicher Fehler, hat aber durch die neue Frisurenmode, die wieder lange Haare propagiert, auch bei den Männern um sich gegriffen. Besonders sehr junge Männer benehmen sich gerne wie eitle Gecken: sie werfen den Kopf nach hinten wie junge Fohlen, wirbeln den Kopf nach links und rechts, daß die Schuppen nur so fliegen. Dies erfreut besonders Sitznachbarn im Café oder in der U-Bahn. Freudig nehmen diese die Nachricht aus Amerika zur Kenntnis, daß dort die Avantgardefriseure den ersten männlichen Models schon wieder Kurzhaarschnitte verpaßt haben.

- Knicks: Weiß heute eigentlich noch jemand, wie der geht? Wer nicht häufig bei der Königinmutter eingeladen ist, braucht es auch nicht zu wissen.
- Haare zurückwerfen: Der Kopf wird nach vorne gebeugt, die langen Haare an einer Seite gesammelt und dann mit aller Wucht nach einer Seite geschleudert. Und alle, die in unmittelbarer Nähe stehen, bekommen sie ins Gesicht. Oder: der Kopf wird gerade nach vorne gebeugt, die Haare über Nase und Kinn gelegt und dann so kräftig, wie es geht, gerade nach hinten geschleudert. Und dann noch einmal kräftig ausschütteln. So erspart man sich einen Tag Haarewaschen. Meiden Sie in Ihrem eigenen Interesse Langhaarige mit nervösen Zuckungen in der Halsgegend.
- Betont leises Sprechen, sich beim Sprechen die Hand vor den Mund halten. Dieses »Sich kleiner und unbedeutender machen, als man ist« hat auch eine Kehrseite: es erzwingt Aufmerksamkeit. Alle müssen sich besonders anstrengen, um das Stimmchen, das hinter der Hand vorm Mund hervorpiepst, auch zu verstehen.
- Hemmungsloses Plappern, auch Schnattern genannt. Darüber regen sich Männer besonders auf. Warum? Weil sie auch so gerne so viel in so kurzer Zeit erzählen können möchten? Oder weil ihr Unterbewußtsein ihnen einen Streich spielt. Man muß nämlich wissen, daß manche Psychologen Frauen, die besonders viel reden, besonders viel Sexappeal zuschreiben. Die irren sich bestimmt, die Psychologen. Klettert nämlich der Schnatterpegel höher und höher, verlieren auch die geduldigsten Zuhörerinnen die Nerven.

Neutrale Fehler

Der Kaugummi: Diese indianische Erfindung, die Ärzte ernsthaft zu Überlegungen über Deformationen des Kiefers anregt, stellt ein spezielles optisches Problem dar. Die Schönheit des mahlenden Kiefers gibt es nicht.

Wenn Sie schon kauen, lassen Sie den Mund geschlossen, geben Sie keine Geräusche von sich und produzieren Sie keine Luftblasen. Sie sollten vorsichtig sein, denn als orale Masturbanten haben die Analytiker die Kaugummikauer längst enttarnt. Wer weiß, was sie Ihnen noch andichten, wenn Sie sich wie ein Kaugummiberserker aufführen?

Besonders heikel: das Entfernen des Kaugummis aus dem Mund.

Wenn Sie ein feinfühliger Mensch sind, lassen Sie den Kaugummi in einem Papiertaschentuch verschwinden und werfen ihn nicht einfach in den Aschenbecher. So ein abgelutschter, grauer, speicheltriefender Kaugummi ist nämlich für die anderen kein angenehmer Anblick.

Die schaurigste aller Möglichkeiten aber ist die Aufbewahrung des gebrauchten Kaugummis. Der abgelutschte Kaugummi wird aus dem Mund genommen, eingehend betrachtet und zu einer spuckegetränkten Kugel geformt. Dann wird er unter die Tischplatte geklebt, nach dem Essen hervorgeholt, wieder in den Mund geschoben und weitergekaut. Sollten Sie dazu neigen, lassen Sie sich psychologisch beraten!

Das Anstarren fremder Leute

Ein bei alt und jung beliebter Sport, um andere zu verunsichern, um über sie herzuziehen, um sich nicht immer mit sich selbst zu langweilen, um eine Frau blöd anzumachen. Ein Ärgernis, das man Tag für Tag erleben kann: in der Straßenbahn, im Straßencafé, an der Kasse im Supermarkt, im Strandbad.

Wie wehre ich mich aber gegen unangenehmes Angestarrtwerden?

- Zurückstarren. Hilft gegen Leute, die aus Langeweile starren. Nach einer Weile schauen sie weg und besprechen die Situation untereinander. Hilft aber selten gegen Aufreißer und Provokationsstarrer. Sie grinsen meist unverschämt und machen obszöne Bemerkungen. Hier kann man nur nach der Situation entscheiden: entweder ignorieren, frech werden oder weggehen.
- Die Zeitung vor das Gesicht halten. Läßt sich in U-Bahnen und Strandbädern gut anwenden. Irgendwann wird es dem Starrer zu langweilig, immer die Schlagzeile »Kohl in Havanna« anzustarren, und er sieht weg.

Moderne Beziehungen

> *Cary Grant:* »Du weißt gar nicht, wie sehr ich dich liebe. Ich könnte dein Sklave sein.«
> *Mae West:* »Das läßt sich einrichten.«
> Aus dem Film ›I'm no angel‹, 1933

Manieren für Männer

Warum eigentlich ein Benimmsonderteil für Männer? Ist das nicht diskriminierend?

Nein, meine Herren, es ist notwendig und an der Zeit, daß Ihre Fehler aufgezeigt werden. Das Vorurteil hat in diesem Fall das letzte Wort. Es hat nämlich recht. Sein Tenor lautet: Männer sind ungehobelt. Männer sind rücksichtslos. Männer benehmen sich wie die Schweine. Es ist ihnen egal, wie ihre schlechten Manieren auf andere Leute, zum Beispiel Frauen, wirken. Dies, um ein publizistisches Schnipsel aus der Beweiskiste zu ziehen, bestätigte auch das Magazin ›Focus‹ mit dem knappen Resümee: »Nur die wenigsten Herren haben Lebensart.«

Die schwarze Liste – Die schlimmsten Unarten der Männer

Es lebt eine Spezies Mann unter uns, die glaubt, sich alles, selbst die größte Unart und Unappetitlichkeit herausnehmen zu können. Es gibt Männer, die

- auf die Straße spucken, als wären sie Lamas. So konnte der zivilisierte Teil der Menschheit beobachten, wie der Skitrainer Helmut Girardelli während der Skiweltmeisterschaft in Morioka vor laufenden Fernsehkameras einen Zigarettenstummel in weitem Bogen in den Schnee spuckte. Er schien das in Ordnung zu finden.
- die Aufschrift »Toilette« auf den dafür vorgesehenen Einrichtungen nicht entziffern können und deswegen den öffentlichen Raum als Bedürfnisanstalt benutzen. Sie verrichten ihr Geschäft gegen Hauswände, Bäume, Plakatwände – und finden nicht einmal etwas dabei. Dabei wird hier ein besonders schweres Vergehen gegen die Etikette begangen. Ein Etiketteverbrechen geradezu, für das die gerechte, rezivilisierende Strafe noch nicht erfunden ist.
- sich ungeniert in der Öffentlichkeit an einem Körperteil kratzen, der im Volksmund »Sack« genannt wird. In diesem Detail zumindest war »Motzki«, der Widerling in der lila Trainingshose aus der gleichnamigen Fernsehserie, dem Leben abgeschaut.

Überhaupt ist die provokante Betonung des männlichen Geschlechtsteils, sei es durch Jeans, die in der Lendengegend spannen, sei es durch entsprechende eindeutige Handbewegungen, einer der sträflichsten Etikettenverstöße. In der Theorie soll es wahrscheinlich phallisch wirken, nach berstender Männlichkeit oder so, in der Praxis ist es ekelhaft, widerlich und dumm:

- Wenn sie fremden Leuten auf der Straße begegnen und ihnen ausweichen sollten, die Hände in den Hosentaschen verstauen, großspurigen Schritts auf die anderen zumarschieren, sie anrempeln und sich dabei noch besonders lässig vorkommen. Das sind vier Fehler auf einmal!
- Wenn sie »ihrer Dame« auf der Straße grundsätzlich davonrennen und einen halben Meter vor ihr durch die Stadt marschieren.
- Zigarettenkippen und leere Zigarettenschachteln (bei bis an den Anschlag aufgedrehtem Autoradio) aus dem Autofenster werfen.
- Ihren Mist *grundsätzlich* überall hinschmeißen und ihn liegen lassen, bis die ersten Maden sichtbar werden.
- Ihren Hosenlatz noch nicht schließen können und einem unfreiwillige Einblicke zumuten.
- Nicht wissen, daß man *normalerweise* das Hemd *in* der Hose und nicht darüber trägt (außer es handelt sich um einen besonderen Modegag).
- Sich, vor allem wenn sie Bier trinken, die zufriedenen Schnauf- und Gluckergeräusche des Babys bewahrt haben. Und nachher noch ein Bäuerchen, in Form eines Erdbebens von Rülpsern.
- Sobald sie einen Schreibtisch vor sich sehen, aus einem geheimnisvollen biologischen Automatismus heraus, sofort die Füße auf den Tisch legen.

Das männliche Fehlverhalten lenkt unseren Blick auf grundsätzliche Fragen der Etikette. Sieht man unerlaubte Terrainaneignung als die Quintessenz der schlechten Umgangsform an, sieht man auf einen Blick, warum die schlechten Manieren ein überwiegend männliches Problem sind. Aufgrund ihrer körperlichen Überlegenheit – größer, schwerer, grober – scheinen Männer zu glauben, es stünde ihnen zu, sich im Raum auszubreiten, wie es ihnen paßt. Ohne Rücksicht darauf, ob dadurch jemand gestört oder belästigt wird oder das Ganze nur unästhetisch findet. Wer sich in der Straßenbahn breitbeinig in die Mitte der Bank setzt und dann auch noch den Arm um die Lehne legt, so daß sich sein Nachbar ganz klein machen muß, hat das ihm zustehende Terrain unrechtmäßig erweitert. Er hat sich schlecht benommen und jemand anderen in dessen Freiraum eingeengt. Er ist ein Terrainterrorist.

»Beim Kennenlernen sehen sie dich nicht begehrlich an, sie stieren. Sie können nicht draufgängerisch sein, nur grob. Anstatt zu essen, mampfen sie, anstatt zu lächeln, grinsen sie. Sie sind zu dick, selbst die mageren. Sie sehen immer verschwitzt und überanstrengt aus. Sie halten Rücksichtslosigkeit für die männlichste aller Eigenschaften und tun dir weh, sobald sie dich berühren, und sind noch stolz darauf. Am schlimmsten wird es, wenn sie den Mund aufmachen. Sie benutzen immer die falschen Worte, sie haben kein Ohr für ihre Peinlichkeiten, so wie sie keine Nase für die Ausdünstungen ihrer Körper haben.«

Jurek Becker, ›Amanda herzlos!‹

Auch direkte Körperäußerungen wie Geruch, sehr lautes Sprechen, beharrliches Herumfummeln am eigenen

Körper und insbesondere alles, das mit Körperflüssigkeiten in irgendeiner Form zu tun hat, sind unerwünschte Terrainerweiterungen, da jemand mehr von sich selber preisgibt, als den anderen lieb ist.

Heute müssen Männer nicht mehr ausdrücklich darauf hingewiesen werden, daß es unstatthaft ist, »unablässig an ihren Bärten zu zerren und zu streichen und dabei herausfallende Haare in den Fingern zu zwirbeln und die längste Zeit zu betrachten«, wie dies ein Ende des 19. Jahrhunderts erschienenes Benimmbuch noch tat. Auch ist bekannt, daß man sich nicht mit der Serviette »den Schweiß von der Stirn trocknet oder die sonstigen Dienste des Taschentuches damit verrichtet.« (Wenngleich Serviettenmißbrauch immer wieder zu beobachten ist).

Deshalb sei auch an dieser Stelle auf die Evergreens der Benimmbücher hingewiesen: Aufstoßen, Rülpsen, über den Tisch husten oder niesen, auf den Boden spukken, nach Schweiß riechende Kleider und Strümpfe tragen, mit unbedecktem Munde gähnen oder husten, jemandem ins Gesicht sprudeln oder ihn anhauchen, in der Nase oder in den Ohren bohren etc. All dies sollte in Gesellschaft unterbleiben. Nicht, weil es das Gesetzbuch der Etikette vorschreibt, sondern weil das Preisgeben der delikaten Seiten des eigenen Körpers andere degoutant finden und weil man sich dadurch entblößt. Es ist, als würde man seine inneren Organe zur Schau stellen. Einer, der hemmungslos rülpst nach dem fünften Bier ist wie einer, der die Contenance verliert und keine Kontrolle über seinen Körper besitzt.

Traditionelle Vorrechte der Frauen

Um ihre sonstige Rechtlosigkeit auszugleichen, hat man im Lauf der Zeit den Frauen eine Reihe von Scheinvorrechten eingeräumt. Die Damen durften

- bei der Begrüßung sitzen bleiben, wenn ihnen ein Herr vorgestellt wurde.
- darauf warten, die Autotür geöffnet zu bekommen.
- sich die Tür aufhalten lassen.
- sich in den Mantel helfen lassen.
- sich von der Damenkarte das Teuerste bestellen, der Herr bezahlte sowieso.
- mehr oder weniger genüßlich zusehen, wie sich der Herr beim Handkuß verbeugte und verrenkte.

Heute existiert dieser Anspruch auf Ritterlichkeit längst nicht mehr. Die Frauen haben sich seiner entledigt, um Eigenständigkeit zu demonstrieren. Alles erledigen sie selber.

Sie bezahlen für sich selbst und begleichen bei Geschäftsessen oft die ganze Rechnung. Sie steigen allein ins Auto ein, ziehen sich selber den Mantel an usw.

Aber sollen die Annehmlichkeiten – das Feuer geben, den Vortritt lassen beim Bestellen, das in den Mantel helfen – für immer verschwunden sein? Sollte man nicht unter dem Aspekt der Bequemlichkeit der Frau für ihre Aufrechterhaltung plädieren? Nebenbei sind die alten, mit subtiler Erotik durchsetzten Rituale nicht die schlechtesten Gesellschaftsspiele.

Ah, Sie unterstützen diese Forderung, mein Herr? Sie haben auch schon ausgerechnet, wieviel Gleichberechtigungsanteil den Frauen für die Renaissance des Rituals abgezogen wird? So haben wir nicht gewettet. Das

Ganze ist ein Geschäft für die Damen. Ihre Bequemlichkeit ist wichtig. Um Ihnen dies deutlich zu machen, müssen wir uns leider eine Männerunart ausborgen und spucken Ihnen vor die Füße wie ein Lama.

Rollentausch bei den Tränen: Früher zeigten die Männer überhaupt keine Gefühle. Da kamen sie heim von der Arbeit, um sie herum eine Schar weinender Kinder, und sie blieben regungslos. Das Weinen ist ein Beispiel für das Phänomen der Rollenumkehr. Wurde Mädchen früher das Weinen als Strategie, um ein Ziel zu erreichen und das Herz eines Mannes zu erweichen, quasi empfohlen, heißt es heute: Frauen weinen nicht. »Früher waren es die Männer, jetzt dürfen Frauen keine Tränen mehr vergießen«, lautet das Resümee einer in der Zeitschrift ›Cosmopolitan‹ zitierten Psychologin. Sie hatte folgendes Experiment durchgeführt: nach einem gefühlvollen Film führte sie einen weinenden, einen lachenden und einen neutralen Zuschauer und eine ebensolche Zuschauerin vor und fragte nach deren Sympathiewerten. »Weinende Männer und teilnahmslos wirkende Frauen kamen dabei am besten weg. Die Tränen der Männer wurden als positives Zeichen von Sensibilität bewertet. Von weinenden Frauen dagegen zeigten sich die Befragten eher unangenehm und peinlich berührt.«

Hier geht es um die Frage, wer tut was zuerst, Mann oder Frau?

Klassische Etikette: Die Dame steigt zuerst ins Auto ein, aber beim Aussteigen steigt der Herr zuerst aus und ist der Dame behilflich.

Die Benimmliteratur sagt: »Beim Betreten eines Salons – überhaupt überall – gebürt der Dame der Vortritt. Auch beim Abwärtssteigen von Treppen geht die Dame voran, beim Aufwärtssteigen der Herr. Ebenso wenn die Treppe sehr dunkel oder irgendwelche Gefahr damit verbunden ist, ist es Pflicht des Mannes, voranzugehen.

Eine Ausnahme ist beim Theaterbesuch üblich. Dort geht der Herr besser der Dame voraus, läßt die Billette kontrollieren, sucht die Plätze und geleitet die Dame dorthin, das gleiche gilt beim Betreten des Restaurants. Beim Verlassen des Theaters und des Restaurants macht die Dame jedoch wieder von ihrem Erstlingsrecht Gebrauch.«

Der Herr hatte die durchaus sympathische Pflicht, jegliche Anstrengung von der Dame fernzuhalten. Selbstverständlich bleibt ihm alles überlassen, das noch so minimaler körperlicher Anstrengung bedarf. Der Herr hält Eichentüren auf und geht als erster durch die Drehtür, um der Dame die Arbeit des Türdrehens abzunehmen. Er hatte sie zuerst zu grüßen. Daran konnte sie erkennen, ob sich die Mühe, ihn zu grüßen, überhaupt lohnte, denn wie oft grüßen wir heute Rüpel, die uns blöd angrinsen oder arrogant in die entgegengesetzte Richtung schauen, wenn wir uns nähern. Enormes Grußpotential wird hier verschleudert.

Moderner Alltag: Diese Rangordnungen und Vortrittsregeln sind im Alltag weitgehend bedeutungslos geworden. Bei Gasthausbesuchen, bei Mittagessen mit Kollegen gilt meist: das Lokal betritt zuerst, wer zuerst da ist.
Aber:

- Es gehört sich nicht, daß Männer Frauen davonlaufen, sich einen guten Platz am Tresen sichern und schon das erste Bier vor sich stehen haben, wenn die Dame keuchend ankommt und sich zu allem Überfluß noch darüber mokieren, daß sie wieder so langsam sei und sicher wieder vor Auslagen stehen geblieben sei oder einen kleinen Tratsch gehalten habe.
- Gentlemanlikes Benehmen kann einen guten Eindruck machen und Pluspunkte bringen.

Beispiel: Charles B. Havior lädt Luna M. zum Essen ein. Zu einem richtig stilvollen Abendessen, mit Champagner, Kerzenlicht und allem Drum und Dran. Hier sind Rituale wie aus dem Mantel helfen, die Tür aufhalten, Fragen wie »welchen Aperitif möchtest du?« usw. in der richtigen Stillage angesiedelt.

Geht Luna M. aber mit ihrem Bekannten Max ins Kino oder auf einen Plausch ins Kaffeehaus, wirkt es zwar nett, aber doch eine Spur übertrieben, wenn er mit dem Mantel parat steht und vorauseilt, um ihr die Tür vom »Café Tomate« aufzuhalten.

In jedem Fall sind ein Zuviel an Aufmerksamkeit und übertriebene Höflichkeitsrituale besser als der ganz rüpelhafte Ton. Im Prinzip machen Männer nicht viel falsch, wenn sie sich um die Bequemlichkeit von Frauen bemühen.

Die alten Zeichen werden neu gelesen: Ein Mann, der sich einer Frau gegenüber wie ein Kavalier und nicht wie ein entlaufener Gorilla benimmt, drückt damit nicht automatisch aus, daß er Frauen für unselbständige, dem Manne unterlegene Geschöpfe hält. Weswegen die Frauenbewegung diese Rituale (damals teilweise aus guten Gründen) mit gesellschaftlichem Bann belegte. Es gibt mittlerweile eine Generation von Frauen, die unabhängig und selbständig sind, aber die alten Rituale als Gesten der Aufmerksamkeit schätzen. Wir gehen davon aus, daß moderne Männer sich nicht in die Niederungen primitiv chauvinistischen Gedankenguts (die Weiber sind eh nur zum Aufreißen da und dergleichen) begeben. Sollte sich dennoch einmal einer dazu versteigen und sich auch noch verraten, kommt bittere Rache.

Strategien der Kontaktanbahnung

Darf ich eine Frau auf der Straße ansprechen?

Sie rechnen sich mit dieser plumpen Methode Chancen auf Erfolg aus? Ihre hervorstechendsten Charaktereigenschaften scheinen Optimismus und Selbstüberschätzung zu sein. Ihnen ist wohl egal, wie Sie auf Frauen wirken? Ein Mann, der Frauen auf der Straße anspricht, wirkt

- wie ein Gewöhnungstäter,
- wie ein Spanner,

- auf diffuse Art bedrohlich. (Was nicht heißen soll, daß an der Mär, daß aus Straßenbekanntschaften auch schon Ehen wurden, nichts dran sein soll).

Die strikte Ächtung der Straße als Ort des Kennenlernens ist ein archetypisches Verhalten. Auf der Straße begegnen einander Fremde, und die erste Reaktion dem Unbekannten gegenüber ist Abwehr. Das war schon bei den Neandertalern so. Deshalb bekommen schon kleine Mädchen die Geschichte vom bösen Unbekannten eingeschärft. Wer ein Mädchen auf der Straße anspricht, hat nichts Gutes im Sinn, und ein Mädchen, das sich auf der Straße ansprechen läßt, ist ein Flittchen. So die allgemeine Meinung.

Die Frage »Darf ein Herr eine unbekannte Dame auf der Straße zum Zwecke der Bekanntschaft ansprechen?« wird in sämtlichen Benimmbüchern mit einem Aufschrei beantwortet: »Nein!« Nach »alter Väter Sitte«, wie es heißt, sind Straßenbekanntschaften unmöglich. Erica Pappritz führt – scheinheilig – »zahlreiche peinliche Risiken« ins Treffen: »Die Betreffende kann verliebt, verlobt, verheiratet und Mutter zahlreicher Kinder sein. Sie kann sehr feste Vorstellungen von guten Formen haben, so daß Herren, die sie mir nichts, dir nichts auf der Straße ansprechen, ihren männlichen Idealen nicht im geringsten ähneln.«

Wer schon einmal von einem Mann auf der Straße mit den Worten »Ich bin Photograph. Wollen Sie nicht Photomodell werden? Mein Atelier ist gleich um die Ecke...« angesprochen wurde, kann sich für solche Ansichten durchaus erwärmen. Es ist gerecht, daß die Erfolgschancen für Männer, auf der Straße Gehör zu finden, gleich Null sind. Die Straße ist kein geeigneter Ort für charmante Begegnungen.

Früher brauchte man den ganzen Kennenlernstreß nicht. Das Feudalsystem sorgte dafür, daß man nur Leuten aus seinen Kreisen beim Promenieren begegnete. Wo die höheren Stände spazierten, traf man keine Wäschermädel. Da »die gute Gesellschaft« so klein war, wußte der Herr aus besseren Kreisen, der ein Auge auf eine höhergestellte Dame geworfen hatte, wer sie war, oder besser, aus welcher Familie sie stammte. Das ist bei den Habsburgern heute noch so. Andere Leute als ihre eigene Familie kennen die gar nicht.

Der Herr aus besseren Kreisen also mußte nur noch den Namen der höheren Tochter herausbekommen und jemanden finden, der ihn vorstellte. Interessierte sich eine Dame aus der Gesellschaft für einen ebenbürtigen Herrn, und war kein Kuppler zur Stelle, konnte sie den hübschen alten Trick mit dem verlorenen Taschentuch anwenden.

Unser modernes Kastensystem wird Milieu genannt. Es passiert eine ähnliche Staffelung in Kreise und Gruppen wie früher in der feudalen Gesellschaft. Sie erfolgt aber zuerst nach Stil- und Geschmacksfragen und dann erst nach der sozialen Herkunft. Aber irgendwie hat das eine immer mit dem anderen zu tun. Jedenfalls treffen einander unentwegt an denselben Orten – Galerien, Discotheken, in der Kutscherkneipe, im Operncafé, auf der Trabrennbahn – Leute, die einander schon irgendwann einmal gesehen haben, aber nicht wissen, wie sie miteinander ins Gespräch kommen sollen. Wie hilfreich wäre da ein »verlorenes Taschentuch«: ein neben dem schönsten Mann aus dem Philosophieseminar liegengebliebener Adornoschmöker, eine billige Krankenkassenbrille, die man an sämtlichen Orten vergessen kann, an denen ein interessanter Mann gesehen wurde.

Ich sehe in einer Bar die Frau meines Lebens.
Wie spreche ich Sie an?

Langes Grübeln über den ersten entscheidenden Satz bringt nichts, sondern verkrampft und macht betrunken, da nach Worten Ringende meist die enthemmende Wirkung des Alkohols schätzen.

Die riskante Methode: Sie stellen sich neben die Dame und sagen »Ich glaube, Sie sind die Frau meines Lebens.« Mit Ihrer Vabanque-Methode haben Sie die Dame überrumpelt, und selbst im schlimmsten Fall braucht sie ein paar Erholungssekunden, um Ihnen ein »Lassen Sie mich in Ruhe«, möglicherweise aber auch ein ruppiges »Schleich dich, alter Spanner!« entgegenzuschleudern. Ihr Joker aber ist das Überraschungsmoment. Es gibt Frauen, die forsche Männer für interessant halten und in Ihre Falle tappen. »Ach, meinen Sie wirklich?« hauchen sie und Sie brüsten sich als der König Midas unter den Bargängern, der jedes Frauenherz vergoldet. Anbahnung eines Gesprächs ist durchaus möglich.

Die einfallslose, aber halbwegs sichere Methode: Auch mit der simpelsten aller Fragen »Wissen Sie, wie spät es ist?« sollen schon Erfolge erzielt worden sein. Der Satz danach muß allerdings bedeutend einfallsreicher sein.

Ein Männermagazin gab einmal die Faustregel aus: »Frag was Originelles. Je persönlicher die Frage, um so größer die Erfolgschancen.«

Wieder Mut geschöpft, einsamer Jäger? Aber die Wahrheit soll und kann Ihnen nicht verborgen bleiben: die Reserven gegenüber in Lokalen angebahnten Zufallsbekanntschaften sind zumindest von Seiten der Frauen deutlich größer geworden. Das ist auch vernünftig so, denn abgesehen von gesundheitlichen Gefahren, die wir hier gar nicht aufzählen wollen, ist selten dabei etwas Gescheites herausgekommen. Oder kennen Sie jemanden, der zufällig in einem Lokal einen interessanten Menschen kennengelernt oder sich gar mit jemandem angefreundet hätte? Und ehrlich gesagt, wenn Sie zu den Männern gehören, die noch immer nachts durch die Wildnis der Bars irren, um am Tresen ein einsames Reh zu treffen, riskieren Sie einiges:

- Es wird nicht lange dauern und Sie sind bekannt wie ein bunter Hund. »Oh, nein, schnell weg hier, da kommt wieder der öde Typ, der quatscht einen endlos an«, sagen die Frauen über Sie und ergreifen die Flucht.
- Es wirft, entschuldigen Sie, ein schlechtes Licht auf Ihre Intelligenz. Fällt Ihnen denn gar keine bessere Gelegenheit ein, eine Frau kennenzulernen? Ach, Ihnen geht's nur um Sex, meinen Sie? Sie sind ein wildes Tier? Dann ab mit Ihnen in den Karnickelstall. Dort sind Sie am besten aufgehoben.

Das forsche Vorgehen

Gehen wir zu Dir oder zu mir? Das zieht nicht mehr. Die Dinge wollen langsam angegangen sein. Sie müssen Geduld beweisen!

Man trifft immer noch auf Männer, die meinen, sie könnten wie die Schafe grasen! Spät nachts lümmeln sie an Theken und belauern die Tür. Nach ein paar Sekunden schon nähern sie sich jedem weiblichen Wesen, das das Lokal betritt – und es zumeist auch gleich wieder verläßt. Stecken Sie niemals, auch nicht im Suff, einer unbekannten Frau Ihre Visitenkarte zu! Drängen Sie sich nicht auf! Das macht Sie hoffnungslos lächerlich!

Ich bin Geschäftsführer einer Spedition. Eine Kundin gefällt mir besonders gut, und ich würde sie gerne näher kennenlernen. Wie stelle ich das an, ohne gleich mit der Tür ins Haus zu fallen?

Indem Sie sie fragen, ob sie einmal mit Ihnen essen gehen möchte. Sie können ja einen geschäftlichen Grund vorschützen, Sie sehen ohnehin, wie sie reagiert.

- Sie lehnt ab. Die Sache ist für Sie gelaufen. Die Dame hat Sie ausschließlich als Kundin und nicht als Frau zu interessieren. Sie hat Ihnen das deutlich signalisiert.
- Sie sagt zu. Sie können Ihren Charme spielen lassen.

Wie antworte ich auf eine Kontaktanzeige?

Damit Ihnen eine wirklich gute Antwort einfällt, müssen Sie sofort alle trübenden Gedanken aus Ihrem Kopf verbannen: bin ich eine alte Jungfer, weil ich *so* einen Mann suche, warum lerne ich auf »normalem« Weg keinen kennen? Lassen Sie sich nicht vom verstaubten Mauerblümchenimage der Kontakt- und besonders der Heiratsanzeige ins Bockshorn jagen! Das ist Schnee von gestern.

Die überaus modisch gewordene Kontaktanzeige besticht durch ihren praktischen Zugriff auf ein sensibles zwischenmenschliches Problem. Sie ist pragmatisch und mit hoher Wahrscheinlichkeit effektiver als nervöses Augenklimpern in nachtblauen Bars.

(Wenn Sie sich als Kontaktanzeigenbenutzer noch immer minderwertig fühlen, legen Sie sich meinetwegen für Ihr Seelenheil eine gestylte Kontaktanzeigenphilosophie zurecht. Reichern Sie sie mit Schlagworten wie »berufliche Mobilität«, »der neue Städter«, »Singlestreß« an und Sie werden es nicht mehr für möglich halten, daß es auch ein klein wenig mit Ihnen zu tun haben könnte, daß Sie bis jetzt noch keine Frau gefunden haben. Die moderne Leistungsgesellschaft, das Biest, ist an allem schuld.)

Früher unterschied die Kontaktanzeigenpraxis zwischen aktiven und passiven Benutzern. Laut Statistik waren dabei die Männer der aktive Teil, der fleißig Inserate schrieb und sie in Zeitungen für teures Geld plazierte, und die Frauen der passive. Saßen einfach da und schauten, was so geschrieben wurde. Hin und wieder griffen sie zur Feder und antworteten.

Heute inserieren mindestens genauso viele Frauen wie Männer. Und sie schrecken manchmal nicht davor zurück, das Anforderungsprofil des Wunschpartners so drastisch zu formulieren, daß Männer vor Scham erröten. In Stadtzeitungen findet man gelegentlich Inserate, in denen Größe und Beschaffenheit der Geschlechtsorgane des gesuchten Mannes genau angegeben werden. Außerdem erwünscht »niedriges Einkommen, streichelfähige, borstenarme Haut und eindeutig linke politische Orientierung«.

Auf so eine zickige Anzeige würden Sie nicht antworten? Gratuliere, Sie haben die erste Hürde im Kontaktanzeigenwettrennen genommen. Denn bevor das Problem »Wie antworte ich auf eine Kontaktanzeige« gelöst werden kann, muß folgende Frage geklärt sein:

Wie wähle ich unter der Flut von Anzeigen und Selbstanpreisungen das, Entschuldigung, richtige Angebot für mich aus?

Sie fragen sich also: wie erkenne ich, welcher Typ von Mann oder Frau verbirgt sich hinter dieser oder jener Formulierung?

Ein erstes Auswahlkriterium liefert das Image der Zeitung, in der das Inserat geschaltet wurde. Den besten Ruf unter Kontaktanzeigenprofis, die nicht auf ein kurzes Abenteuer, sondern auf eine dauerhafte Beziehung aus sind, genießen große, als seriös geltende Wochenblätter und Tageszeitungen wie ›Zeit‹ oder ›Süddeutsche Zeitung‹. Hier inserieren vorwiegend dem Twenalter entwachsene Akademiker. Deshalb findet man in solchen Zeitungen einen Kontaktanzeigentypus überdurchschnittlich vertreten:

- Das Gebildeteninserat. Es enthält oft Anspielungen auf Literatur und Kunst: »Mann mit Eigenschaften sucht attraktive Frau für Partnerschaft mit dem Ziel Familie.« In seiner Überladenheit ist das Gebildeteninserat oft ein lustiges Beispiel dafür, was mit Leuten passiert, die eine Überdosis Kultur abbekommen haben: »Hyperion, 50, mit einem Faible für Belcanto, Jazz und Pfeife«, schreibt an »Diotima 93«: »ich hoffe, daß Du nicht nur in den Zeiten der Cholera Dich mir anvertraust«.
- Die Hedwig Courths-Mahler-Gedächtnisanzeige taucht fast ausschließlich als Inserat professioneller Institute auf und fällt somit nicht unbedingt in die Kategorie »moderne Kontaktanzeige«, die ihrem Charakter nach ein in allgemein verständlichem Deutsch abgefaßtes Eigeninserat ist. Ein wesentli-

cher Unterschied zwischen privater Kontaktanzeige und der professionellen Heiratsanzeige besteht darin, daß die Profis sich ihrer Klientel in peinlicher Weise, ohne Rücksicht auf den Wahrheitsgehalt anbieten. Beispiel: »Patrick, 31/183, Physiker, sportlich, mit einem gewinnenden Lächeln. Nach seinem Studium hat er seine Karriere bei einem Weltkonzern begonnen und ist dort sehr erfolgreich. Nur die Frau meiner Träume ist mir bis jetzt noch nicht begegnet. Ich möchte die Tür zu meinem Herzen aufmachen und sagen: Willkommen in meinem Leben.«
Oder wer wollte schon »Iris, 30, eine aufregend erotische Frau«? Unter der nicht gerade geistreichen Überschrift »Photo von mir« läßt das Heiratsinstitut das Photo einer Frau abdrucken, die mißgelaunt, aber dafür mit halboffener Bluse in die Kamera schaut. Erklärend wird hinzugefügt: »Bitte laß Dich von den arroganten Wirkungen auf diesem Photo nicht täuschen, denn in Wirklichkeit ist es doch nur ein Selbstschutz. Nach einer wirklich schlimmen Erfahrung in einer Partnerschaft konnte ich mich nur so schützen und wieder zu mir selbst finden.« Und schon sind wir mitten in einer Therapiegruppe, in der man die Bluse halboffen trägt.

- Die rein sexuell motivierte Offenbarungsanzeige ist, wie der Name schon sagt, an ihrer eindeutigen Sprache zu erkennen. »Suche ehrliche und auch solvente Dauerfreundschaft ohne Bindung zu selbstbewußter Frau«, »Suche Mädchen mit Faible für chice Pumps«, »Liebhaberin für prickelnde Treffs gesucht«. Wer glaubt, auf diese Weise prickelnde Abenteuer zu erleben, bitte sehr. Aber wundern Sie sich nicht, wenn Sie an ein Sexmonster geraten.

- Die bodenständige Anzeige ist die biederste aller Anzeigenformen. Auf jeden Fall klingt sie verläßlich. Denn warum sollten Leute, die als Hobbies »Ski-Alpin, Biergarten und Radeln« angeben, unter dieser Tarnung eine Domina für die Folterkammer daheim suchen? Aber möglich ist natürlich alles.
- Die unbeholfene Anzeige kennt zwei Varianten: die unfreiwillig komische Anzeige – »Häftling sucht Mädchen zum Pferdestehlen« – oder die ungenau formulierte Anzeige mit dem Aussagewert Null: »Mollige Künstlerin möchte Sommer mit erdigem Mann verbringen.« Wen sollte diese Anzeige ansprechen? Einen Höhlenmenschen, einen Heimatdichter?

Noch schlimmer allerdings ist

- die halblustige Dödelanzeige »Energiebündel aus Franken, SL-Fahrer, sucht scharfen Schlitten«, »Well, I am 45 and have it noch to nix gebracht«. Das wundert nicht, denn so, wie diese Anzeige formuliert ist, wird sie kaum zum Erfolg verhelfen. Wer will schon einen erfolglosen bayrischen Waldschrat, der nur schlechte Witze auf Lager hat?
- Die Kürzelanzeige scheint nicht auszurotten zu sein. Dabei ist sie ein einziger großer Fehler: die Bündelung von Abkürzungen in einer Zweizeilenanzeige läßt auf Knausrigkeit schließen, außerdem wird der Aufmerksamkeitswert der Anzeige drastisch reduziert. Kürzel nerven beim Lesen, weswegen eine Anzeige wie »Sie ges. in Mü., 66 b, Mi. 70, schlk, NR/NT, dauerh., k. Autof.,« zu Recht übersehen wird.

Bleibt als einzig akzeptable Form der Kontaktanzeige

- die kompakte Gebrauchsanweisung. Sie zeichnet sich durch Bestimmtheit aus. Es wird nicht um den heißen Brei herumgeredet, die Anzeige liest sich ehrlich und aufrichtig. »Netter Student, 25, sucht sympathisches Mädchen«, »habe genug von Beziehungsgestörten – 44jährige sucht Mann von Format«, »Attraktive Gastwirtin sucht netten Partner«, »leitender Angestellter, 59, sucht gebildete, gepflegte Dame passenden Alters«.

Je klarer und deutlicher die Anzeige formuliert ist, um so größer sind die Chancen, auch jemanden zu finden, auf den die Beschreibung tatsächlich zutrifft.

Kokette Formulierungen wie »30jähriger Jurist mit mehr Vor- als Nachteilen« oder »Frau, 40, nicht ganz dünn, dafür aber auch nicht ganz dumm«, sind erlaubt, sollten aber keinesfalls überstrapaziert werden.

Meiden Sie unbedingt das frivole Understatement: »Er, 38, arrogant, spießig, dumm, hinterhältig«. Das ist nicht besonders komisch. Jemand, der sich so beschreibt (Vorsicht: das Unterbewußtsein diktiert!), ist es wahrscheinlich wirklich.

Die Beantwortung einer Kontaktanzeige sollte der Formulierung der Anzeige entsprechen. Auf die kompakte Gebrauchsanweisung, die den meisten Erfolg verspricht, antwortet man am besten nett, kurz und bündig. Wünsche nach Photos und Telefonnummer sollten nur vorsichtig erfüllt werden. Wenn jemand das Antwortschreiben nett fand, wird er sich auch ohne Photo wieder melden.

Bei Hyperion hingegen hätte die kurze, kompakte

Antwort wahrscheinlich keine Chance. Zunächst müssen Hölderlin, die Zeiten der Cholera und des Meeres und der Liebe Wellen abgehandelt werden. Aber fragen Sie Hyperion nicht, ob sein Vertrauensbeweis auch für Zeiten des Typhus und der Malaria gilt. Er würde dafür kein Verständnis haben. Sie würden es nicht fragen, denn wer antwortet schon auf eine Kontaktanzeige, um den anderen zu ärgern?

Der Galan – Pro und Kontra

»Mein Liebster ist ein Galan! Er küßt mir die Hand und sagt mir Madame«, flötete Luna und hielt ihr Glas fordernd in die Höhe. »So süß, wie das klingt, muß ich gleich noch ein Schlückchen von dem Eierlikör haben.« Luna Mostrovski und ihre Freundinnen Valerie und Carola Z. (die so böse war, daß sie von allen Zyankali genannt wurde), diskutierten über Männer.

»Galan, das habe ich das letzte Mal im Jahre 1870 gehört«, sagte Valerie Z. und schlug das Fremdwörterbuch auf. »Das Wort ›galant‹ wurde aus dem Romanischen entlehnt und bedeutete ursprünglich, im 17./18. Jahrhundert, ›modisch fein gekleidet‹. Heute bedeutet es ›höflich, ritterlich, zuvorkommend, aufmerksam‹ und meint ›höfliches, zuvorkommendes Verhalten, in Klammer gegenüber Frauen‹«, rezitierte sie und prostete den anderen zu.

»In Wirklichkeit ist der Galan ein Jüngling aus der Tanzschule mit schwarzem Anzug und weißen Handschuhen. Mit einem Rücken, der so steif ist, als hätte er einen Stock verschluckt, und Händen, die so naß sind, als hielte er sie in ein ambulantes Waschbecken, schreitet er auf die Dame zu und bittet heiser um einen Tanz.«

»Küchenschabe!« schrien die drei wie aus einem Mund. Küchenschabe war häßlich wie die Nacht – sein Gesicht bestand aus einer riesigen Stirnglatze und einer Nase, auf der eine Riesenhornbrille saß –, aber er galt als Galan. Ständig scharwenzelte er in der Nähe von Damen herum, lud sie auf Sekt ein, blieb aber dennoch erfolglos.

Die drei prosteten einander ob des erfreulichen Diskussionsverlaufs zu, und Valerie Z., die ein Faible für seltsame Zeitungen hatte, zog eine merkwürdige Postille aus ihrer Handtasche: das ›Wiener Blatt‹. In einem Artikel über eine berühmte Tanzschule stand: »Eine neue Generation von Galanen wächst heran. Wie selbstverständlich wird der Dame in den Mantel geholfen und die Tür aufgehalten.«

»Die sind auf Kundenfang«, sagte Luna Mostrovski, »aber trotzdem finde ich Galane gar nicht so schlecht. Die lümmeln wenigstens nicht nur in der Gegend herum, sondern die haben was zu tun, Tür aufhalten und so.« – »Ach, Blödsinn«, fiel ihr Valerie Z. ins Wort, »Galane sind verklemmt wie eine alte Wirtshaustür. Die spinnen, wenn sie glauben, kaum hält man sich an irgendeine Etikette, ist man schon ein Mann.« – »Gestatten, gnä' Frau! Küß die Hand!« äffte Luna und schmatzte einen Handkuß in die Luft. Ritterlichkeit und Unsicherheit ergeben Lächerlichkeit, rechnete Valerie Z. mit kühler Stimme vor. Zu dieser Art von Galan, die sie ganz und gar unmännlich fand, sagte sie »Nein«. Ist aber der moderne Kavalier selbstbewußt und nicht pubertär verklemmt, höflich und nicht rüpelhaft – dann ja!

Übertriebene Höflichkeit macht sich nicht gut! Sie wirkt unglaubwürdig wie eine schlecht vorgetragene Lüge. Wer glaubt, sich allein nach einer irgendwann einmal festgeschriebenen Regel benehmen zu *müssen*, zeigt nicht gutes Benehmen, sondern seine Art wirkt steif und gekünstelt. Umgangsformen zu haben, bedeutet mehr als das mechanische Befolgen einer einmal aufgestellten Regel.

Heute sind Souveränität und Selbstbewußtsein gefragt. Männern, die dies ausstrahlen und sich dabei höflich und zuvorkommend benehmen, werden die Frauen gute Manieren attestieren.

Aber: Auch Selbstbewußtsein überzeugt nur, wenn es in der richtigen Dosierung zur Schau getragen wird. Wer ununterbrochen seine eigenen Vorzüge darstellt und auf die Pauke haut, drängt die anderen an den Rand und verletzt die Gesetze der demokratischen Territorialverteilung: niemand macht sich größer, aber auch nicht kleiner, als er ist. Somit werden Lackaffen, Angeber und Aufschneider – die im übrigen nicht männlich, sondern lächerlich wirken – niemals das Prädikat »moderner Kavalier« verliehen bekommen.

Richtiges Benehmen ist intelligentes Marketing in eigener Sache. Die Standards dieses Self-Marketings entstehen auf der Basis der Vernunft und nicht des Leitfadens für Playboys. Sie haben sich – durch die Emanzipation der Frauen, durch veränderte männliche Rollenbilder – grundsätzlich gewandelt.

Kommt es bei den Frauen an, wenn man ihnen Feuer gibt?

Ja! Und wie!

Auch eine Banalität wie Feuer geben ist schließlich eine Form der Aufmerksamkeit. Und mehr Frauen, als Sie denken, schätzen es, wenn sich Männer (in Details zumindest) so benehmen, wie man es früher von einem Gentleman erwartete. (Selten noch sprechen sie dies offen aus, weil sie, von Rüpeln umgeben, die ihnen Pommes Frites vom Teller klauen und Zigarettenrauch ins Gesicht blasen, die totale Entfremdung von der Welt fürchten).

Brechen Sie um Gottes Willen nicht in Gejammer und Geschimpfe aus, wenn eine Frau, mit der Sie im Café, im Restaurant sitzen, nach der Zigarette greift. Heben Sie Ihren Vortrag über die Gefahren des Rauchens für eine bessere Gelegenheit auf. Als moderner Kavalier geben Sie in solchen Situationen Feuer und Ruhe.

(Daß Sie ihr eine Zigarette anbieten, wenn Sie auch Raucher sind, versteht sich von selbst. Wer die Zigarette fast heimlich aus der Packung nimmt, damit ja kein anderer auf die Idee kommt, um eine zu bitten, sieht aus, als würde er sich selbst bestehlen und als hätte er sich gerade die letzte Packung leisten können).

Wie gebe ich Feuer?

Wenn man jemandem Feuer gibt, behält man nicht die Zigarette zwischen den Lippen, sondern hält sie in der Hand, sagt die Hohe Schule des Benimms – und recht hat sie. Wer allerdings gerne wie ein Schlurf, neuerdings

»Grungie« genannt, oder einfach wie ein ungehobelter Kerl wirken möchte, hängt sich die Zigarette in den Mundwinkel und verzieht den Mund wie Klaus Kinski.

Schritte: 1. Die Dame greift nach der Zigarette. 2. Sie greifen nach Streichhölzern oder Feuerzeug (auf keinen Fall vorschnell in Startposition gehen, sonst wirken Sie wie ein nervöser Musterschüler). 3. Klick! Wenn Sie es nicht schaffen, dem Feuerzeug eine Flamme zu entlokken, winken Sie souverän einen Ober herbei und üben nicht mit rotem Kopf am Objekt Feuerzeug.

Niemals sollten Sie Ihre Hand vor die Flamme halten, wie es Männer mit Goldketten und Rolex gerne tun, Ihren Blick in den der Frau versenken und darauf warten, daß ihre Wange Ihre Hand über der Flamme berührt. Sie ist ja gefangen in der blöden Flamme. Das ist das ekligste Feuer geben, das es gibt, nein, danke! Das wirkt so, als würden Sie der Frau jeden Moment unter den Rock fassen wollen.

Vermeiden Sie auch Bemerkungen wie »Na, hast du gesehen, wie gut ich Feuer geben kann? Bin ich nicht ein Kavalier?«

Hilfe, ich bin schüchtern bei den Damen!

Zuerst ein Trost: das ist besser als zu angeberisches und zu forsches Auftreten. Schüchternheit kann ja auch charmant wirken.

Jetzt der gute Rat: Machen Sie Ihre Schüchternheit nicht zum Gegenstand sinnloser Grübeleien. Überlegen Sie nicht minutenlang, ist es richtig, wenn ich jetzt ihre Hand nehme oder soll ich zuerst lieber noch einen Drink bestellen usw. All dies würde Ihre Unsicherheit nur noch verstärken. Reagieren Sie so spontan, wie es

Ihnen möglich ist. Und bedenken Sie: Zwischen Schüchternheit und Unsicherheit besteht ein großer Unterschied, den Sie sich zunutze machen sollten. Der Schüchterne ist zurückhaltend, aber er ist sich dessen bewußt. Der Unsichere hingegen glaubt, daß grundsätzlich alles, was er tut, fehl am Platz ist. Er handelt ohne jegliches Vertrauen in sich selbst. Deshalb wirkt der Schüchterne oft charmant, der Unsichere immer schwach und angreifbar.

Der Flirt

Der Flirtzombie

Er ist der Beweis dafür, warum mechanistische Flirtanleitungen zum Scheitern verurteilt sind.

Ist der Flirtzombie weiblichen Geschlechts, sind die »weitgeöffneten Augen«, aus denen er sein männliches Gegenüber anstarrt, sein hervorstechendstes Merkmal. Parallel dazu öffnet der Flirtzombie den Mund, denn »ein leicht geöffneter Mund reizt immer«. Außerdem zeigt er ständig seine Handgelenke vor. Er denkt nämlich, sie hätten »eine verführerische Wirkung«.

Wenn er nicht gerade beim Handgelenke-Vorzeigen ist, greift sich der Flirtzombie, ohne darauf zu vergessen, den Mund zu öffnen, ständig in die Haare. Er sieht dabei aus wie ein schwankendes Schiff: seine »breite Beinstellung signalisiert Offenheit«.

So in etwa würde sich ein Mensch benehmen, der Flirttips, wie sie Erika Berger beispielsweise gibt (die in Anführungszeichen gesetzten Zitate stammen aus der ›Münchner Abendzeitung‹), minutiös genau befolgen würde.

> Eine alte Benimmweisheit vergleicht den Flirt mit dem Florettfechten.
>
> »Beim Florettfechten gibt es einen Sieger und einen Verlierer. Der Flirt endet immer mit einem Unentschieden.
>
> Viele junge Leute können heute mit dem Florett nicht mehr recht umgehen und bevorzugen den Holzhammer.
>
> Wer ein kleines, harmloses Feuer entfacht, das zwei, drei Stunden brennt, ohne Brandblasen zu hinterlassen, verstößt nicht gegen den guten Ton.«

Der nach dem gleichen Schema konstruierte männliche Flirtzombie »bombardiert« seine Flirtpartnerin »mit kurzen Blicken« und sieht dann wieder lange hin, was nur bedeuten kann, daß er sie anstarrt wie das Kaninchen die Schlange. Seine »leicht geöffneten Beine beim Sitzen wirken unbewußt reizend«. Geschickt plaziert er »unauffällig kurze Berührungen«.

Wo plaziert er sie? Wie kurz sind sie?

»Wenn es gefunkt hat, straffen sich« bei ihm die Muskeln.

Was? So soll Erotik entstehen? Das ist ja, als käme sie aus der Mikrowelle.

Keine Frage, daß die Körpersprache beim Flirten

eine wichtige Rolle spielt. Das tut sie aber sonst im Leben auch. Womit die rein behavioristische Betrachtung des Sachverhalts in seine Schranken verwiesen wäre.

Was passiert, wenn wir flirten?

Wir setzen Zeichen, Signale, bemühen uns, auf uns aufmerksam zu machen, uns in einem guten Licht erscheinen zu lassen, werben um die Aufmerksamkeit einer bestimmten Person, die uns in diesem Augenblick unglaublich interessant erscheint.

Kein Mensch versucht, einem anderen zu signalisieren, daß er ihn sympathisch oder gar erotisch findet, indem er sich dauernd am Rücken kratzt, sich ständig nach dem Tisch links hinten umdreht, mit dem Kellner Witze reißt oder in der Zeitung liest. Wenn es soweit ist, tut Ihr Körper instinktiv, was er gerade für richtig hält. Sie werden der Frau, die Sie so anziehend finden, in die Augen schauen, weil Sie nämlich gar nicht wegschauen können, und Sie werden sie auch nicht mit Zoten über Ihren Chef und seine Sekretärin ärgern, weil Sie nämlich nach einer Sekunde fühlen, daß sie sich langweilt. Sie tummeln sich »in der Liebe Wellen« wie der Fisch im Wasser, weil Sie nämlich Aufmerksamkeit geschenkt bekommen, weil sie sich interessiert zeigt. Nur dann nämlich, wenn er auf Gegenseitigkeit beruht, ist der Flirt ein Flirt. Das berühmte Florettfechten, Sie wissen schon. Das macht Sie selbstbewußt und souverän. Ihre Nerven vibrieren, und Sie flirten Al Pacino an die Wand.

Wenn sich die Klingen nicht kreuzen, die Blicke nicht treffen, dann handelt es sich nicht um einen Flirt, sondern um ein einseitiges Betteln-um-Gunst. Und das ist etwas ganz anderes.

Warum der Funke überspringt, fragen Sie? Ja, bin ich denn ein Schmied? Eines aber steht fest: Marionettenhafte Flirtschablonen können nicht zum Ziel führen, weil sie verkrampfen. Und wer verkrampft ist, wirkt unsicher – und wer will mit so jemandem schon flirten? Sollte aber trotz Ihres unermüdlichen Einsatzes der Funke gleich wieder verglühen, und der Flirt doch keiner werden wollen, trösten Sie sich und lesen Sie ein paar Sätze aus ›Fragmente einer Sprache der Liebe‹ von Roland Barthes. Für diesen Seelenzustand paßt das Buch wie maßgeschneidert. »Die Liebe gehört in die dionysische Kategorie des Würfelwurfs«, können Sie dort beispielsweise lesen. Sie können sich den Satz ja für Ihren nächsten Flirt notieren.

Warum die Mitleidsmasche scheitern muß

In dem Buch ›Nahaufnahme‹ über Billy Wilder findet sich eine Anekdote über die kläglichen Flirtversuche Raymond Chandlers: »Wenn er ein Mädchen rumkriegen wollte, sagte er: ›Sie sind so ein wunderbares, junges, hübsches Mädchen, und ich bin ein alter und häßlicher Mann. Wollen Sie nicht mit mir zum Dinner gehen?‹ Darauf das Mädchen: ›Sie haben recht! Ich bin jung und schön, und Sie sind alt und häßlich. Und deshalb dürfen Sie mich auch nicht zum Dinner einladen.‹«

Traurig genug, daß das dem großen Chandler wirklich passiert sein soll, aber vielleicht, vermuten Literaturwissenschaftler, konnte er nur deshalb so wunderbare, einfache, einsame Sätze schreiben wie am Ende von ›Lebwohl, mein Liebling‹: »Ich sah dem Taxi nach, bis es außer Sicht war. Ich ging die Stufen wieder hinauf und ins Schlafzimmer und riß die Laken vom Bett und bezog es frisch. Auf einem der Kissen lag ein langes dunkles Haar. In meiner Magengrube lag ein Klumpen Blei.«

> »Die Frauen sind die Holzwolle in der Glaskiste des Lebens.«
>
> Kurt Tucholsky, ›Schnipsel‹

Lernen Sie daraus: Mach dich nicht kleiner, als du ohnehin schon bist!

Die Mitleidsmasche zieht nicht. Um Mitleid zu heischen, bedeutet Schwäche zeigen, und das rangiert auf der Werteskala weit unten. Nicht umsonst werden Bodybuilder Millionäre. Innerlich können Sie zerbrochen sein, wie Sie wollen, bloß zeigen dürfen Sie es nicht. Sie wissen, das Leben ist kein Roman.

Wie reagiere ich, wenn meine Freundin in meiner Gegenwart heftig umflirtet wird?

Das Schlechteste wäre, mit hängendem Kopf dazusitzen wie eine verwelkte Primel oder vor Kummer ein Bier nach dem anderen in sich hineinzuschütten.

Mobilisieren Sie Ihre Kräfte, zahlen Sie es ihr mit gleicher Münze heim. Zeigen Sie, daß auch Sie des Flirtens mächtig sind, daß Sie bei anderen Frauen ankommen. Sie wird es registrieren, da können Sie sicher sein.

Tun Sie bloß nicht, was der Karikaturist Gerhard Haderer einmal in einer Umfrage der Modezeitschrift ›Vogue‹ auf diese Frage antwortete. Er sagte, »ich deute an, daß ich als einziger eine frische Unterhose trage.« Wer so etwas zur Heldentat aufbauscht, bekommt null Punkte.

Körperliche Berührungen

Wie schaffe ich die schwierige Kurve von der Konversation zur Berührung?

Sie meinen, ab dem wievielten Whisky Sie der Dame ans Knie greifen dürfen?

Kleiner Exkurs:
Minidrama Danach
Personen: MANN, FRAU
FRAU: Ich mach' uns schnell einen Kaffee...
MANN: Ja, also eigentlich hab' ich's furchtbar eilig. Ich wollte eigentlich schon um acht im Büro sein. Ich wußte ja auch nicht...
FRAU: ... daß ich dir gestern abend dazwischen kommen werde. Na gut, dann also nicht. Trink ich eben meinen Kaffee alleine. Ich bin's ja gewohnt.
MANN: Nicht doch, hör mal bitte. Es war wirklich eine tolle Nacht mit dir. Ehrlich. Ich muß nur jetzt wirklich gehen.
FRAU: Wenn du's so eilig hast, würd' ich an deiner Stelle *noch* ein bißchen länger davon reden!
MANN: Ja, gut. Also dann... (hüstelt leicht)
FRAU: Na dann.
MANN: Tschüs. Mach's gut.

FRAU: Warte. Ich schreib' dir meine Nummer auf. Vielleicht rufst du mal an...
MANN: Ja, gut. Also dann.
FRAU: Na dann.

Was ist hier schiefgelaufen?

Es fehlte der klare Kopf. Die Beteiligten haben unüberlegt gehandelt. Hat sie Frustration, Einsamkeit oder sonstiger Unmut auf die Welt dazu getrieben? Wir wissen es nicht, aber wir haben Grund, anzunehmen, daß der Feind des Menschen im Spiel war, nämlich *Alkohol.*

Er ist, wie jedermann weiß, eines der verbreitetsten Mittel zur Beschleunigung der Annäherung zwischen den Geschlechtern. Das Gehirn wird getrübt, die Wahrnehmung verschleiert, und beim achten Whisky ist das Malheur passiert: da liegt die Männerhand auf dem Frauenknie (oder die Frauenhand auf dem Männerknie), und kein Mensch kann sich erinnern, wie sie dort hingekommen ist, und niemand weiß, ob es richtig ist, daß sie dort liegt. Später wandert diese Hand, wer weiß, wo sonst noch überall hin, und am Morgen danach haben die Beteiligten Kopfschmerzen, höllisch wie Feuer, und die verschwommene Erinnerung an eine Nacht, von der man nur noch weiß, daß »etwas war«, aber nicht mehr genau, was.

Wie man beiden Beteiligten anmerkt, bedauern sie die Sache, leiden sie unter Kater, schwört jeder bei sich, einen solch unüberlegten Exzessivflirt nie wieder vorkommen zu lassen. Die Peinlichkeiten beim Frühstück sind die Frucht dessen: jeder schämt sich seiner selbst. Da die Sache nicht mehr rückgängig zu machen ist, lege man sich als Ablenkungsmanöver gute Vorsätze und einen optimistischen Blick in die Zukunft zurecht.

Die Berechnung des sogenannten »Kippfaktors«, der angibt, ab wann ein Gespräch in körperliche Berührungen übergehen darf, gehört zu den schwierigsten Gebieten der Mathematik. Er ist nämlich ganz und gar situationsabhängig. Manchmal ist es nach zehn Minuten, manchmal nach zehn Tagen, manchmal erst nach zehn Jahren soweit. Davon handelt doch schließlich ein Gutteil der Weltliteratur: Wann erhört sie mich? Wann merkt er endlich, daß ich mich in ihn verliebt habe?

Prinzipiell sollte der Übergang vom Gespräch zum Kuß, sagen wir, nicht überstürzt stattfinden. Das Schema Kennenlernen – drei Schluck Campari Soda und schon den Arm um die Schulter gelegt und hastig Mund auf Mund gepreßt – ist somit aus dem Standardrepertoire frivoler Verhaltensweisen zu verbannen. Das wirkt aufdringlich und so, als wäre man nur auf ein schnelles Abenteuer aus (was ja auch stimmt).

Verlassen Sie sich auf Ihr Gefühl. Oft ergeben sich die Situationen ganz von selbst, und man spürt, daß *es* jetzt soweit ist.

Der Kuß

Das Küssen ist eine in allen Kulturen und allen Schichten beliebte Tätigkeit des Mundes. Als ältere Abarten des heute ausschließlich gepflogenen Lippenkusses nennen die Wissenschaftler den Nasen- oder Schnüffelkuß.

Die Rangordnung der beteiligten Personen bestimmte, welche Teile des Körpers geküßt werden durften.

- Gleichrangig: Lippen oder Wangen.
- Eine rangniedrigere Person durfte einer ranghöheren Person Hand, Knie, Fuß oder Gewandsaum küssen.
- War die rangniedrige Person besonders niedrig eingestuft, durfte sie nur den Staub von den Füßen der höhergestellten Person küssen. Diese Sitte pflegt heute nur noch der Papst. Wenn er ein fremdes Land betritt, küßt er die Rollbahn des Flughafens.

Hierarchien und Werteverschiebungen

Beim modernen Kuß unterscheiden wir drei Stufen, die gleichzeitig Dosierungen von Intimität entsprechen: Bussi – Schmatz – Zungenkuß.

Früher glaubte man ja, daß ein Kuß einen Heiratsantrag voraussetzte. Vor allem küßte man einander unter keinen Umständen in der Öffentlichkeit, weshalb die ältere Benimmliteratur den Kuß diskret beiseite läßt. Man schaut den Leuten schließlich nicht ins Schlafzimmer. Im Schlager der 50er und 60er Jahre wurde das Küssen dann zum allgemein anerkannten Codewort für Sex: »Ich will küssen, küssen, küssen…«

Heute küssen alle, mit Ausnahme von Todfeinden, einander zu jeder Gelegenheit die Wange. Die Allerweltsvariante des Kusses ist so weit verbreitet, daß ein wenig Zurückhaltung und mehr Bussi-Bussi-Selektion not täten. Andererseits ist durch die inflationäre Bussi-Bussi-Kultur der richtige, der erotische Kuß, exklusiver und damit intimer geworden.

Wie küsse ich richtig?

In der Sprache der Liebe ist der Kuß eine wichtige Vokabel, wenn nicht die wichtigste. Das Kino hat uns die Ideale vorgezaubert. Hier kommt der Kuß prinzipiell nur in Nahaufnahme, und dann nicht in seiner definitiven Ausformung, sondern als etwas unmittelbar Bevorstehendes vor. Das zur Ikone gewordene Standbild aus ›To Have and Have Not‹ zeigt Humphrey Bogart und Lauren Bacall in der Prä-Kußphase: Er blickt geradeaus, ihr ins Gesicht, sie hat die Arme um seinen Hals gelegt, den Kopf schief gelegt und das Gesicht zur Kamera gedreht. Da normale Leute ohne die Präsenz einer Kamera küssen, haben sie nicht darauf zu achten, wie ihr Kuß aussieht, sondern in erster Linie darauf, was sie dabei fühlen, daß sie genügend Luft bekommen und vor allem, daß sie nicht so schrecklich schmatzen wie Mickey Rourke und Kim Basinger in ›9 1/2 Wochen‹.

Als kokette Variante für Ballnächte oder Parties empfiehlt sich der Kuß auf die Schulter der Dame. Er ist selbstverständlich nur dann möglich, wenn die Dame ein schulterfreies Kleid trägt.

Wann darf ich küssen?

Wann immer Ihnen danach ist – das wollen Sie gerne hören. Aber achten Sie auf Ihre Umgebung. In der Öffentlichkeit ist grundsätzlich nur die Umarmung (inklusive Küßchen) tolerierbar. In ihren vier Wänden können Sie tun, was Sie wollen. Wenn Sie sich in der Öffentlichkeit hemmungslos geben, müssen Sie mit Bemerkungen wie »Nehmt euch doch ein Zimmer, das reicht jetzt!« rechnen. Und recht geschieht Ihnen. Man stellt seine Schlafzimmereinrichtung nicht in Parks oder öffentlichen Lokalen auf.

Der erste Kuß: eine Streßsituation

Vor allem Männer setzt die Situation der unklaren erotischen Verhältnisse ziemlich unter Streß. Sie müssen, ja, sie sollen gar nicht mehr den ersten Schritt tun, heißt es, aber irgendwie erwartet man es doch wieder von ihnen. Die Totalverwirrung der Gefühle.

Daß zu forsches Rangehen nicht sehr zielführend ist, hat sich herumgesprochen. Ausnahme: Prince, der diese Kurve mit 250 Stundenkilometern nimmt. Er macht das angeblich so: Er schaut der Dame in die Augen und sagt: »Darling, ich weiß, es ist lange her, daß du befriedigt worden bist, ich sehe es in deinen Augen, du brauchst es wirklich.« Die Geschichte ist zumindest gut erfunden.

Läßt sich ein Mann wiederum zu lange Zeit, trifft sich hundertmal mit einer Frau, ohne tätig zu werden, verunsichert dies die Frau. »Am Ende will er gar nichts von mir«, »Was ist bloß mit dem los?« rätseln sie. Richtiges Annäherungstempo also: Adagio, nicht zu schnell, aber auch nicht zu langsam. Aber allgemein gültige Regeln gibt es dafür keine.

Wie kommt man zur Sache? Zeigt man sich noch Briefmarkensammlungen?

Wieso gibt es noch keine ›Universum‹-Sendung darüber, warum die Briefmarkensammlung bei den Menschen als Paarungssymbol gilt? So muß die Frage ungelöst bleiben.

Sie können punkten, wenn Sie sich als Besitzer von Dingen hervortun, die der andere nicht hat, von denen Sie aber wissen, daß er oder sie sich dafür interessiert. Mit ein wenig Aufmerksamkeit werden Sie die Ansatzpunkte zu fortgeschrittener Kommunikation bald herausgefunden haben. Sie wägen nach Interessensgebiet ab und preisen Ihre Schätze an:

- Kunst: »Hast du diese unheimlich interessante ›Aspekte‹-Sendung über Nitsch gesehen? Nein? Ich habe sie auf Kassette, du kannst sie dir gerne einmal anschauen. Es würde mich brennend interessieren, was du dazu meinst...«
- Musik: »Was, du hast keinen CD-Player zu Hause? Da konntest du ja die neue Chris-Isaak-Platte gar nicht hören. Du mußt aber, ich schwöre es dir. Kannst du Dienstag?«
- Religion: »Neulich, da war ein unheimlich interessanter ›Club 2‹ über das Zölibat im Fernsehen. Du könntest einmal vorbeikommen, ich spiel' dir das Band vor und zeige dir meine neuesten Heiligenbücher.«
- Therapie: »Ist es die Möglichkeit, du gehst auch in eine Urschreigruppe? Ich muß dir unbedingt einmal meine Version von Munchs ›Der Schrei‹ zeigen. Nein, ich kann ja gar nicht sagen, wie mich das befreit hat...«

»Sorry, du bist nicht mein Typ.« Wie reagiere ich als Mann auf eine Zurückweisung?

Seien Sie ein Mann und finden Sie sich damit ab. Verlegen Sie sich auf keinen Fall aufs Betteln (»versuchen wir's doch noch mal«, »ich brauch' dich so«) oder gar Drohen (»na warte, dir werd' ich's zeigen«). Sie würden in jedem Fall lächerlich wirken!

Shocking! »Ich finde dich nett, ehrlich, aber ich bin nicht in dich verliebt«, sagte er.

Immer wieder klagen Frauen über dieses *Zuviel* an männlicher Ehrlichkeit. Immer wieder trifft gerade die intelligentesten und interessantesten Frauen der Bannstrahl der maskulinen Gefühlsblockade. Und das gehört für eine Frau wegen der Unüberwindlichkeit der Tatsache zum Verletzendsten überhaupt. Unermeßliches Leid hat diese Feststellung schon über die Frauen gebracht. (Komischerweise sagen umgekehrt Frauen selten zu Männern »Ich finde dich nett, ehrlich, aber ich bin nicht in dich verliebt.« Und wenn sie es tun, schaut der Mann meistens verdattert, verläßt sich aber gleich darauf auf die Wirkungskraft seines Wortwitzes, seines Autos oder seiner Geldbörse, und schon ist die Welt wieder in Ordnung.) Die armen Frauen sitzen hingegen da, mutlos und verzweifelt, trösten sich mit Eierlikörtorten, Kartoffelchips oder betäubenden Rauschmitteln und hören nicht auf, sich zu fragen: »Was hat die kleine Blonde mit der Piepsstimme, was ich nicht habe? Warum verliebt er sich in diese Hupfdohle und nicht in mich?« Sie fühlen sich klein, häßlich und ganz und gar nicht liebenswert.

Ja, aber was soll ich denn tun, wenn's mir so geht? fragen wiederum die Männer, die sich nur in Frauen mit Piepsstimmen verlieben können.

Vertrackte Dinge wie unglückliche Liebe gibt es nun einmal. Und solche Dinge müssen auch ausgesprochen werden, die Frage ist nur, *wie?*

Regieanweisung fürs Unangenehme: Nehmen Sie sich Zeit. Und wenn Ihnen die Frau, die Sie liebt, die Sie aber nicht lieben, hundertmal egal ist, sagen Sie nicht »Hör mal, was ich dir eigentlich sagen wollte, das wird nix mit uns. Ich steh' einfach nicht auf dich.« – »Du grobes Schwein«, wird sie vielleicht zu Ihnen sagen, und sie hat recht damit.

Gehen Sie mit ihr essen, nein, laden Sie sie zum Essen ein, aber geben Sie ihr trotzdem nicht das Gefühl, es handle sich um ein *diner d'amour*, oder wie man diese, na, Sie wissen schon, Anbahnungsessen amouröser Abenteuer nennt.

Das ist natürlich delikat und schwierig, versuchen Sie, ihr das Gefühl zu geben, Sie gingen mit ihr essen, weil Sie ihren Esprit, ihren Charme, ja, auch ihr Aussehen schätzen. Seien Sie so charmant wie möglich – aber nicht zuviel. Eine Gratwanderung, die Sie nur mit Feingefühl meistern können.

Es scheint, daß das Wörtchen »verliebt« magischen Gehalt besitzt. Sich verlieben, das ist ungefähr so unergründlich wie der Zaubertrank, den Tristan und Isolde tranken. Wer diese Magie nicht besitzt, dem scheint etwas zu fehlen, etwas, das keine Macht der Welt zu geben imstande ist.

Der Herr, der das Werben der Dame zurückweist, wird noch einmal gebeten, seine Ablehnung nicht mit der simplen Aussage »ich bin einfach nicht in dich verliebt, ich weiß auch nicht, wieso«, sondern mit etwas menschlich Meßbarem zu begründen. So lassen sich seelische Blessuren leichter heilen. »Ich glaube, wir passen nicht zusammen. Unsere Interessen sind zu verschieden. Wir haben einen ganz unterschiedlichen Freundeskreis, wir sind ganz unterschiedliche Temperamente...« etc. Da kann man ja was dagegen tun, und der Hoffnungsschimmer ist bei enttäuschter Liebe schließlich das Wichtigste.

Sex

> »Ich habe zwei Regeln, wenn ich Männer besuche: halte dich von der Couch fern und bleib auf den Füßen.«
> Jean Harlow zu Clark Gable in ›Ganovenbraut‹ (1933)

Wieso beschweren sich die Frauen so oft, daß »man über sie herfallen« und sie im Bett überrumpeln würde? Ich bin doch kein Sittlichkeitsverbrecher...

Das vielleicht nicht, aber ein rücksichtsloser Kerl. Wegen Männern, wie Sie einer sind, wurde das sogenannte »Vorspiel« erfunden. Es ist so etwas wie der »Prolog im Himmel«, nur daß er eben im Bett stattfindet. Wenn Sie nicht wissen, was ein Prolog ist, denken Sie einfach daran, daß Sie sich ja auch vorstellen, wenn Sie jemanden kennenlernen. Ja, man könnte wohl sagen, das »Vorspiel« ist eine besonders delikate und intime Form des Kennenlernens.

Manchmal darf man mit der Tür ins Haus fallen. Man muß aber genau wissen, wann.

Was, bitte, gehört alles zum Vorspiel?
Wie kurz oder wie lang hat es zu sein?
Und vor allem: wie geht es dann weiter?
Woran erkennt man, daß es soweit ist?
Gehört es dazu, verschiedene Techniken im Repertoire zu haben?
Soll man sehr aktiv sein als Mann?
Fragt man: wo willst du liegen, Liebling?
Soll man Phantasie zeigen und sich seltsame Orte, wie Kellertreppen, Hauseingänge ausdenken?
Soll man, was man aus Filmen kennt, nachspielen?
Zeigt man seine ganze Verführungskunst gleich beim ersten Mal?
Wie potent muß ein Mann eigentlich sein?
Beim Sex ist immer wieder von der Zeit die Rede.
Woran erkenne ich, was zu lang, was zu kurz war?
Woran erkenne ich, daß es geklappt hat?

Interessant, was Sie alles wissen möchten, aber ein Benimmbuch ist dafür nicht zuständig. Auf der Bettkante treten die Regeln des guten Tons außer Kraft. Was Sie da tun oder lassen, müssen Sie mit Gott, dem Teufel, Ihrem Freund oder Ihrer Freundin ausmachen und mit niemandem sonst. Dies ist ein individuelles Problem, das sich nicht mit allgemeinen Regeln beantworten läßt. Es gibt Grenzen für Manieren, und hier sind sie erreicht.

Wer sollte die Benimmregeln fürs Intime denn auch aufstellen? Woran sollte man sich orientieren, wo doch alle vier Wochen vermeintlich die Moden wechseln und die Illustrierten einen neuen Trend im Bett erspäht haben.

Im Januar 1993 titelte die österreichische Monatsillustrierte ›Basta‹: »Der neue Sextrend: Abgrund Liebe. Spiel ohne Grenzen mit dem eigenen Partner«. Dies war also die Entdeckung der Treue. Fünf Monate später, im Mai, war auf dem Cover ein nacktes Paar abgebildet, und ›Basta‹ fragte: »Wie viele Menschen kann man lieben?« und brachte alles über »Die perfekte Affäre«. Innerhalb weniger Monate sorgt sich der ›Spiegel‹ zuerst um die »Männerangst Impotenz« und berichtet dann über den »Lustrausch trotz Aids«. In der Zwischenzeit sitzt der alt gediente Sexualforscher Ernst Bornemann ›Auf dem heißen Stuhl‹ und beteuert, der heterosexuelle Geschlechtsverkehr sei überhaupt im Aussterben begriffen. Wer soll sich da noch auskennen?

Stimmt es, daß man heutzutage immer ein Kondom dabei haben muß?

Für alle Fälle, meinen Sie? Es ist Ihre Sache. Aber eines geht auf gar keinen Fall: mit einer Frau, die will, daß Sie ein Kondom verwenden, zu diskutieren, mit miesen Tricks zu kommen, »ich hab eh kein Aids«, usw. Wenn Sie so etwas versuchen, fliegen Sie hochkant hinaus. Die Kondomfrage ist der einzig bekannte Fall, wo Manieren, wenn man es so nennen kann, im Bett ihre Berechtigung haben.

Das sinnlose Getue um das »Nachspiel«

- Das Wort gehört aus dem Sprachschatz verbannt, weil es nach Fußball und Elfmeterschießen klingt und nicht nach Erotik.
- Was ist daran so kompliziert? Daß man sich nicht umdreht und zu schnarchen beginnt wie ein Walroß, begreift wohl jeder. Aber das Ganze zu einem Streß-ritual mit einem Kuschelkoeffizienten zu erheben, kann auch nicht Sinn der Sache sein. Übrigens, laut ›Cosmopolitan‹ »pfeifen neuerdings die Frauen drauf! Immer mehr Frauen haben keine Lust auf nachgereichte Streicheleinheiten. Sie wollen – genau wie die meisten Männer – hinterher nur eines: ihre Ruhe.«

  Mag sein. Aber diese Milchmädchenrechnung begreift auch jeder: das *Nachher* hängt wesentlich davon ab, wie das *Vorher* war. Wenn eine Frau einen Mann nicht mehr anschauen und angreifen will, wenn *es* vorbei ist, kann *es*, nach Adam Riese, wohl auch nicht so toll gewesen sein. Ergo ist die Nachspieldebatte eine Verschleierungsdebatte.

Fragt man nachher, wie man war?

Sie meinen, man baut sich im Tarzanstil auf und fragt mit glänzenden Augen: »War ich gut?« So bitte nicht.

Ihr Gesicht sollten Sie sehen, wenn sie sagt: »Na ja, es gibt bessere.« Also: wer fragt, ist selber schuld. Außer natürlich, man schafft es, auch in dieser unoriginellen Situation originell zu sein. Wie Adele Sandrock etwa, die, so will es zumindest die Legende, ihren Geliebten

Arthur Schnitzler nachher immer gefragt haben soll: »Bist du nicht stolz?« Immerhin war sie eine der bekanntesten Schauspielerinnen ihrer Zeit und er nur ein junger Dichter.

Darf ich als Mann »nein« sagen?

Ja. Niemand hat das Recht, einen sexuellen Leistungsträger aus Ihnen zu machen. Das Risiko, das Stigma »impotent« aufgedrückt zu bekommen, müssen Sie aber auf sich nehmen.

Die tödlichen Kopfschmerzen – meine Freundin will es nie!

Wenn sie blond ist, ist sie eine Figur aus einem Film noir-Roman, und Ihnen kann leider nicht geholfen werden. Bei Chandler ist sie beschrieben als die Blondine, »die hinreißend zu einem aufschaut und ebenso hinreißend duftet und schimmert und einem am Arm hängt und die dann immer so sehr, sehr müde ist, wenn man sie heimbringt. Diese Kopfschmerzen werden immer da sein, eine Waffe, die nie stumpf wird und so tödlich ist wie der Stoßdegen eines Meuchelmörders oder Lukrezias Giftfläschchen.«

Glaubt man wieder den Illustrierten mit ihren nie versiegenden Histörchenquellen, ist die Verweigerung *das* Beziehungsproblem unserer Tage. Ständig ist von Paaren die Rede, die das Schlafzimmer zur neutralen Zone erklärt haben und wie alte Kumpel zusammenleben. Wobei das den einen genügt, den anderen wiederum nicht, weshalb die einen statt dessen abends »Menschärgere-dich-nicht« spielen, die anderen zur Eheberatung gehen oder Partnertausch probieren.

Wie mit dem Verweigerungsproblem umzugehen ist, hängt von der Lebensphase ab, in der es auftritt:

- Bei jung Verliebten ist es selten, aber doch anzutreffen. Wahrscheinlich bleibt Ihnen wirklich nichts anderes übrig, als zur Familienberatung zu gehen. Vielleicht sind Sie mit dem falschen Mann oder mit der falschen Frau zusammen, oder mit Ihren Hormonen stimmt etwas nicht.
- Nach einigen Jahren des Zusammenlebens ist es ganz normal und tritt in fast jeder Beziehung auf. Offenbar löscht wachsende Vertrautheit wirklich die erotische Spannung. Sind Sie also mit dem Verweigerungsproblem konfrontiert, machen Sie kein Drama daraus. Die meisten Menschen haben es früher oder später gelernt hinzunehmen, daß sich ein Liebhaber in einen Freund verwandelt.

Jedenfalls aber ist der, sagen wir, abholde Teil des Paares (egal, ob Mann oder Frau) nicht verpflichtet, seine Ablehnung oder momentane Unlust umständlich zu begründen. Der Schlafzimmer-Untersuchungsausschuß wurde noch nicht erfunden. Umgekehrt wird dem geneigten Part sehr wohl das Recht zugestanden, Enttäuschung zu zeigen. Aber in Maßen, denn es gilt als unbotmäßig, durch Hartnäckigkeit die Zustimmung des abholden Teils herbeijammern zu wollen.

Sollte der Fall eintreten, daß beide das Fernsehen vorziehen, herrscht ohnehin Harmonie.

Der Seitensprung

Was tun bei Eifersucht?

Daß der Geschlechtstrieb mit Neid verbunden ist, wußte ein Connaisseur wie Arthur Schnitzler wie kein zweiter.

»Am Geschlechtstrieb selbst ist nichts besonders Hoheitsvolles zu finden, – laßt aber den Neid oder wie man ihn hier speziell nennt, die Eifersucht hinzutreten, dann habt ihr die Liebe, ach die Liebe, die alle Dichter besingen«, schrieb er.

Soweit, so poetisch. Brutal wurde er erst, wenn seine Geliebten ihn tatsächlich betrogen. Seine Geliebte Mizi Glümer verfolgte er mit seinen Eifersuchtsanfällen. Er schlägt sie, würgt sie, möchte sie »langsam zu Tode martern«. Immer wieder erstaunt es, was Gefühle aus Menschen machen können.

Wie zeige ich, daß ich eifersüchtig bin?

Da gibt es natürlich viele Möglichkeiten: Sie können dem Rivalen die Wohnungstür eintreten, seine Katze vergiften oder seine Autoreifen zerstechen. Es stellt sich allerdings die Frage:

Soll man überhaupt zeigen, daß man eifersüchtig ist?

In den 60er und 70er Jahren, als kurzfristig auch Emotionen vergesellschaftet werden sollten, konnte der Mann mit der Frau seines besten Freundes in Urlaub fahren, und der Gehörnte hatte so zu tun, als wäre nichts dabei.

Eifersucht zu zeigen, gilt immer noch als unfein. Wurde sie früher als Demonstration kleinbürgerlicher Besitzansprüche interpretiert, deutet man heute Eifersucht als Mangel an Selbstvertrauen.

Das ist Unsinn. Eifersucht ist eine natürliche Gefühlsäußerung, die zu unterdrücken wenig Sinn hat. Es kommt natürlich darauf an, wie Sie Eifersucht demonstrieren. Tun Sie es so wie Schnitzler durch Brutalität und Gemeinheit, dann ab in den Kerker. Versuchen Sie aber, Ihren abtrünnigen Freund oder Ihre Freundin zu umwerben, ist noch nicht alles verloren.

Muß ich einen Seitensprung immer beichten?

Das haarkleine Ausbreiten aller möglichen Seitensprungdetails gehört ebenfalls zu den Relikten aus den 70er Jahren, als Besitzansprüche mittels Ratio ausgelöscht werden sollten.

Diese Vorgehensweise vergißt, daß nichts so sehr schmerzt wie detaillierte Schilderungen intimer Handlungen, die mit jemand anderem passiert sind.

Durchaus sinnvoll ist es, beim Seitensprung zwischen bedeutend und unbedeutend zu unterscheiden. Bei dauerhaften Amouren werden Sie ohnehin nicht umhin können, diese zu beichten, da nach einer gewissen Zeit auch der Blindeste merkt, was los ist. Bei einer einmaligen Entgleisung, die die Dauerbeziehung, wie es im Therapiejargon heißt, nicht in Frage stellt, besteht die Gefahr, durch ausführliche Geständnisse nur noch mehr Porzellan zu zerschlagen. Achtung! Das ist kein Freibrief für den vermeintlich unbedeutenden Seitensprung!

Wird ein Seitensprung heute strenger geahndet als früher?

Möglicherweise ja, denn unsere Gegenwart zeichnet sich nicht durch Freizügigkeit aus. Dementsprechend hat der Seitensprung, einst Trendaccessoire fashionabler Ehen, einen Karriereknick erlitten. Er ist nicht mehr schick, zumindest nicht mehr so schick, wie er früher einmal war. Bevor ihn das Schicksal in Gestalt des wahren Charakters von Mia Farrow ereilte, hätte Woody Allen ohne den prickelnden Chic des Seitensprungs nicht so viele Filme drehen können, wie er gedreht hat.

Unlängst erklärte die Wiener Tageszeitung ›Kurier‹ in einem Artikel »Das Ende des Seitensprungs« und schrieb: »Prüde Moralvorstellungen und längst vergessen geglaubte Predigten von Enthaltsamkeit und Verzicht werden in der Öffentlichkeit bis zur Jahrtausendwende wieder an Bedeutung gewinnen.« Nicht eingerechnet die Zeit und die Nerven, die das Drumherum einer Affäre kosten. Solche Investitionen stecken heute viele, zumindest nach Meinung von Trendforschern, lieber in die Karriere oder in die Erholung von den Anstrengungen des Berufsalltags.

Ausstrahlung und Persönlichkeit

> »Wozu sollte man versuchen, wie ein Pekinese auszusehen, wenn man ein Windhund ist?«
>
> Edith Sitwell

Was ist Ausstrahlung? Kann man sie lernen?

Ausstrahlung, das ist nach Karl Lagerfeld, »wenn man jemanden sieht und alle anderen fast verschwinden. Mit Schönheit hat das nichts zu tun. Ein Mensch ist eine Persönlichkeit, wenn er nicht mit anderen verglichen wird.« Es ist zwar angenehm zu hören, daß Ausstrahlung und Schönheit unabhängig voneinander seien, aber Lagerfeld spielt wohl auf den Startvorteil der Männer an. Sie können zweifellos immer noch mehr als Frauen auf ihre nichtoptischen Qualitäten wie Charme, Witz oder Esprit vertrauen. Deshalb unterschreiben auch Sie die Petition der Arbeitsgruppe »Gleiche Ausstrahlung für alle«: Wieso sollen Frauen immer noch ihre Persönlichkeit am jeweils herrschenden Schönheitsideal messen? Humor (vielleicht mit einem kleinen Schuß Zynismus) gibt doch einer Person so viel mehr Charakter als jede Stupsnase. Ausstrahlung und Charme sind keine Mysterien, sondern Teilmengen eines als angenehm, originell und selbstbewußt empfundenen Auftretens.

Als allgemein anerkannte, positive Ausstrahlungskonstanten gelten heute Selbstbewußtsein und Humor.

Ein Beispiel für den erotischen Faktor Stimme, zugleich die märchenhafte Geschichte einer Verführung:

Der erfolgreiche New Yorker Künstler V. A. ist ein nicht besonders schöner, vielleicht sogar häßlich zu nennender Mann um die Fünfzig. Seine Stimme aber klingt so maskulin, rauh und erotisch, daß es Frauen gibt, die von jenseits des Atlantiks bei ihm anrufen, um seine Stimme auf dem Tonband des Anrufbeantworters zu hören. Eine junge, äußerst attraktive Frau hörte den Künstler bei einem Vortrag und war von seiner Stimme so hingerissen, daß sie beschloß, ihn kennenzulernen. Sie fand seine Telefonnummer heraus und rief ihn an. Sie fing an, ihm erotische Geschichten zu erzählen, die dem Künstler mit der männlichen Stimme so gut gefielen, daß er immer mehr davon hören wollte. (Nein, diese Geschichte ist nicht aus dem Roman ›Vox‹ von Nicholson Baker abgeschrieben, sie ist wahr). Schließlich gab sie ihm ihre Telefonnummer. Sie trafen sich, verliebten sich ineinander, und jedes Jahr schenkt sie ihm zum Geburtstag einen Roman, in dem es um Telefonsex geht.

- Selbstbewußtsein darf nicht in überdrehter, künstlich überzeichneter, sondern in angenehmer, für die Umgebung nicht nervtötender Dosierung zur Schau getragen werden.
- Humor ist eine – vor allem bei Frauen – noch immer unterschätzte Größe und rangiert auf der Hitparade

positiver Eigenschaften ganz oben. So antworteten drei von sechs Befragten bei einer Umfrage der Zeitschrift ›Vogue‹ auf die Frage »Was zeichnet den Menschen aus, den Sie lieben?« mit »Humor«. Wer Humor besitzt, gilt als liebenswert, unterhaltsam, als angenehmer Zeitgenosse.

- Eine andere Konstante: die Stimme. Die Stimme als erotischer Faktor ist Legende. Über Hans Albers sagte man, er sei der »Mann mit einer Stimme aus Küstennebel«, und weder die Dietrich noch Mae West wären ohne ihre unvergleichlichen Stimmen geworden, was sie wurden.

Auch Ausstrahlung läßt sich bis zu einem gewissen Grad lernen. Kultivieren Sie einfach eine dieser hervorragenden Eigenschaften Witz – Esprit – die schöne Stimme – (über zumindest eine davon verfügt doch jeder), und Ihr Begehrfaktor wird sich erhöhen.

Revanche

Wie räche ich mich? Angenommen, die Sache ist nicht so gelaufen, wie Sie es sich vorgestellt haben. Sie sind gekränkt, verletzt und sitzen da auf dem »Scherbenhaufen zerbrochener Gefühle«, wie die Dichter diesen Zustand nennen. Jetzt sinnen Sie auf Rache.

- Das ist im Prinzip ganz richtig. Denn Rache ist ein alterprobter Ansporn zum Handeln. Sie ist ein aggressives Gefühl – »dem werd' ich's zeigen« – und trägt dazu bei, nicht in Selbstmitleid zu ertrinken oder im Gefühl der Schlechtigkeit der Welt zu baden.

- Es ist Ihnen klar, daß Sie Ihre Rachegefühle zu zähmen und im Rahmen des Gesetzes zu halten haben.
- Wenn Ihre Wut ganz, ganz groß ist, basteln Sie doch eine Voodoo-Puppe. Natürlich müssen Sie darauf achten, daß sie niemand zu Gesicht bekommt, man würde Sie sonst für eine der Esoterik verfallene Spinnerin halten. Die Puppe sieht dem Mann ähnlich, der Sie so verletzt hat, und wenn Sie, wie beim Dartspiel, mit Wurfpfeilen auf ihn schießen, wird Ihnen besser.
- Ihre Wut ist nicht so furchtbar groß, oder Sie sind zu faul, um eine Voodoopuppe zu basteln: Sie greifen zu den üblichen Methoden. Machen Sie ihn schlecht bei Ihren Freundinnen und sorgen Sie dafür, daß diese Informationen gezielt an die Ohren von Frauen dringen, die er interessant findet. (Da kennen Sie sich aus, er hat Ihnen das ja mehr als einmal erzählt.) Sie kaufen sich schicke Sachen und gehen mit einem Mann, den man für Ihren neuen Freund halten könnte, in Lokale, wo er sich aufhält. Wenn Sie ihn dann besoffen und allein an der Bar treffen, wissen Sie, daß Sie diese Runde gewonnen haben. Sie lachen ihn einfach aus. Fast nichts kränkt Männer mehr als hämisches Frauenlachen. Vorausgesetzt, Ihre Häme kommt von Herzen, gibt Ihnen das ein – wenn möglich nur vorübergehendes – großes Gefühl der Überlegenheit.

Die Trennung – gibt es hier noch gutes Benehmen?

Im Grunde nicht, denn, wer jemanden nicht mehr liebt, wird für den Gekränkten zuerst einmal ein Schuft, ein

Schwein, ein gemeiner Kerl sein. Die Frage, wie sage ich ihr, wie sage ich ihm, daß es aus ist, daß ich sie oder ihn *nicht mehr liebe*, gehört zu den schwierigsten des ohnehin schon komplizierten Kapitels Liebe.

Methode 1: Koffer packen und verschwinden. Nicht genügend.

Verabscheuungswürdiges Beispiel: R. war mit einer Frau zwei Jahre verheiratet, es war eine moderne Ehe mit häufigen beruflichen Absenzen usw. Eines Tages fand er auf seinem Anrufbeantworter eine Nachricht von ihr: es sei aus, sie würde ihn verlassen. Bei der Scheidung haben sie sich das letzte Mal gesehen.

Methode 2: Aus Feigheit die Tatsachen verschweigen (die andere Frau, den anderen Mann, einfach genug zu haben). Öfter wegbleiben, den anderen täuschen, lange heimlich betrügen. Warten, bis es von selber herauskommt. Diese Methode ist häufig bei konfliktscheuen Gemütern anzutreffen. Ebenfalls: nicht genügend.

Methode 3: Man redet nichts mehr miteinander. Jeder wird sich fragen, wieso er mit einem solchen Menschen so viel Zeit seines Lebens vertan hat.

Methode 4: Man versucht, Gemeinheiten und Untergriffe, so gut es geht, zu vermeiden. Die Verletzungen sind ohnehin tief genug. Ein Gespräch zu führen und die Situation darzustellen, wie sie ist, aber ohne verletzend, gemein oder böse zu werden, ist wahrscheinlich die einzig akzeptable Methode.

Zu diesem Thema trägt jeder seine eigenen Geschichten mit sich herum. Modell kann es hier keines geben.

*»Da fiel es mir wie Schuppen aus den Haaren.«**

Mode und Körperpflege

»Gut angezogen sein, was heißt das? Das heißt, korrekt angezogen sein.

Korrekt angezogen sein! Mir ist, als hätte ich mit diesen worten das geheimnis gelüftet, mit dem unsere kleidermode bisher umgeben war. Mit worten wie schön, schick, elegant, fesch und forsch wollte man der mode beikommen. Darum handelt es sich aber gar nicht. Es handelt sich darum, so angezogen zu sein, daß man am wenigsten auffällt. Ein roter frack fällt im ballsaale auf. Folglich ist der rote frack im ballsaale unmodern. Ein zylinder fällt auf dem eise auf. Folglich ist er auf dem eise unmodern. Alles auffallen gilt aber in der guten gesellschaft für unfein.« Adolf Loos, ›Herrenmode‹ (1898!)**

Ein pessimistischer Befund. Mode, das ist doch diese mit viel Liebe und Geld verbundene wunderbare, narzißtische Sache, die einen bedeutende Dinge überlegen läßt: Passen mir dieser Schnitt und diese Farbe? Oder ist dieses Blaßrosa doch zu zart für meinen rosigen Teint? Soll ich lieber das Blaugestreifte nehmen? Oder gleich die Goldjacke im Militarystil?

Ob ein Kleidungsstück auffallend wirkt oder nicht,

* sagt ein Humorist
** Die Kleinschreibung gehörte zum ästhetischen Programm des Adolf Loos.

wen kümmert's? Hauptsache, *mir* gefällt es! Ziemlich altmodisch, dieser Loos.

Es ist Ihre Sache, Désireé Dorée, wenn Sie Gloria von Thurn und Taxis zu Ihrem Vorbild erkoren haben und Kleider um des Prinzips »Auffallen« willen tragen. Die Achtung vor einem großen Denker wie Loos sollte aber gerade ein unschuldiges Gemüt wie Sie nicht verlieren.

Wenn er nämlich »alles auffallen« als unfein verdammt, spricht er nicht von Langeweile, sondern er formuliert eine Maxime früherer Tage: Alles Auffallende galt als unfein, übertriebene Modesucht wirkte unvornehm und zeugte von mangelndem Geschmack.

Dementsprechend lautete die traditionelle Benimmfrage bei der Kleidung: »Was ist korrekt«.

»Bezaubernde Eva – Korrekter Adam«

Mit diesen wunderbaren Anachronismen wurde in den fünfziger Jahren im ›Buch der Etikette‹ das Kapitel über die Mode überschrieben.

Der wohlmeinende Rat an »Adam«: Er solle sich auch zu Hause nicht gehenlassen, »weder im allgemeinen noch in puncto Kleidung. Dieser Hinweis gilt besonders für jene Stunden, in denen wir Männer glauben, auf niemand Rücksicht nehmen zu müssen. Nicht einmal auf die eigene Frau. Stunden, in denen wir glauben, ein achtmal getragener Schlafanzug ›tue es noch‹. Und der Gürtel des Hausmantels brauche nicht geschlossen zu sein. Und oben könnte ruhig der offene Kragen oder gar der nackte Hals herausschauen. Und ›Filzlatschen‹ seien doch so bequem.«

Die Kleiderordnungen, die im Mittelalter aufkamen,

wirken im Grunde bis heute nach. Nur daß ihre Verletzung viel weniger streng geahndet wird als früher. Einer Frau, die früher ungehörigerweise ein Fingerbreit zu viel Dekolleté oder Bein zeigte, wurden Daumenschrauben angesetzt, oder sie wurde in die eiserne Jungfrau gesperrt.

Heute macht ein Hochzeitsgast, der Turnschuhe zum dunklen Anzug trägt, einen verwirrten Eindruck; mindert das für eine Situation unpassende Outfit die Karrierechancen. (Hüten Sie sich besonders vor Leuten, die betonen, wie egal ihnen die Kleidung ihrer Mitarbeiter und Untergebenen sei. Sie sind besonders gefährlich!)

Der moderne Kleiderkodex:

- sieht den höheren Bankangestellten in Krawatte, dunklem Anzug und englischen Maßschuhen,
- verdammt das T-Shirt unter dem Sakko des Personaldirektors als Sakrileg,
- verlangt für Mitarbeiter von Branchen, in denen Vertrauen und Überlegtheit oberste Prinzipien sind (Finanz, Buchhaltung) gedeckte Farben wie blau oder grau,
- identifiziert die Dame im strengen, grauen Kostüm als Unternehmerin und den Glatzkopf im grünen Hemd mit der Krawatte mit gelben Kamel drauf als Werber.

Die Mode ist Instrument der eigenen Vermarktung und Signal: Sie zeigt die Zugehörigkeit zu einem bestimmten Milieu, zu einer Berufsgruppe an. Die Demonstration von Mode- und Stilbewußtsein ist eine Rubrik aus dem Kapitel »Personal Design«.

Im Prinzip ist alles erlaubt. Denn unser heutiger Kleiderkodex ist eine lose Vereinbarung und keine unumstößliche Regel. Aber den Individualismus muß man auch nicht unbedingt auf die Spitze treiben. An der Versicherungsberaterin macht sich der modische Grungelook nicht besonders gut. Wer im bauchfreien Häkelhemd und in der Glockenhose Er- und Ablebensversicherungen verkauft, wirkt, als würde er sich über seine Kunden lustig machen. Zur Er- und Ablebensversicherung paßt der seriöse, dunkelblaue Anzug.

Kleidung ist dann richtig gewählt, wenn sie zur Situation paßt.

Der italienische Modeschöpfer Nino Cerruti hat dieses Prinzip einmal so formuliert: »Was man anhat, muß zur Umgebung, zum Anlaß und natürlich zum Träger passen. Bei einem blonden Mann beispielsweise wirkt ein Blazer in Rot- oder Gelbtönen immer zu soft. Für einen dunklen Typen wären diese Farben in Ordnung.«

Sportswear: Wie die Freizeitkleidung salonfähig wurde

Wenn es so weitergeht, wenn die Formlosigkeit und Bequemlichkeit überhand nehmen, wird der Busineßanzug bald durch den Trainingsanzug ersetzt sein, behaupten Kulturpessimisten gelegentlich. Sie sehen durch den Siegeszug der legeren Sportswear den letzten Rest an würdevoller Strenge dahinschwinden. In Amerika ist Sportswear heute praktisch überall erlaubt. Diese Mode, die von schwarzen Rappern und Hip-Hop-Strategen erfunden wurde, ist heute die Uniform eines

Kontinents. Auf der Wall Street tragen die Karrierefrauen Joggingschuhe zum Kostüm. Auf der Straße, im Supermarkt, in der Kneipe sind Sneakers, Leggings, Kapuzenjacken, T-Shirts, Bodies, Radlerhosen allgegenwärtig. Und: der Siegeszug der Sportswear wird weiter anhalten!

Wie das Weiße Haus die Mode beeinflußt – Stil à la Washington

In Washington, sagt man, regiert der Präsident auch über die Mode. »Capitol Style« ist überall. Bush war proper, konservativ, aber ein bißchen nachlässig. Er versuchte, so zu tun, als konzentrierte er sich ganz aufs Regieren. »Deconstructed WASP«, lästerten Beobachter und mäkelten, daß die Shorts des Präsidenten manchmal den Bauch hochkrochen, was es unter Reagan oder Kennedy nicht gegeben hätte.

Unter Clinton scheint das anders zu sein. Unter seiner Regentschaft, egal, wie erfolgreich sie ist, wird die Sportswear zum liebsten Präsidentenoutfit geadelt werden. Nicht ohne Grund läßt er sich mit Vorliebe beim Joggen mit Baseballmütze und im Trainingsanzug filmen.

Aerobics

Eines der einschneidensten Ereignisse in der Geschichte der Mode des 20. Jahrhunderts war wohl die Erfindung von Aerobics. 1968 kam das Buch ›Aerobics‹ eines Dr. Kenneth H. Cooper auf den Markt. Dr. Cooper war Major der US Air Force und sollte eine spezielle

Drillmethode für Soldaten in schlechtem gesundheitlichen Zustand entwerfen. Sein bevorzugtes Schönheitsideal waren straffe und vital aussehende Körper, aber keine Muskelberge. (Die schlaffe Marilyn Monroe oder John Wayne, dieses Stück Rindfleisch in Cowboystiefeln, hätte er wohl gleich in den Turnsaal geschickt).

Aerobics hat die Mode revolutioniert. Aus den Turnsälen und Kraftkammern ist die Sportmode auf die Straße gekommen. Vor zwanzig Jahren noch wären die Kleider, die man früher nur zu Aerobics trug, die heute allgegenwärtigen Leggings und Bodies, in der Öffentlichkeit tabu gewesen.

Ich hatte Besuch aus Amerika. Mein Freund trug auch im tiefsten Winter zum Mantel eine Baseballkappe, was mich, ehrlich gesagt, befremdet hat.

Ihren Freund, liebe Gabriele F., hätte es wahrscheinlich befremdet, daß Sie die Baseballmütze unpassend finden. Denn im amerikanischen Straßenbild ist sie so omnipräsent, daß sie niemandem mehr auffällt. Man trägt sie zu Sakkos, zu Wintermänteln, zu Burberrys (ist das wirklich schön?), am Strand gegen das Ozon (hier sind sie besonders nützlich eingesetzt). Auch bei uns wird die Baseballmütze immer alltäglicher.

Wußten Sie eigentlich, daß sie schon vor hundert Jahren erfunden wurde? Damals aber ausschließlich zu dem Zweck, die Baseballspieler vor der Sonne zu schützen. Als ziviles Kleidungsstück wurde die Mütze lange Zeit ausschließlich von Kindern getragen. Bei Erwachsenen, außer wenn sie professionelle Spieler waren, die zu einem Match gingen, hätte es dümmlich ausgesehen, und so, als könnten sie sich keinen Hut leisten.

Dumm sehen Baseballmützen aus, wenn sie verkehrt herum getragen werden. Damit haben die Rapmusiker angefangen, die sollen das weiterhin tun. Aber muß man gleich jeden Unsinn nachmachen?

Besonders dumm sehen Baseballmützen aus, wenn sie mit dem Schirm nach einer Seite getragen werden. Der Erfinder dieser Idiotenmode konnte leider nicht ausgeforscht werden. Tragen Sie aber dazu bei, die Verbreitung dieses Infantilismus zu verhindern! Sie werden hiermit ermächtigt, Leuten, die die Baseballmütze seitlich auf dem Kopf tragen, Ihr ausdrückliches Mißfallen zu bekunden.

Wann trägt man Sportswear, wann nicht?

Im Turnsaal, auf dem Sportplatz, auf dem Fußballfeld.

Sie glauben, ich scherze, weil Sie mir nicht zutrauen, mich gegen die breite Pro-Sportswear-Front zu stellen? Ich scherze nicht.

Nennen Sie bitte einen vernünftigen Grund, warum ein Mensch, der seiner Sinne mächtig ist, von der Verpflichtung, sich zivil zu kleiden, entbunden werden soll? Gefallen Ihnen die Badesandalen und die gestreiften Trainingsanzüge, die Sie allwöchentlich am Samstagvormittag beim Wochenendkauf sehen müssen? Finden Sie einen schwitzenden, dicken Mann in geripptem Unterhemd und Trainingshose ansehnlich? Sie werden dazu verurteilt, Ihr nächstes Frühstück in Gegenwart dieses schwitzenden Mannes in der Trainingshose einzunehmen. Er wird dann nämlich sein geripptes Unterhemd strafverschärfend ausgezogen haben, und Sie werden die Stilblüten und Auswüchse des Sportswearfiebers am eigenen Leib erfahren.

Jet-Set-Marginalien – Männer für die 90er Jahre

Die weit verbreitete amerikanische Modezeitschrift ›W‹ erstellte 1989 eine prophetische Liste jener Männer, die in den neunziger Jahren in der Mode den Ton angeben würden.

Unter den Siegern: Kevin Costner in der Kategorie »Hollywood«, in der Kategorie »Student« gewann Tom Cruise. Die Verlierer: Warren Beatty und William Hurt.

In der Sonderkategorie »Rolling Stones« wurde dem Wrack Keith Richard »Style« zugebilligt. Und zwar deswegen, weil er wisse, daß er alt wird. Der 50jährige Mick Jagger, der ewig jung bleiben will, mußte sich mit der Kategorie »Style: lost it« zufriedengeben.

In der Kategorie »Königlicher Stil« verlor Prinz Charles, gewonnen hat Kronprinz Naruhito von Japan.

Männer: Vom Scheitel bis zur Sohle. Grundsatzentscheidungen der Jury für guten Geschmack

Die Glatze

Sie ist Allgemeingut. Fast jeder zweite Mann unter Vierzig in Deutschland hat sie. Zum Problem wird sie nur dann, wenn ihr Vorhandensein von Versuchen, deren offenkundiger Grund Minderwertigkeitskomplexe sind, verschleiert werden soll. Das Problem ist nicht Ihre Glatze, sondern wie Sie damit umgehen! Ob Stirn-, Halb-, Voll- oder Tonsurglatze: Sie können Ihren vermeintlichen Makel nicht vor der Umwelt verbergen. Stehen Sie dazu, und alles wird besser werden. Was? Sie haben schon daran gedacht, Ihre Glatze wie Joe Bridges mit Farbspray zu färben? Sie wollen sich Ihre Resthaare bis auf die Schultern wachsen lassen, in der Hoffnung, daß niemand etwas merkt? Ja, kennen Sie denn nicht die ästhetische Verantwortung eines erwachsenen Mannes?

Hüten Sie sich vor Verschleierungsversuchen. Die Natur hat Haare nicht dazu gemacht, um wie ein unrühmlicher Federschmuck in alle Himmelsrichtungen abzustehen. Sollte Ihr Haar ausfallen, besinnen Sie sich Ihrer Schädelform. Auch sie kann schön sein. Bekennen Sie sich zum Kurzhaarschnitt – er wird Sie ungeheuer männlich wirken lassen. Sie glauben es nicht? Haben Sie denn noch nie von den Tricks eines Yul Brynner oder Telly Savalas gehört? Die haben sich immer auf eine Überproduktion ihres Sexualhormons ausgeredet und haben ihre Glatze als animalischen Körperteil ausgegeben. Nach dem Motto: »Sehen Sie meinen Schädel, Madame? Haben Sie jemals etwas so Grausames gesehen?« Nette, freundliche, ganz normale Männer sollten aus diesen Tricks lernen. Und wissen, daß eine Glatze (wenn das Gesicht darunter einigermaßen stimmt) sehr, jawohl, sexy wirkt.

Das Toupet

In Analogie zur Testosterontheorie, die angeblich das Entstehen der Glatze erklärt, ließe sich das Toupet leichtfertigerweise als das männliche Vlies ansehen. Sooo absurd, wie Sie tun, ist das nicht, denn haben Sie schon einmal einen Toupetträger gesehen, der tatsächlich wie ein Mann aussah? Die Krücke »Toupet« gilt es zu meiden.

Und auch seine gesellige Variante: die Toupet-look-a-like-Fönfrisur.

Alle tragen sie: Larry Hagman, Peter Alexander, Heino, Joachim Kulenkampff, Gerard Mortier – wir wissen nicht, ob sie Toupet tragen oder ob sie wirklich so aussehen. Sie sollen nur wissen: Bitte suchen Sie Ihre optischen Vorbilder anderswo!

Der Hut

Einst selbstverständliches Accessoire, hat er heute Mühe, seine Stellung in der Mode zu behaupten. Schuld am Hutdesaster war die Mode der 60er Jahre. Mit den langen Haaren für Männer und den lockeren Frisuren für die Frauchen brach sie die traditionelle Hutmode. Hüte wirken förmlich und widersprechen somit dem Prinzip »Bequemlichkeit«, das in der Ära der Sportswear oberstes Prinzip geworden ist.

Bei den Herren eignet sich der Hut durchaus noch als zeitgemäßes Kleidungsstück, etwa für regnerische Herbsttage, an denen man im Bogart-Trenchcoat mit hochgeschlagenem Mantelkragen am besten angezogen ist.

Männer mit langen Haaren dürften von Geschmacks wegen gar keine Hüte kaufen dürfen, die Kurzhaarfrisur ist optische Bedingung für den Hut!

Sehr klein geratene Männer sehen mit Hüten wie Fliegenpilze auf Beinen aus. Abschreckendes Beispiel: Herr W. Er mißt gerade 1,60 m, liebt es aber (vielleicht aus psychologischen Gründen), sich ein gewichtiges Aussehen zu verleihen. Deswegen kopiert er in seinem

Outfit Manager und Konzerndirektoren: rot-weiß-gestreiftes Hemd, breite blaue Krawatte, Burberry und – Hut! Die Jury muß ihres Amtes walten und ihn zu satten null Punkten verurteilen.

Das Kopftuch und andere neumodische Kopfbekleidungen

Hoffen wir, daß sie neumodisch sind, und deswegen alsbald aus unserem Gesichtsfeld verschwinden werden. Verdammen wir Grunge. Diese Seattle-Post-Hippie-Mode bringt nur Unglück über die Menschen. Etwa in Gestalt des um den Kopf geschlungenen Kopftuchs. Bei Audrey Hepburn sah das ja noch irgendwie elegant aus, aber diese Rapper mit ihren kastenförmigen Köpfen sehen aus wie Almöhi. Es soll so bleiben, wie es immer war: das Kopftuch den Almhirten.

Die Lesebrille

ist ein sehr in Mode gekommenes Accessoire zur Betonung der Intellektualität. Sieht höchstens an älteren Herren um die Fünfzig oder Sechzig passabel aus (Erich Böhme zum Beispiel). Bedingung: leicht professorales Gehabe und solide Bildung.

Gefahr: Die Brille darf niemals zu tief auf die Nasenspitze rutschen! Wer stirnrunzelnd über seine kantige Brille lugend Weisheiten zum besten gibt, läuft Gefahr, wie ein seniler Trottel zu wirken.

An jüngeren Männern, zwischen dreißig und vierzig, sehen solche Brillen meist wie eine Kreuzung aus Größenwahn und Geistestrübung aus.

Die Jury verleiht einen Kaktus für Snobismus und Altklugheit.

Der Bart

Als der Bart als Zeichen sexueller, männlicher Kraft gefeiert wurde, war der Scharpingbart noch nicht entdeckt. Der Bart des SPD-Vorsitzenden erinnert mehr an Mainzelmännchen als an Rasputin. Wollen Sie so aussehen? Nein? Greifen Sie zum Messer. Und lesen Sie Schopenhauer. Dem galt nämlich alles Behaartsein als tierisch und das glattrasierte Gesicht als Symbol der höheren Zivilisation. Recht hatte er, der alte Menschenfeind.

Manche Männer, die Vollbart tragen, so ergibt eine unrepräsentative, dennoch nicht unwichtige Erhebung, erweisen sich häufig als komplexbeladene, mitleiderregende Geschöpfe, die es nicht wagen, ihr *wahres* Gesicht zu zeigen.

Es wundert mich nicht, daß Sie ausgerechnet jetzt mit Maupassant daher kommen. Vor allem natürlich mit seiner Briefnovelle ›Der Schnurrbart‹. Dort steht, daß »ein Mann ohne Schnurrbart kein Mann mehr« sei. Das hat er über sich selber geschrieben. Kennen Sie denn nicht die Tricks der Dichter? Die dichten anderen ihre eigenen schlechten Eigenschaften an…

Es ist genug. Verschonen Sie mich mit Axl Rose und seinem Ziegenbart. Der Tiefpunkte haben wir heute schon genug gehabt.

Das Halstuch

Sie tragen es, wenn Sie ein Sir sind, einer sein wollen oder möchten, daß alle Welt Sie für unendlich reich hält.

Das positive Beispiel: Sir Walter. Seine Uniform: blaues Hemd, roter Pullunder, graue Hose, marineblauer Blazer, rotblaues Halstuch, rotes Stecktuch.

Sir Walter darf Hals- und Stecktuch tragen. Es paßt zu ihm, weil er das Karma eines englischen Lords ist.

Männer, die sich moderner kleiden und nicht wie britische Landadelige, sondern wie moderne Männer wirken wollen, seien gewarnt: Bitte nehmen Sie Ihr Halstuch ab, es sei denn, Sie legen Wert auf lächerliche Stilbrüche. Die Jury:

- Halstuch zum Hemd: oh, nein!
- Halstuch zum eierschalenfarbenen Pullover mit V-Ausschnitt: Na, geht's zum Tennis? (Sie wissen, daß Sie ein klein wenig schwul wirken, aber wir nehmen an, es ist Absicht.)

Der Schal

Zuerst als Künstlerschal, in Form eines bedruckten oder einfarbigen Seidenschals, der über dem Pullover oder unter dem offenen Burberry getragen wurde, bekannt geworden.

Wirkt bei gekonnt eingesetzter Lässigkeit sehr gut. Diese modische Inszenierung beherrschen französische und italienische Intellektuelle am besten. Deutsche Intellektuelle leider weniger.

In letzter Zeit hat das Image des Schals durch seine

Karriere als Politikermarkenzeichen gelitten (der rote Schal Mompers, der blaue von Jörg Haider). Schals in diesen Farben unbedingt meiden!

Die Fliege (österreichisch: das Mascherl)

Das abgedroschenste aller Kleidungsstücke. Im Alltag: Hände weg! Es ist nur für Ereignisse wie den Opernball gestattet.

Einige Anmerkungen zur Krawatte

Die Krawatte, für die 68er-Generation Statthalter des Establishments auf dem Bekleidungssektor, scheint, so stand in der Rubrik ›Warenwelt‹ des FAZ-Magazins zu lesen, »ihre schwere Krise überwunden zu haben«. Dies verdanke sie in erster Linie den Designern, wodurch das konservative Kleidungsstück mit gelungenen Entwürfen in die Gegenwart gerettet, manchmal aber auch durch zu verrückte, infantile Entwürfe zum Modekaspar erklärt werde. Heute wird die Krawatte nicht mehr unter dem Gesichtspunkt der gesellschaftlichen Signalwirkung, sondern ausschließlich unter ästhetischen Gesichtspunkten diskutiert.

Ein Beispiel für den immerwährenden Erfolg der Krawatte, erzählt vom amerikanischen Autor Paul Fussell: Er stellte sich an den Port Authority Bus Terminal in New York und gab sich als Mittelklassemann, der zurück in die Vororte fährt, aus. In der Rush-hour versuchte er, sich 75 Cents für den Bus auszuborgen, wobei er einmal einen Anzug trug, aber keine Krawatte; dann trug er Anzug und Krawatte. In der ersten Stunde verdiente er 7.23 Dollar, in der zweiten mit der Krawatte 26 Dollar, und einer gab ihm noch Extrageld für die Zeitung.

Wenn Sie etwas haben wollen im Leben – Geld, einen Job, Kredit von der Bank –, tragen Sie Krawatte, und Ihnen wird geholfen sein. Manchmal sind die alten Signale die besten.

Der Bauch

Kennen Sie die Anekdote von dem 130-Kilo-Mann, der als Mitglied der trotzkistischen Sektion der IV. Internationale irgendwann in den 70ern auf einer Frauendemonstration gegen den Abtreibungsparagraphen ein Plakat trug, auf dem stand »Mein Bauch gehört mir«?

Beim Bauch gibt es kein Pardon. Wer damit ein Problem hat, soll es bekämpfen. Durch Trennkost, weniger Bier trinken oder Sport – der Phantasie sind keine Grenzen gesetzt. Aber Sie müssen schon einsehen, daß es nicht geht, ständig an den Figuren von Frauen herumzumeckern, aber selber eine richtige Kugel vor sich herzutragen.

Das bis zum Bauchnabel offene Hemd

Dieser verbreiteten Unsitte ist mit Vernunft nicht beizukommen. Viele Männer glauben ernsthaft, dadurch ihre Virilität zu unterstreichen. Man erkennt diese Spezies an der aus dem Hemd frisierten pelzigen Brustmatte. Darüber glänzt dann meistens noch eine Goldkette. Das sieht lächerlich und nach Zuhälter aus.

Abschreckende Beispiele:

- Konstantin Wecker. Läßt sich gerne mit Goldkette auf halbnackter Brust photographieren.
- C., 35, nicht gerade muskulös und um die Schultern herum etwas schmal geraten. (C., hören Sie zu! Seien Sie selbstbewußter! Viel weniger Frauen, als Sie denken, wünschen sich einen Mann mit Bodybuilderfigur! Die Schmalen, die Untrainierten, die ohne Muskelpakete wirken soviel sympathischer, geistreicher, netter, freundlicher…) Aber, o Schande, auch er, auch C., wurde mit halboffenem Hemd, aus dem ein paar spärliche Brusthaare ragten, ertappt. Wie zur Entschuldigung trug er darüber, trotz brütender Hitze, einen Blouson. Die verdiente Rüge wies er mit einem rüden »Ach, komm« zurück und machte aus Trotz sogar Anstalten, noch weitere Hemdknöpfe zu öffnen.

Was meint die Jury? Die Sonnenfinsternis des Geschmacks!

Die sympathischen Männer mit dem schmalen Brustkorb und den untrainierten Muskeln sehen in einem bis zur Brust geöffneten Hemd nicht einmal wie Zuhälter, sondern wie Hühner aus. Geben Sie sich nicht der Lächerlichkeit preis. Lassen Sie den Hemdkragen geschlossen, und Ihre Manneswürde bleibt unangetastet!

Shorts

Diesem Kleidungsstück haftet zu Recht ein Idiotenimage an. Jeder noch so erwachsene Mann sieht darin wie ein kleiner Junge aus.

Wenn schon Shorts, dann tragen Sie wenigstens

keine Socken oder Kniestrümpfe dazu. Und kein ärmelloses T-Shirt, sondern einen Pullover oder sonst etwas, das nach *mehr* aussieht. Das lenkt von den Beinen ab.

Socken

Sollten niemals so kurz sein, daß man stachelige Beinhaare sehen kann, wenn im Sitzen das Hosenbein hochrutscht. Schließen Sie sich der Meinung Nino Cerrutis an, der das äußerst vulgär findet.

Neuerdings in Mode gekommen ist es, auf Socken zu verzichten und zur Freizeithose Turnschuhe oder Slipper ohne Socken zu tragen. Dies findet die Jury durchaus diskutabel.

Unterwäsche

Verhalten Sie sich bei der Wahl Ihrer Unterwäsche gemäßigt konservativ. Das klassische weiße Rippleibchen dürfen Sie ruhig tragen, aber die klassische weiße Unterhose nicht. Und fragen Sie ja nicht, warum! Schauen Sie einfach in den Spiegel. Dann werden Sie auch wissen, warum der Tanga für Sie tabu ist. Er sieht nicht männlich, sondern lächerlich aus.

Hüten Sie sich vor allzu forsch zur Schau getragenem Modebewußtsein. Männermode darf nicht ins Feminine kippen, sie erklärt sonst den Träger zur lächerlichen Figur.

Erinnern Sie mich bitte nicht an die neueste Entdekkung der Modeschöpfer, den Body für den Mann. Der Einteiler verwandelt erwachsene Männer in spielende Kinder.

Darf ich Boxershorts tragen?

Warum nicht. Irgend etwas müssen Sie ja schließlich drunter tragen.

Aber haben Sie schon von der Boxershortdebatte gehört? Sie tobt – als Markenkrieg – gegenwärtig in Frankreich. Dort werden im Schnitt sechs Millionen Boxershorts, aber 62 Millionen Slips verkauft. Obwohl nach Umfragen fast die Hälfte der Französinnen Boxershorts bevorzugt. Ihnen, dem GI-Erbstück, hafte das Opaimage nicht so sehr an.

Die Jury enthält sich in diesem Fall der Stimme.

Darf ich im Winter lange Unterhosen tragen?

Wenn Sie einen triftigen Grund dafür haben, ja. Sie können dieses heikle Modeproblem dadurch umgehen, indem Sie sich vor keinem Frauenauge in den wärmenden, aber ästhetisch umstrittenen Beinkleidern blicken lassen.

Die Schuhe

Grundsätzlich sind alle Variationen gestattet, wenn sie nicht ausgetreten, verstaubt oder weiß sind.

Genauigkeitsfanatiker erlauben den weißen Schuh im Sommer, aber dann nur untertags und zu Shorts (die ohnehin verboten sind). Dies bedeutet das Ende des weißen Schuhs. Nehmen Sie doch lieber klassische schwarze oder braune, hier gehen Sie nicht fehl.

Genagelte Schuhe: sind untrügliches Zeichen für einen hochnäsigen Angeber. Weil nämlich die Klopfmelodie »Hallo, hier komme ich, seht alle her!« auf Minderwertigkeitskomplexe schließen läßt.

Der Turnschuh

Ist nett und bequem, aber, seien Sie mir nicht böse, Sie können ihn doch nicht ernsthaft als Fußbekleidung einstufen. Auf dem Fußballplatz, beim Spaziergang, bitte sehr, aber in der Stadt? Gut, im Extremfall, wenn Sie eine Daniel-Day-Lewis-Figur haben und in Jeans und T-Shirt respektabel aussehen, meinetwegen, aber im Büro, meinen Sie wirklich? Wer in einer führenden Position mit Turnschuhen herumspaziert, degradiert sich selber zum Postausträger. Aber als Zitat, zu Jeans und Sakko getragen, können sie recht nett aussehen. Immer fehl am Platz, außer beim Sport, sind diese aggressiv aussehenden High-Tech-Turnschuhe, die die heutige Jugend besonders gerne trägt.

Die Hitparade der männlichen Outfit-Todsünden

- Der Stringtanga.
- Ein Haarschnitt wie Dustin Hoffman in ›Tootsie‹. Ein Mann mit Fönfrisur sieht aus wie Charlys Tante.
- Der Pferdeschwanz à la Lagerfeld. Man trägt ihn nur, wenn man auch wirklich Lagerfeld ist. Ansonsten ist er eine der grauenhaftesten Erfindungen der 80er Jahre. Eine optische Provokation und heute sooo passé.
- Die Herrenhandtasche gehört zu den häßlichsten Gegenständen, die jemals erfunden wurden. Herren, die sie tragen, sehen immer aus wie Heinz Erhard

oder wie einer aus dem niederen Beamtenstand. Es ist, als trügen sie in ihrem Täschchen ein Pausenbrot oder einen grünen Apfel spazieren. Die Herrenhandtasche macht klein und unwichtig.

- Schmuck. »Eheringe an Männerhänden – selbstverständlich. Auch der Siegelring aus Gold oder mit einem goldgefaßten, plangeschliffenen Stein mag von ›Persönlichkeiten‹ getragen werden. Brillanten aber – und wenn ihr mich steinigt, Freunde: nein.« So steht es in einer alten Benimmfibel. Und so soll es auch sein.
  An Männerhände gehört kein Schmuck. Aber auch keine Siegelringe. Männer, die sie tragen, sind Zuhälter oder Aufsichtsratsvorsitzende. Egal, ob sie nun Uwe Ochsenknecht, Prince oder Markus Lüpertz heißen.
  Der beliebte Ohrring ist ein Relikt aus der Hochblüte des alternativen Outfits. Ein Modefossil mit femininem Anstrich. Ebenso wie die bunte Perlenkette, wie sie der Regisseur Peter Sellars trägt. Er hat sie wahrscheinlich vom Flohmarkt oder aus dem Indienshop. Dieser agile Mensch sieht damit aus wie seine eigene Großmutter.

Trägt man noch Ehering oder gilt das als konservativ?

Eheringe sind für Männer der einzig tragbare Schmuck. Bei der Wahl des Eherings ist allerdings großer Wert auf die Formgebung zu legen, da der Ring heute eher als dekoratives Schmuckstück denn als ideelles Zeichen ewiger Treue angesehen wird.

Frauen: Von Kopf bis Fuß. Die Urteile der Jury für guten Geschmack

Früher wurde die Kleidung der Frauen streng nach Tageszeit eingeteilt, weil man davon ausging, daß die Frauen ohnehin genug Zeit hatten, sich ständig umzuziehen. Tagsüber herrschte in der Damenwelt der sogenannte »englische Stil«, das »bei aller Eleganz einfache, praktische Kleid oder Kostüm«. Bis 17 Uhr trug man das Wollkleid mit Ärmeln, »das kleine Kostümchen oder den sportlichen Rock mit Pullover«. Um die Teestunde kamen die sogenannten »französischen Kleider« zum Zug. Sie wurden als leichter, zarter und phantasievoller als die Tageskleider beschrieben. Dann gab es noch das Cocktailkleid und das Abendkleid.

Heute und spätestens seit den Zeiten Coco Chanels tragen Frauen All-around-the-clock-Kleider. Solche Kleider, mit denen sie tagsüber ins Büro, aber auch abends in eine Bar gehen können.

Die Frisur

war früher Sache eines Zeremonienmeisters, der mit Lockenwicklern und Lockenschere an die Arbeit ging. Heute trägt man weder bläulich noch violette Töne noch die Golden Girls-Dauerwelle. Aber auch keine Farah Fawcett-Majors-Fönwelle, Strähnchen oder Mèchen. Das macht älter, als man denkt.

Je natürlicher eine Frisur aussieht, um so besser, findet die Jury.

Der Hut

wurde von der Dame sogar beim Lunch und beim Fünf-Uhr-Tee aufbehalten. Deswegen trifft man heute noch ältere Frauen, die ihre Pelzkappe niemals abnehmen. Ernstzunehmende jüngere Frauen tragen heute eigentlich nur noch Hut, wenn sie zum Pferderennen nach Ascot fahren. Für einen Bummel auf der Zeil ist der Hut nicht geeignet.

Die Handtasche

war klein und zierlich und stand immer neben der Dame.

Wollen wir es Menschen, die damit aufgewachsen sind, verübeln, daß sie den unheimlich praktischen, zum »City-Bag« veredelten Rucksack für eine Ausgeburt des Geschmacks halten? Wollen wir? Oder lachen wir lieber über das Kelly-Bag, das uns die Modeapostel einreden wollen, in dem aber kaum Lippenstift und Puderdose Platz finden?

Handschuhe

Liebste Eva, »Handschuhe sind einfach immer vonnöten, wenn Du aus dem Hause gehst.« Sie gehörten zur sportlichen Vormittagskleidung, zu Rock, Bluse oder Pullover und Trench ebenso wie zur eleganten Nachmittagsaufmachung zur kleinen bis großen Abendtoilette. Selbstverständlich wußte Eva, daß sie die Handschuhe, unabhängig von ihrer Länge, nicht auszieht, »wenn ein eleganter Adam sie begrüßt.«

Heute trägt man Handschuhe außer im Winter und beim Opernball vielleicht noch in der Tierhandlung oder im Zoo. Im letzteren Fall werden sie ihrer ursprünglichen Funktion gerecht: als Schutz davor, wenn die Gefahr besteht, etwas Ekeliges zu berühren.

Schmuck

heißt deswegen so, weil er den Menschen schmücken soll. Deswegen empfiehlt die Jury, lieber einige wenige Stücke zu tragen, als sich mit dem ganzen Familienschmuck zu behängen. Schmuck mag noch so hochkarätig und teuer sein, zuviel davon schmälert seinen Wert. In diesem Fall, wenn jemand an jedem Finger drei Ringe und dazu noch fünf Goldketten um den Hals trägt, spricht man nicht von Schmuck, sondern von Klunkern.

Wer ein reiches Schmuckdepot zu Hause hat, wird auch aus einem anderen Grund damit nicht recht glücklich werden. Denn, welche Gelegenheiten gibt es heute noch, exzessiv Schmuck zu tragen? In der Öffentlichkeit, auf der Straße, in der U-Bahn – zu gefährlich. Am Arbeitsplatz – zu unpraktisch. Auf dem Ball – zu selten. Bleibt nur noch: zu Hause vor dem Spiegel.

Für das Tragen von Modeschmuck gelten eigene Gesetze. Sie werden jeweils zu Beginn einer Saison in den dafür zuständigen Modejournalen und Gazetten kundgetan. Einmal tragen alle riesige Kreuze um den Hals, ein paar Monate später hängt man sich Plastikweintrauben an die Ohren, und dann wiederum ist alles außer bunten Hippieperlenketten aus der Mode gekommen. Wer soll da nicht den Überblick verlieren? Die sicherste, die zeitgeistunabhängige Haltung zu Schmuck ist der Minimalismus. Man trägt so gut wie gar keinen Schmuck, nichts, außer ein, zwei Ringen und dezentem Ohrschmuck vielleicht. Damit geht man nicht fehl.

Gold

ist ein Metall, das jeder gerne besitzen würde. Warum aber tragen Sie Imitationen desselben in Form riesiger Knöpfe an Ihren Lederjacken spazieren? Warum quetschen Sie Ihre Füße in Sandalen aus goldbesprühtem Plastik? Wollen Sie nach mehr aussehen, fragt die Jury.

Die Hose

war früher nur mit flachen Schuhen und möglichst nicht im Stadtzentrum erlaubt. Man hatte beschlossen, daß Frauen in Hosen unvorteilhaft aussehen. Hosen waren in der kalten Jahreszeit, im Beruf, am Strand oder beim Sport erlaubt.

Heute haben sie den Rock als essentielles feminines Kleidungsstück beinahe schon verdrängt.

Sollten Sie eine Vorliebe für sehr enge Leggings oder sehr enge Hosen haben, sehen Sie bitte vorher in den Spiegel, bevor Sie das Haus verlassen. Immer wieder passieren nämlich durch diese Kleidungsstücke, wie soll man es nennen, unfreiwillige, unvorteilhafte Betonungen im Beckenbereich, die die schmutzigsten Männerphantasien anregen.

Der Hosenrock

Männer hassen ihn inbrünstig. Er gilt als das Gegenteil von Anmut und Eleganz, wirkt klobig und grob. So, als würde man als Würfel durch die Gegend laufen. Abscheulich, urteilt auch die Jury.

Der Faltenrock

Auch er bekommt leider null Punkte. Die Begründung: brav, bieder, ältlich.

Die Todsünden des weiblichen Outfits

- Der String-Tanga.
- Malkastenfarben im Gesicht.
- Ledershorts und hochhackige Schuhe.
- Babydollaufmachung und Strampelhosen im Sommer.
- Fransenstiefel.
- Knallig pinkfarbener Nagellack und Lippenstift.

Haben Sie schon einmal über das Thema »Hände und Mode« nachgedacht? Darüber, warum eigentlich lange Krallen und rot lackierte Fingernägel in Mode gekommen sind? Sie sind tatsächlich ein Zeichen von Müßiggang, denn mit langen Fingernägeln läßt sich nicht einmal ein Computer einschalten. Heute gelten lange und lackierte Fingernägel als Anachronismen, befindet die Jury. Krallen sollen lieber Raubtiere tragen. Für die ist es praktisch.

Wie löse ich das Dilemma mit dem Lippenstift? Zu üppig aufgetragener Lippenstift verursacht Spuren auf Weingläsern, aber ungeschminkt zum Essen zu gehen, ist auch nicht lustig.

Die Sache mit dem Lippenstift ist tatsächlich heikel. Ein Patentrezept gibt es nicht, höchstens Kompromisse. Also: vor dem Essen dezent, aber doch Lippenstift auftragen (Überreste kann man ja unauffällig an der Serviette abwischen, was streng verboten, aber dennoch praktisch ist). Nach dem Essen müssen Sie sich ja nicht unbedingt bei Tisch schminken.

Im vergangenen Winter fuhr ich einmal mit der U-Bahn, als ich meinen teuren Pelz trug. Es war ein Skandal, denn ich wurde angepöbelt. Wie kann man sich gegen solche Übergriffe zur Wehr setzen?

Pech für Sie, Gräfin Küritz-Püritz, Pelz tragen ist gefährlich geworden. Es zeugt nicht von sehr viel Intelligenz, tote Tiere mit sich herumzutragen, wohl aber von viel Geld, und Sie werden einfach damit rechnen müssen, daß sich Ihnen in der Öffentlichkeit Leute entgegenstellen und skandieren: »Pelz tragen nur Tiere und Schlampen...«

Wann trägt die gepflegte Dame Strümpfe?

Der Hausverstand antwortet: Wenn sie einen Rock trägt, und wenn es nicht zu heiß ist. Nach der strengen Etikette ließ sich die Dame ohne Strümpfe nur am Strand blicken. Auch bei Shorts und Sandalen erhielt sie Dispens.

Glücklicherweise ist das Nahtproblem aus der Welt. Früher stellte sich nämlich nicht die Frage, wann trägt man Strümpfe, sondern, um Himmels willen, sitzt meine Naht gerade? Zu wenig straff gespannte oder verrutschte Strumpfnähte machten einen schlampigen und peinlichen Eindruck. Damit ist es heute vorbei: Strümpfe mit Naht tragen nur noch Schauspielerinnen in Filmen über die vierziger Jahre.

Kann ich meine Designerstücke aus den 80er Jahren – die Tasche mit dem auffällig aufgedruckten Namen des Modeschöpfers und einen Gürtel, dessen Verschluß das vergoldete Firmenlogo eines französischen Modehauses ist – heute noch tragen?

Keine Sorge, niemand verlangt von Ihnen, daß Sie den Luxusgürtel und die Designertasche gleich wegwerfen. In einigen Jahren sind die 80er Jahre beim Moderevival an der Reihe, und aufdringlicher Luxus ist wieder aktuell! Derzeit melden die Kommandozentralen des Zeitgeists und der Moden Understatement. Tragen Sie Ihre Prunkstücke auf keinen Fall gemeinsam. Das würde zu protzig wirken!

Manierengeschichtlich haben wir es hier mit dem Fähnlein-im-Wind-Phänomen zu tun. Vor drei Jahren noch galt es als elegant, Luxus durch die größtmögliche Anzahl von Designeretiketten am Körper zur Schau zu stellen. Heute ist das nicht nur aus der Mode, sondern auch noch stillos. Und: Die Trägerin einer Luxusplakettensammlung läuft Gefahr, für ein Dummchen aus dem Club der anonymen Aufschneider gehalten zu werden, weil es aussieht, als würde sie der Rest der Welt einen feuchten Dreck kümmern.

Bermudas auf Ibiza? Mode im Urlaub

Wie kleide ich mich am Strand?

Wenn Sie unbedingt glauben, meine Dame, klemmen Sie Ihre Hinterbacken zwischen die beiden verschrumpelten Stoffstreifen, die man Tanga nennt, wackeln Sie mit dem Hintern und drehen Sie die Streifen so lange, bis sie, oh Gott, dünn wie ein Faden sind. Irgendein Greis findet sich sicher, der Ihnen dabei zusieht. Und dann nehmen Sie noch das Oberteil herunter, betrachten die ganze Festung, cremen alles ein, daß es glänzt wie ein frisch gewachster Boden, und knallen sich in die Sonne.

Gäbe es einen Orden für Dummheit, Sie hätten die Auszeichnung 1. Klasse verdient.

Warum wählen Sie nicht einen dieser herrlichen, dezenten schwarzen Esther Williams-Badeanzüge? Die gibt es auch mit verlängertem Beinansatz, so daß Sie sie auch noch tragen können, wenn Sie an den Oberschenkeln noch ein paar Zentimeter zulegen. Außerdem sieht man darin so richtig schön nach Hollywood der vierziger Jahre aus!

An unseren Badestränden herrscht die nackte Barbarei! Wir brauchen wieder sittenstrenge Kleiderordnungen und Kurse, wo die Leute zwischen nackt und angezogen zu unterscheiden lernen.

Illustre Figuren begegnen uns an unseren Halbnacktbadestränden: Zum Beispiel die Dame ohne Oberteil (leider ist sie häufig fortgeschrittenen Alters, ja, es hat fast den traurigen Anschein, als würde sie aus Trotz das Bikinioberteil abnehmen und den welken nackten Oberkörper zur Schau stellen). Daß der

Mensch altert und seine Haut schlaff wird, ist keine Schande, aber was soll dieser Exhibitionismus?

Tragen Sie Bade*kleidung* und nicht notdürftige Schamhaarbedeckungen in der Größe eines Stückchens Schmelzkäse.

Madame, entdecken Sie die Vorzüge des Badeanzugs, vor allem des dunklen, unifarbenen. Sie werden sich angezogen und wohlgerundet geformt fühlen. Und praktisch ist es überdies: Nirgendwo kann ein Wanst überquellen oder eine Brust herausfallen.

Wenn schon Bikini, tun Sie bitte uns allen den Gefallen und nehmen Sie das Oberteil nicht ab. Sollte Sie der Exhibitionismus dennoch überkommen (Sie reden sich natürlich heraus und sagen, Sie kriegen weiße Streifen auf dem Rücken). Nehmen Sie das Oberteil ab, seien Sie so freundlich, und drehen Sie sich auf den Bauch dabei. Wir sind diskrete Menschen und möchten gar nicht alles sehen, was Sie zu bieten haben.

Meiden Sie neben Stringtangas unbedingt neonfarbene Fast-Nackt-Bikinis. Sie sind nämlich giftig. Überdies verursacht ihr Anblick den anderen Badegästen Augenschmerzen.

Auch für Herren gilt: Dezentheit in der Bademode hat absoluten Vorrang. Wer sein – *quel mot!* – Gemächte zur Schau stellt, hat sein Hirn an der Badekasse mit abgegeben. Tragen Sie eine richtige Badehose und kein Dreieckchen, in das man nicht einmal eine Schinkensemmel einwickeln kann.

Wie kleide ich mich tagsüber?

Im Prinzip, wie Sie wollen, aber auf keinen Fall in Bermudas. Es sei denn, Sie halten sich gerade auf den Bermudas auf. Das Modesekretariat des »Internationalen Council of Etiquette« hat nämlich eine Verordnung herausgegeben, wonach das Tragen von Kleidungsstücken, die nach bestimmten Orten benannt sind, nur an denselben erlaubt ist.

Bermudas auf den Bermudas, der Schottenrock in Schottland und nicht in Baden-Württemberg, die Caprihose auf Capri. (Nur der Homburg darf außerhalb von Bad Homburg getragen werden.)

Das strengste all dieser Verbote ist das Bermudasverbot. Es wird deswegen so rigoros gehandhabt, weil Bermudas an 99% der Menschen, egal ob Mann oder Frau, häßlich aussehen. Männer wandeln darin wie pensionsreife Pfadfinder, die ihre krampfadrigen Beine herzeigen, herum. Frauen sehen darin aus wie Kisten auf Beinen.

Sie sollen bequeme Sachen tragen im Urlaub, aber wieso ausgerechnet Bermudas? Eine locker sitzende, leichte Sommerhose sieht viel besser aus und ist viel bequemer als die scheußlichen Bermudas. Was soll geschehen mit den Millionen Bermudas, die in Kleiderschränken auf ihren sommerlichen Einsatz warten? Wir verweisen auf den Vorschlag des Lifestyle-Redakteurs der ›Weltwoche‹. Er schlug nämlich vor, aus den Bermudas könne man ja »immer noch Nikolaussäcke oder Putzlappen machen«.

Wie kleide ich mich richtig zum Abendessen?

Weder aufgedonnert wie für einen Besuch im »Maxims« noch so wie am Strand. Die Federboa hat beim griechischen Salatbuffet genauso wenig verloren wie Shorts und Badesandalen. Es sei denn, Sie wollen den anderen den Appetit verderben. Und erinnern Sie sich daran: Unter Männern herrschte einmal die schöne Kleidersitte, ein Sakko über dem Hemd (oder über dem T-Shirt) zu tragen. Früher hätten Sie es bei 50 Grad im Schatten nicht gewagt, das Sakko ohne ausdrückliche Erlaubnis auszuziehen. Heute nehmen die Herren nicht einmal mehr eines mit, wenn sie den Speisesaal eines Kreuzfahrtschiffes betreten.

Ist Sonnenbräune eigentlich noch modern?

Wenn die Vernunft regierte, wäre längst der magnolienweiße Scarlett-Teint das neue Schönheitsideal. Aber da die Vernunft entthront ist und Heerscharen Unverbesserlicher immer noch in der Sonne braten wie die Heringe, werden Sonnenbrand, knusprige Sonnenbräune und Hautkrebs noch ein Weilchen das modische Ideal bestimmen.

Ich bin zu dick und habe deshalb Hemmungen, mich im Badeanzug am Strand zu zeigen. Was soll ich tun?

Außer abnehmen und in der Überbrückungszeit keine unvorteilhaften Kleidungsstücke wie Jeans oder kurze Röcke zu tragen, wird Ihnen nicht viel übrigbleiben.

Für Ihren Seelenfrieden schenkt Ihnen Franz Kafka

dieses Zitat. Wenn Sie möchten, lernen Sie es auswendig, es kann Sie schützen gegen Unbill und Grausamkeit aus der Welt der Dünnen.

»Wissen Sie denn nicht, daß nur die Dicken vertrauenswürdig sind? Nur in diesen starkwandigen Gefäßen wird alles zu Ende gekocht, nur diese Kapitalisten des Luftraums sind, soweit es bei Menschen möglich ist, geschützt vor Sorgen und Wahnsinn und können sich ruhig mit ihrer Aufgabe beschäftigen und sie allein sind, wie einmal einer sagte, als eigentliche Erdenbürger auf der ganzen Erde verwendbar, denn im Norden wärmen sie und im Süden geben sie Schatten.«

Parfum

Historische Vignette:

»Es ist nicht jedermann angenehm, neben Personen zu sein, die künstliche Düfte ausströmen. Auch ist manches Parfüm vielen Personen geradezu unausstehlich. Frische, gesunde Luft ist das beste Parfüm... Man vermeide aber strenge Gerüche wie Moschus, Patschuli usw. Den angenehmsten und zugleich kräftigsten Geruch verbreitet echtes Kölnisches Wasser. Wie sagte doch der alte Weltweise: Die Person riecht am angenehmsten, die gar nicht riecht!«

(Aus einem 1900 erschienenen Benimmbuch)

Wir halten uns heute nicht mehr damit auf, über Sinn und Zweck des Parfums zu diskutieren. Das einstige Luxusprodukt, das sich nur einige wenige leisten konnten, gehört zu unserem Alltag wie Seife und Duschgel.

Und immer mehr Männer verwenden Parfums und andere kosmetische Produkte. Es wurde auch Zeit, das alte Vorurteil, das den Griff zum Eau de Toilette als effeminiert anprangerte, zu widerlegen.

Tips für Frauen:

- Verwenden Sie Sorgfalt auf die Wahl Ihres Parfums. Lassen Sie sich zuerst Proben geben und kaufen Sie erst, wenn Sie überzeugt sind, daß dieser Duft zu Ihnen paßt. Diese Entscheidung bleibt ganz Ihnen überlassen. Sie signalisiert, wie Sie sich selber sehen und wie Sie gesehen werden wollen. So simpel, wie man früher an die Sache heranging, indem es hieß: ein frischer, grüner Duft für die Blondine, eine schwere, orientalische Note für die Dunkelhaarige, ist die Sache schon lange nicht mehr. Die Last der Entscheidung müssen Sie heute ganz alleine tragen.
- Wählen Sie im Zweifelsfall, vor allem tagsüber, lieber ein dezentes als ein zu aufdringliches Parfum. Abends können Sie dann Ihre sinnlichen Düfte ausführen. Aber Vorsicht:
- Parfümieren Sie sich auf keinen Fall zu stark!

Ein Parfum ist dann richtig dosiert, wenn Sie es selber gerade noch riechen. Ihre Umwelt wird den Duft dann als angenehmen Hauch, als leichte Glocke, die Sie umhüllt, und nicht als aufdringliche Gestankwolke wahrnehmen.

- Parfum entfaltet sich besonders harmonisch auf natürlichen Fasern wie Baumwolle, Leinen oder Wolle. Auf synthetischen Fasern entwickelt es sich brutaler und hält nicht so lange an.
- Die parfumgeeignetsten Körperpartien sind jene Stellen, wo das Blut am stärksten zirkuliert: Handgelenk, Nacken, Schläfe, Kniekehle, Dekolleté. Dort hält sich das Parfum am längsten. Im Idealfall entwickelt sich das Parfum harmonisch und ausgeglichen auf der Haut.

Tips für Männer:

Wählen Sie Ihren Duft sorgfältig aus. Wenn Sie fünfundzwanzig sind, werden Sie nicht den vornehmen Altherrenduft »Habit Rouge« tragen. Umgekehrt wirken Modedüfte wie »Cool Water« oder »Eternity« an reiferen Herren seltsam. Pathetisch ausgedrückt ist das Parfum ein Spiegel Ihrer Persönlichkeit, und Sie wollen sich in ihm wiederfinden.

Schlagen Sie sich die letzten Reste Ihrer Vorurteile gegenüber Männerparfums aus dem Kopf. Je gepflegter ein Mann, um so größer sein Erfolg bei den Frauen. Aber, *zu* gepflegt und zu intensiv parfümiert darf der Mann auch nicht wirken, da dies als unmännlich gelten würde.

Üben Sie die Kunst der Dosierung. Parfümieren Sie sich niemals zu großzügig. Eau de Toilette morgens nach dem Duschen auf Brust und Rücken verteilt, mag durchaus genügen. After Shave allein kann zuwenig sein. Wasser und Kernseife genügen auf gar keinen Fall.

Gewonnen hat, wer es versteht, einen unaufdringlichen, aber deutlich wahrnehmbaren Duft in der richtigen Dosierung – nicht zu wenig, nicht zu viel – zu verwenden. Er beweist Körperbewußtsein und Aufmerksamkeit weiblichen Wünschen gegenüber.

Frauen mögen nämlich Männer, die keinen Wert auf Körperpflege legen, nicht. Und solche, die schlecht riechen, schon gar nicht.

Die Sonnenfinsternis des Geschmacks: An den eigenen Achselhöhlen riechen, um zu prüfen, ob man nicht vielleicht ein Deodorant verwenden sollte. Einer breiteren Öffentlichkeit bekannt wurde diese Unart durch den Film ›Ein Fisch namens Wanda‹, in dem Kevin Kline ständig an seinen Achselhöhlen schnüffelte.

Husten, Räuspern

Reichlich kurios mutet es an, wenn wir heute in alten Anstandsbüchern ernsthafte Abhandlungen über das Essen mit den Fingern oder das Spucken lesen.

»Spucke nicht aus vor dem Angesichte anderer, sondern wende dich zur Seite, und spucke in einem Zimmer nie auf den Boden, sondern in das vorhandene Spucknäpfchen oder in dein Taschentuch; dann schlage, ohne die gebrauchte Stelle zu besehen, die Zipfel des Tuches mit einer leichten Wendung der Hand nach innen, rolle es zusammen und stecke es sofort wieder in die Tasche; man darf es nicht in der Hand behalten, nicht damit schwenken oder es auf irgend ein Möbel legen. Spucke auch niemals aus dem Fenster auf die Gasse«, hieß es in einem Benimmbuch aus dem Jahr 1885.

Im 19. Jahrhundert war das Ausspucken das große

Thema der Benimmliteratur. »Das Ausspucken vor jemand ist ja sogar ein Zeichen der Verachtung gegen denselben«, wurde gewarnt, und »man kann dabei auch aus Unvorsichtigkeit leicht seinen Nachbarn oder seine Nachbarin treffen und beschmutzen.« Die Spuckschalen, die es überall gab, gerieten zuerst in gebildeten Kreisen in Mißkredit, und die Leute, die sich für vornehmer hielten, spuckten nicht mehr in weitem Bogen in den Napf, sondern dezent ins Taschentuch.

Direkte Körperäußerungen zu zeigen, verstößt gegen unsere Peinlichkeitsschwelle, die heute um einiges höher liegt als noch vor hundert Jahren. Man kündigt Spucken, Gähnen oder Schneuzen nicht an, kommentiert es nicht, sondern versucht, es diskret zu verbergen.

Niesen

Die Anstandsbücher forderten zwar, den Niesreiz »durch die Energie des Willens« möglichst zu unterdrücken, aber das wollte nicht immer gelingen. Auf jeden Fall sollte man möglichst dezent und unhörbar und nicht prustend und schallend wie ein Walroß niesen. Auch ein laut vor sich hingesagtes »Hatschi« gilt nicht unbedingt als der Inbegriff der feinen Sitte. Es klingt, als würde man sich zum Niesanfall beglückwünschen.

Sage ich »Gesundheit«, wenn jemand niest?

Der alte Aberglaube, daß das Niesen Glück bedeute oder eine Behauptung bewahrheite, findet sich angeblich schon bei Homer. Daher kommt der Wunsch, »Gesundheit« oder »Zum Wohl« zu sagen, wenn jemand niest.

Zu Beginn des 20. Jahrhunderts galt es als unfein, vom Niesen eines anderen Notiz zu nehmen. »Beim Nießen Gesundheit, ›Prosit‹ zu wünschen ist veraltet, beachte das Nießen anderer nicht«, hieß es in einem Benimmbuch aus dem Jahre 1936.

Diese Regel hat sich nicht durchsetzen können. Heute gilt es eher als unhöflich, das Niesen von jemandem zu ignorieren und nichts zu sagen.

Ich habe geträumt, ich sei zu einem ziemlich steifen, aber feierlichen Abendessen im Hause eines berühmten Malers aus der Schule der phantastischen Realisten eingeladen. Während des Hors d'oeuvre befiel mich ein heftiger Juckreiz am Rücken. Was hätte ich tun sollen?

Seien Sie froh, daß alles nur ein Traum war. Sowohl die Einladung beim Maler als auch der Juckreiz während des Essens. Dem natürlichen Reflex, einem herzhaften Kratzen, könnten Sie in einer solchen Runde wohl nur nachgeben, wenn Sie es auf ein Zerwürfnis mit dem phantastischen Realisten und seinen Gästen angelegt hätten. Wenn Ihnen das egal ist, verschaffen Sie sich Erleichterung, nehmen Sie meinetwegen auch die silberne Gabel zu Hilfe und kratzen Sie sich am Rücken. Die elegantere Lösung wäre aber zweifellos der diskrete Rückzug.

Eine Freundin von mir sagt immer, wenn sie auf die Toilette muß, ich geh' jetzt aufs Klo. Mir ist das peinlich, aber sie lacht mich aus, wenn ich sie bitte, dies zu unterlassen. Gibt es dafür Vorschriften?

Die Hohe Schule muß hier passen, weil solche Themen nicht behandelt werden.

Es interessiert niemanden, wann, warum jemand die Toilette aufsucht. Als vulgär qualifiziert die Jury ein Benehmen, das derartige Dinge in der Öffentlichkeit abhandelt.

Im Alltag fällt auf, daß manche Männer gerne auf die bevorstehende Befriedigung ihres menschlichen Bedürfnisses hinweisen und verkünden: »Ich geh' mal für kleine Jungs« oder fragen »Darf ich austreten?« Darauf antworten die anderen meist unisono »Ja, bitte, aber gern!«

Die Jury wiederholt ihr Urteil.

Was tue ich, wenn ich nicht weiß, wo sich in dieser Wohnung oder in diesem Lokal die Toilette befindet? Darf ich die anderen fragen?

Natürlich haben Sie die Wahl zwischen Diskretion und Herumirren und Offenheit und geradem Weg. Sie müssen Ihre Frage ja nicht herausbrüllen...

Darf ich, wenn gerade jemand auf die Toilette gegangen ist, gleichzeitig gehen oder schickt sich das nicht?

Von 16jährigen Mädchen ist bekannt, daß sie wichtige Besprechungen gerne zu zweit auf der Toilette abhalten.

Bei reiferen Menschen sieht es aus, als würden sie einander nachstellen oder drogensüchtig sein, wenn sie kurz hintereinander in der Toilette des Restaurants verschwinden.

»Hasi, siehst Du den fetten Herrn dort drüben?«

In der Öffentlichkeit

Unser soziales Leben spielt sich wie in einer Zentrifuge ab. Wir bewegen uns in einem inneren und in einem äußeren Kreis. Einmal sind wir privat oder semiprivat, dann sind wir anonym.

Im inneren Kreis unserer sozialen Beziehungen verschafft uns manierliches Verhalten Vorteile. Wir machen uns beliebt, wir gefallen.

Im äußeren Kreis, dort, wo Anonymität herrscht, fallen die Schranken. Wo uns niemand kennt, wo Ellbogen und Brutalität regieren, ist uns vieles ziemlich egal.

Warum ausgerechnet ich? Warum soll ausgerechnet ich der Frau in der U-Bahnstation helfen, den Kinderwagen die Treppe hochzutragen? Warum soll ausgerechnet ich mich nicht vordrängen?

Schlechtes Benehmen und Rücksichtslosigkeit wird häufig gleichgesetzt mit Durchsetzungsvermögen. An anonymen Plätzen, in der U-Bahn, in der Straßenbahn, auf der Autobahn braucht es nicht viel und zivilisatorische Schranken fallen. Hier regiert das Prinzip des Stärkeren. Wer andere aus dem Weg boxt, ist früher in der Straßenbahn, wer auf der Autobahn rechts überholt, ist schneller da, glaubt er.

In der Öffentlichkeit überdecken Argwohn, Angst und Unsicherheit die Höflichkeit. »Das gibt es doch nicht, daß er nur die Uhrzeit wissen will, der will mir bestimmt meine Geldbörse klauen. Ich geh' lieber rasch weiter.«

Wer in New York U-Bahn fährt, trägt einen Panzer: selbstbewußt wirken, niemanden ansehen, und dennoch alles unter Kontrolle haben.

Das alles sind Tatsachen, denen man mit Beschwörungen von Etikette und Anstand beikommen kann. Deshalb ist in diesem Kapitel nicht von abstrakten Ritualen im öffentlichen Raum die Rede und auch nicht von Fragestellungen wie »Wie weiche ich einer Dame auf der Straße am besten aus?« Der äußere Kreis unserer sozialen Beziehungen bleibt hier weitgehend ausgeklammert.

Kultur

Im Theater, in der Oper

Was trägt man im Theater?

Die einst so beliebte Protestkleidung gegenüber der Hochkultur (zerfranste Jeans und T-Shirt in der Oper) verspricht nur noch an ultrakonservativen Orten wie der Wiener Staatsoper ein wenig Nervenkitzel. Hier findet sich immer eine Rentnerin, die angesichts eines ausgeleierten T-Shirts in Schreie der Empörung ausbricht.

Als Risikofaktor bei exzessivem *fashionable displacement*, wie die norm- und anlaßabweichende Kleidung genannt wird, ist allerdings ein spontan auftretendes Gefühl des Unwohlseins in Kauf zu nehmen. Oder finden Sie es lustig, auf einem »Biennale«-Empfang unter all den Kunstjournalistinnen in Lagerfeld-Abendkleidern, in sehr oppositionellen geflickten Jeans wie eine Almosenempfängerin auszusehen.

Als besonders schlechtes Benehmen galt immer, sich im Theater oder in der Oper mit dem Rücken zu den bereits Sitzenden vorbeizuzwängen. Es hatte aber auch seine Vorteile. Man mußte den aufgedonnerten Primadonnen in ihren extra fürs Theater angeschafften Goldboleros und Samtröckchen nicht ins Gesicht sehen.

Lassen Sie sich beim Besuch eines Theaters oder der Oper nicht von der verbreiteten Herausputzhysterie anstecken. Ein Theaterbesuch ist kein Opernball, weshalb man im langen Abendkleid im Burgtheater einigermaßen *overdressed* wirkt.

- Verwenden Sie für das Theater kein aufdringliches Parfum. Setzen Sie das Parfum sparsam ein. Ihre Nachbarn in der Oper werden Ihnen dankbar sein, denn überall dort, wo viele Menschen in einer beengten Situation zusammenkommen, bedeutet eine aufdringliche Parfumwolke, aus der es noch dazu kein Entrinnen gibt, eine Strafe Gottes. Dabei sind vier Stunden Oper Anstrengung genug.
- Angenehm wäre auch, wenn Sie versuchten, nicht ständig zu hüsteln oder zu schnaufen. Und bitte machen Sie sich nicht so breit, die Armlehne ist nicht für Sie alleine da.

Ist das Nachziehen der Lippen im Theaterfoyer eine Verletzung der Intimsphäre anderer?

Genau genommen, ja. Aber wer hat sich noch nie rasch vorm Spiegel im Foyer oder abends in der Sektbar mit dem Taschenspiegel die Lippen nachgezogen? Das ist doch viel bequemer, als dauernd in den Waschraum zu gehen. Außerdem gibt es Lippenstiftsüchtige, die sich ohne angemalte Lippen nackt fühlen und die den Griff zum Stift einfach brauchen.

Je exklusiver allerdings das Ambiente, um so größer die Gefahr für die Lippenstifterneuerin, Anstoß zu erregen. Während der Salzburger Festspiele, in Bayreuth sowie an anderen Nobelkulturorten ist Vorsicht geboten. ›Cosmopolitan‹ berichtet warnend folgende Episode: »Es war in Bayreuth, während der Premierenpause. Eine der Damen an unserem Tisch klappte nach dem letzten Bissen ihr Täschchen auf, nahm Lippenstift und Spiegel heraus und malte sich unbefangen die Lippen neu an. Da explodierte ein Herr im Smoking vis-à vis: So eine Unverschämtheit. Wollen Sie sich nicht auch noch die Fingernägel saubermachen, während wir hier essen?« Der Herr hatte wahrscheinlich teuer bezahlt für seine Eintrittskarte und war deswegen übel gelaunt. Denn seine Reaktion zeugt von großer Gereiztheit und ist in ihrer Heftigkeit ungewöhnlich. Aber trotzdem: Vorsicht beim Lippenschminken!

Im Kino

Hier ist das leidige Thema Popcorn nach wie vor der Dauerbrenner:

Zugegeben, Tütenrascheln im Kino stört ebenso wie Tuscheln oder geräuschvolles Küssen. Aber sind nicht Kino und Popcorn eine teuflische Symbiose eingegangen? Kein Film ohne Riesentüte Popcorn und ohne Cola, kein Kinobesuch ohne Gewichtszunahme. Wenn Sie das Knistern so unheimlich stört, kaufen Sie sich selber auch eine Tüte zum Kontraknistern, bevor Sie herumnörgeln.

Wer anfängt, laut über den Film zu reden und die Handlung zu kommentieren, kann diese Unterhaltung im Foyer fortsetzen, aber im Kinosaal herrscht Ruhe! Verstanden!?

In der Kirche

»Gehe nie um der Persönlichkeit des Geistlichen willen in die Kirche.«

Kirchen haben noch ganz andere Attraktionen zu bieten. Höllenpredigten in Oberammergau beispielsweise gehören zu den letzten wirklich schaurigen Vergnügungen, die auf dieser Welt umsonst zu haben sind.

Im Konzert

> »Wirst du als Dame in auffallender Weise von einem Herrn durch das Opernglas betrachtet, so tue, als merktest du nichts davon, verdirb ihm aber das Vergnügen, indem du in unauffälliger Weise deine Stellung änderst.«
> »Kennst du den Künstler oder die Künstlerin, die vortragen, so darfst du sie nicht begrüßen, sowie auch diese sich jedes Erkennungszeichens in den Saal hinein enthalten müssen.«
> »Vergiß bei deinen Logenbesuchen nicht, daß die Liebesszenen sich auf der Bühne, nicht in den Logen abspielen sollen.«
>
> Konstanze von Franken: ›Handbuch des guten Tones und der feinen Sitte‹, 1929

In der Kunstausstellung

»Berühre nichts mit den Händen.«

»An Abstoßendem gehe ruhig ohne Zeichen der Mißbilligung vorüber.«

»Urteile nicht über Kunstsachen, von denen du nichts verstehst.«

Ein besonders aktueller Punkt, denn die Welt der Kultur hat kaum Unkultivierteres hervorgebracht als jenes Hintergrundgeschnatter, das sich nur aus Phrasen und semantischen Hohlräumen zusammensetzt. »Herrlich, seine Raumkonzeption«, »nee, voriges Jahr auf der ›Art‹ in L. A. war er besser«, »ich find's recht sophisticated« usw.

Als Paar in der Öffentlichkeit

Wie verhält man sich richtig?

Indem man sich normal, manierlich und zurückhaltend benimmt. Wie zwei erwachsene Menschen und nicht wie 16jährige Schmusekletten auf Schulskikurs. Schmusen, Händchenhalten, sich gegenseitig ins Ohr flüstern – das ist alles erlaubt. Aber zu Hause! In der Öffentlichkeit wirkt es peinlich.

Überdies: Vergessen Sie nicht, wie viele Leute es gibt, die keine feste Beziehung haben und alleine weggehen. Es gehört zur *social correctness* (ja, das gibt's), sich ihnen gegenüber taktvoll zu benehmen.

Fall Barbara: Ich hatte einmal eine Freundin, die hieß Barbara und war sehr schön. Sie war so schön, daß die Männer bei ihr Schlange standen. Bei mir war das anders. Manchmal ging ich mit, wenn sich Barbara wieder mit einem neuen Verehrer traf. Wir gingen ins Kino, ins Kaffeehaus oder zum Minigolf.

Als ob nicht schon alles peinlich genug wäre, entwikkelte Barbara vor meinen Augen (und ich bilde mir ein, *besonders* vor meinen Augen) ein ungeheures körperliches Anlehnungsbedürfnis. Da wurde geküßt, geschmust, Händchen gehalten und gekichert. Ich wußte gar nicht mehr, wo ich hinschauen sollte. Und ich begann, Barbara zu hassen. Erstens, weil sie jemanden hatte zum Händchenhalten und ich nicht. Zweitens, weil sie es so aufdringlich vor meinen Augen tat, daß ich traurig wurde.

Fall Susi: Später hatte ich eine andere Freundin, die hieß Susi und war sehr streitsüchtig. Susi hatte einen Freund, und ich hatte keinen. Ich konnte froh sein, daß ich keinen hatte, denn ihrer war ein »blödes Schwein«, ein »Arschloch und ein Schnorrer«. Sie sagte es mir mindestens zweimal täglich am Telefon. Wenn sie anrief und sagte: »Was machst du denn heute? Der Erich und ich, wir haben so gestritten«, hatte ich schon die Puderquaste in der Hand und machte mich schön zum Ausgehen. Da saßen wir dann, Susi und ich, und sie erzählte mir die lange Geschichte von Erich, dem Arschloch, solange bis er dann selber da stand und sagte: »Du Susi, kannst du mir fünf Mark borgen, nur für einen kleinen Kaffee. Ich hab' vergessen, Geld aus dem Automaten zu ziehen.« Dann ging das Ganze wieder von vorne los, und sie nannte ihn »blödes Schwein« und »Schnorrer«.

Nächsten Tag rief sie wieder an und sagte, was machst du denn heute?

Breiten Sie niemals vor anderen Leuten, auch wenn sie gute Freunde sind, ihr Leben als Paar aus. Demonstrativ zur Schau gestellte Zärtlichkeit (wie bei Barbara) schließt andere aus und wirkt lächerlich. Wer zuviel und zu innig Zweisamkeit demonstriert, verunsichert andere. Sie bekommen das Gefühl, sich mit einem Zwitter und nicht mit zwei Menschen zu treffen.

Streiten vor anderen (wie bei Susi) nervt – vor allem die anderen. Gilt als sicheres Mittel für alle, die sich partout unbeliebt machen wollen und bringt auch die stärksten Freundinnennervenstränge eines Tages zum Reißen.

Dürfen wir uns, meine Freundin und ich, vor anderen Leuten mit unseren Kosenamen ansprechen?

Ja, selbstverständlich. Wenn Sie sich unbedingt zum Narren machen wollen.

Abschreckende Beispiele:
Im Wirtshaus.

Er: Mausi, magst du noch einen Rindfleischsalat?
Sie: Nein, Schatzi, bestell' mir lieber einen großen Wodka!

Beim Heurigen.
Sie: Schnuffi, schau'n wir uns ›Das Model und der Schnüffler‹ an?
Er: Nein, du schläfst ja immer ein.

Beide Situationen boten ausgelassenen Menschen ausgiebigen Anlaß für Witze. Deshalb: Vorsicht bei Koseworten! »Schatzi« ist ebenso wie Schnucki, Mausi, Bärli, Hasi, Spatzi, Weibi, Männe, Alter, Püppi, Entchen oder Schneck ein liebes, blödes Wort. Darum soll es nur der hören, der gemeint ist.

Die Situation: Ich (männlich) traf zufällig eine gute Bekannte von mir in einem Innenstadtlokal. Sie war in Begleitung ihrer Freundin Anna, die mir gut gefiel. Wir gingen zu dritt in eine Bar. Als ein Rosenverkäufer auftauchte, sah ich mich einer Reihe von Fragen gegenüber…

a) Darf ich Anna eine Rose schenken?
b) Darf ich meiner Bekannten eine schenken?
c) Darf ich mir von den Damen eine Rose schenken lassen?

a) Nein. Es würde wie billige Anmache nach dem Motto: »ich kauf' mir eine Frau für fünf Pfennig« aussehen und ein schlechtes Licht auf Sie werfen. Haupthindernisgrund: Sie kennen Anna erst seit ein paar Stunden. In dieser Situation ist noch alles offen.
b) Ja. Hier ist das Schenken einer Rose eine Geste unter guten Freunden und nicht mehr. Ihre Bekannte weiß, daß Sie sie nicht anmachen wollen.
c) Nein. Es sei denn, Sie hätten an dem Tag Geburtstag.

Eine Frau, die einem Mann, den sie erst vor ein paar Stunden kennengelernt hat, im Nachtlokal eine Rose schenkt, wirkt genauso komisch wie der Mann, der dasselbe bei einer ihm nur peripher bekannten Frau tut. Als nette Geste wirkt das Rosenschenken nur, wenn sich die Beteiligten schon einige Zeit kennen und wissen, wie sie zueinander stehen. In diesem Fall kann der Mann der Frau (und umgekehrt) eine Zufallsrose schenken, um ihr zu zeigen, daß er den Abend schön fand.

Das Vorstellen

Traditionelle Variante

Im deutschen Film der fünfziger Jahre taucht immer die Standardsituation des förmlichen Antrittsbesuches auf.

Der klassische Fall: Ein strebsamer junger Mann mit Fleiß und guten Manieren (der aussieht wie Adrian Hoven) beginnt als kleiner Angestellter in patriarchalisch geführtem Betrieb. Der junge Mann erweist sich als talentiert und einsatzfähig. Der Chef hat Pläne mit ihm. Deswegen lädt er den jungen Mann zu einer Cocktailparty in seine Villa ein.

Wie wird der junge Mann der Schwiegermutter, Gattin und Tochter des Hausherrn vorgestellt? Tut er es selber, oder ist das Vorstellen Aufgabe des Hausherrn?

Zumeist geht der Hausherr mit seinem strebsamen jungen Mitarbeiter herum und sagt beispielsweise: »Herr Pickelmann, meine Tochter«. (In diesen Aufsteigergeschichten aus den fünfziger Jahren verliebt sich der strebsame junge Mann häufig in die Tochter des Chefs. Er arbeitet dann besonders fleißig und bekommt sie schließlich zur Frau, womit auch für Nachkommen gesorgt ist.)

Für die Dame wurde dabei folgende eiserne Regel ausgegeben: »Niemals nennt die Dame ihren Namen. Es wirkt hilflos und völlig ungesellschaftlich, wenn die Dame ihren Namen murmelt.« Außerdem ist es streng verboten, aufzustehen! Man bleibt sitzen und reicht dem Herrn die Hand.

In einem Benimmbuch aus den fünfziger Jahren steht unter einem Bild, das eine hilflos geknickte Dame zeigt, als Warnung: »Nicht aufstehen, wenn Ihnen ein Herr vorgestellt wird! Wirklich, das macht einen kläglichen Eindruck und ruft ein Lächeln auf den Zügen des anderen hervor.«

Moderne Standardsituation

Treffpunkt Restaurant: Herta, Heribert und Peter sind schon da. Ich komme zu spät, Heinrich und Sybille noch später. Sie kennen die anderen am Tisch nicht. Ich, die alle kenne und das Treffen arrangiert habe, übernehme die Vorstellung, indem ich die Vornamen der einzelnen Leute nenne. Oder sie stellen sich selbst einander vor. Im Regelfall schüttelt man einander die Hand und nennt seinen Namen, zumeist nur den Vornamen. Das ist die saloppe Variante. Sie aber ist unbedingtes Minimalprogramm!

Nichts ist ärgerlicher als die Unsitte, Leute, die man zufällig trifft, die einander aber nicht kennen, wie die Ölgötzen herumstehen zu lassen und sie nicht vorzustellen. Das wird bei einem gemeinsamen Abendessen nicht vorkommen, passiert aber immer wieder bei zufälligen Begegnungen in Bars, Cafés oder auf der Straße.

Fall 1: Ich bin mit meinem alten Freund Christian in der Blue Evening-Bar verabredet. Plötzlich stürzt eine mir unbekannte Frau mit einem »Nein, was machst du denn hier?« auf ihn zu und belegt ihn mit Beschlag.

- Falsch: Christian begrüßt sie und plaudert mit ihr ein Weilchen. Ich nippe grimmig an meinem Cocktail und werde von beiden ignoriert. Der Abend ist nach einem solchen Vorfall ohnehin nicht mehr zu retten. Nach einer Weile stehe ich auf und zahle.
- Richtig: Christian begrüßt sie und stellt uns vor. In diesem Fall wird er sie der Höflichkeit halber fragen, ob sie verabredet ist und ob sie nicht mit uns einen Drink nehmen möchte.

Fall 2: Ich bin mit einem Mann wie Robert De Niro in der Blue Evening-Bar verabredet. Er ist noch kein alter Freund von mir, aber ich will ihn gerne kennenlernen. Plötzlich stürzt eine mir unbekannte Frau mit einem »Nein, was machst denn du hier?« auf ihn zu und belegt ihn mit Beschlag.

- Richtig. Robert De Niro nickt ihr freundlich zu, wirkt aber dabei so distanziert, daß sie gar keinen Versuch macht, bei uns stehenzubleiben. Ich trinke noch viele Cocktails mit Bob.
  Nur in der Ausnahmesituation der erotischen Tändelei darf aus taktischen Gründen auf das Vorstellen verzichtet werden! In allen anderen Fällen ist der Verzicht auf das Vorstellen ein schwerer Fauxpas!

Das Vorstellen gehört zu den Grundregeln des gesellschaftlichen Alphabets. Wer Leute nicht miteinander bekannt macht, vergiftet das Gesprächsklima und macht sich selber unbeliebt. Es gibt kaum Situationen, die unangenehmer sind, als wie bestellt und nicht abgeholt neben Leuten herumzustehen, die einander gut kennen und sich unterhalten. Das authentische Ich-stör-hier-wohl-und-geh-lieber-Gefühl entsteht.

Im angelsächsischen Raum ist das Vorstellen eine Selbstverständlichkeit. Bei uns leider noch nicht.

Wie stelle ich Leute einander vor?

Wer wen miteinander bekannt macht, wer wann warum aufsteht – das ist steife Etikette aus vergangenen Tagen. Das hierarchische Prinzip hat ausgedient. Unter Freunden ist das Vorstellen eine lockere Angelegenheit: »Heinrich – das ist Peter«. Das Vorstellen bietet Ihnen aber die zusätzliche Chance, Ihren Charme spielen zu lassen, indem Sie in einer Runde Charakteristika der einzelnen Personen besonders positiv herausstreichen: »Das ist Irene, eine der bedeutendsten Nachwuchskünstlerinnen Wiesbadens. Sie hat soeben ihre erste Einzelausstellung...«

Unter Berufskollegen wird man sowieso mit dem Nachnamen vorgestellt, es kann aber angebracht sein, die Berufsbezeichnung anzufügen: Herr Schmidt vom Herrenbuch-Verlag in Wanne-Eickel beispielsweise. Es empfiehlt sich nicht, sich mit einem »Hallo, ich bin der Helmut vom ZDF« vorzustellen. Das wirkt peinlich und angeberisch.

Regel (traditionell): Wird ein Herr der Dame vorgestellt, bleibt sie sitzen und gibt ihm die Hand.

Kuriosum: (Ehrerbietung unter Damen) Wird der Dame aber eine ältere Dame vorgestellt, steht sie auf. »Sie geht mit dem Hausherrn einige Schritte auf die ältere Dame zu, bleibt stehen und verneigt sich. Reicht ihr die ältere Dame die Hand, so wird sich das junge Mädchen über die Hand der Dame neigen… zum Handkuß. Junge Frauen küssen einer älteren Dame gewöhnlich nicht die Hand.«

Ein Sondertip: »Eine der einfachsten, naheliegendsten und wirksamsten Methoden, andere Menschen für sich zu gewinnen, besteht darin, daß man sich an ihren Namen erinnert und sie in ihrer Selbstachtung bestärkt.« »Vergessen Sie nie, daß für jeden Menschen sein Name das schönste und wichtigste Wort ist.« Diese Regel stammt zwar von Dale Carnegie, ist aber trotzdem richtig.

Wie stelle ich mich vor?

Verwegene Variante:
»Mein Name ist Bond. James Bond.«
»Ich heiße Bär. Teddy Bär.«

Kulturbeflissene Variante:
»Wie jedermann heiße ich Erik Satie.«

Alltägliche Variante:
Sie sagen deutlich Ihren Namen (Vor- und Zunamen) und geben dem Gegenüber die Hand.

Die Visitenkarte

Früher waren Besuchskarten gebräuchlich. Man gab sie ab, wenn man einen der beliebten Höflichkeitsbesuche zur geregelten Besuchszeit abstattete. »Früher«, heißt es bei Benimmexpertin Frau von Schüching, »galt es nur als vornehm, falls eine Adresse notwendig, sie handschriftlich hinzuzufügen. Das Tempo der Zeit aber hat auch in dieser Beziehung manches geändert.« Auch drucken Frauen nicht mehr den akademischen Grad Ihres Mannes auf die Karte, es gelte als »unzeitgemäß«. In der Tat.

Heute verhält es sich mit den Karten grundsätzlich so: Besitzen sollten Sie eine gedruckte Visitenkarte auf jeden Fall. Handhaben aber sollten Sie sie mit Dezenz. Wer bei jeder Gelegenheit die Karte zückt, entlarvt sich unweigerlich als Angeber.

Anmerkungen zur graphischen Gestaltung: Vorsicht vor allzu schrillem Design. Das ist längst schon wieder aus der Mode und kann sehr leicht deplaziert wirken. Understatement ist geboten.

Die moderne Karte enthält Namen und Adresse, gegebenenfalls die Berufsbezeichnung. Sie kann unter Umständen schon zuviel sein. Eine Zeitlang grassierte beispielsweise unter Journalisten die Modekrankheit, sich auf der Karte als Publizist auszuweisen, geradeso, als wäre man Enzensberger persönlich. Das wirkt lächerlich, wie zu viel Schlagsahne neben einem Tortenstück.

Der »Arbeitskreis Umgangsformen« des Internationalen Tanzlehrerkongresses ächtet Visitenkarten mit Bild. Dabei galten sie doch noch vor wenigen Jahren als der letzte Schrei. Es ist gerecht, daß sie in Ungnade gefallen sind, allzusehr erinnerten diese unglücklich gestalteten Kärtchen an Traueranzeigen.

Visitenkarten sind in erster Linie für berufliche Zwecke gedacht, und hier braucht man sie auch. Privat kann man ruhig die Telefonnummer auf ein Stück Papier kritzeln, aber der freie Journalist auf der Frankfurter Buchmesse, der die Verlagspressedame um ein Stück Papier bittet, damit er seinen Namen aufschreiben kann, wirkt so, als könnte er die Miete nicht bezahlen. Auch bei der Wohnungssuche, oder wenn man sich auf eine Stellenanzeige hin vorstellt, kann eine dezent gestaltete Karte positiv wirken. Sie überreichen sie mit den Worten: »Hier meine Nummer. Sollte ich nicht zu Hause sein, läuft ein Tonband.« Das läßt Sie wichtig erscheinen.

Besonders mit Faxnummern läßt sich immer noch Eindruck schinden. Wer kein Fax hat, sich aber damit brüsten möchte, kann ja mit den beiläufig gesprochenen Worten »Mein Fax steht noch nicht drauf« als Ersatz die Faxnummer eines Freundes draufschreiben.

Klatsch

»Die Dame wird sich vom Klatsch fernhalten, weder sich beteiligen noch sich hinein verwickeln lassen.« Gebot des Anstandes.

Das gute Benehmen schneidet den Klatsch. Der leutselige Mensch jedoch nicht. Der Klatsch ist das Herzstück jeder guten Unterhaltung.

Haben Sie noch nie eine deftige Unterhaltung mit

den Worten »Na, und wen richten wir heute aus?« begonnen. Sie wissen nicht, was Häme ist, meine Liebe.

Klatsch kann zum beliebten Freizeitvergnügen, wenn nicht gar zur Sucht werden. Allerdings ist beim Klatsch Vorsicht geboten. Dies läßt sich in George Cukors Klassiker ›Die Frauen‹ aus den 30er Jahren exemplarisch studieren. Es empfiehlt sich dringend, die Gesprächspartner zu prüfen, bevor man loslegt. Ein falsches Wort zur falschen Zeit kostet Nerven und in Härtefällen Kopf und Kragen. Das Wichtigste beim Klatsch ist, im Auge zu behalten, was man wem erzählen kann. Ein und dieselbe Geschichte kann beim einen zum harmlosen *Coup d'amusement* werden, bei anderen, die mit der hämisch geschilderten Person eng befreundet sind (dies aber leider vorher nicht gemeldet hatten), unermeßlichen Schaden anrichten. Der Klatsch erfordert Logistik. Die passionierte Klatschtante sollte sich eine Art Landkarte zeichnen, in der penibel alle bekannten Verflechtungen, Beziehungen und Verhältnisse eingetragen werden.

Bösartige Menschen behaupten von mir, ich sei die größte Klatschbase von Bayern. Wie kann ich meinen guten Ruf wiederherstellen? Warum macht mir Klatsch so viel Spaß?

Sie begehen einen Fehler: Sie geben sich Gewissensbissen hin. Und Sie lassen sich von Leuten, die auf Ihre Klatschgeschichten lauern (ohne dies zuzugeben), moralisch unter Druck setzen.

Wenn Sie es für Ihr Seelenheil brauchen, legen Sie sich ein paar kluge Theorien über den Klatsch zurecht. Sie sind eng mit der Tatsache verwoben, daß Klatsch teuflischen Spaß machen kann. Wer das leugnet, lügt.

Die Klatschspalte wurde erfunden, sagt man, um gesellschaftliche Spannungen abzubauen. Das leuchtet ein. Denn wer schimpft nicht am liebsten über seinen Chef? Klatsch hat etwas Befreiendes. Die Teilnahme am Leben anderer Leute, vorzugsweise an dessen negativen Seiten, bereichert das eigene Leben ungemein. Die Fauxpas, Niederlagen und Ausrutscher anderer lassen uns unsere kleine Existenz gleich viel erträglicher erscheinen. Der Klatsch, so lautet eine gängige These, ist Ersatz für nicht gelebtes Leben.

Da wir alle ein Publikum sind, das die offenen Geheimnisse liebt, sollten wir uns die moralisierende Heuchelei gegenüber den sogenannten Klatschbasen abgewöhnen. Wenn Sie sich vor der Klatschbase und ihrer Waffe, dem Mundwerk, schützen wollen, erzählen Sie ihr einfach nichts. (Wollen Sie Gerüchte über Ihren größten Feind streuen, werden auch Sie sich nicht scheuen, die kompromittierenden Dienste der Klatschbase in Anspruch zu nehmen). Vergessen Sie nicht, daß auch Sie den verrufensten Klatschbasen Ihrer Stadt erheiternde und informative Stunden verdanken.

Darf ich negative Dinge, die über eine bestimmte Person im Umlauf sind, der betroffenen Person erzählen?

Wenn Sie als gemein, rachsüchtig oder geschmacklos gelten wollen, dann dürfen Sie. Wollen Sie aber als ein Mensch mit Feingefühl gelten, sollten Sie nicht zu Greenpeace-Johnny gehen und ihm sagen: »Weißt du eigentlich, daß Fredi Keks gesagt hat, daß er niemanden so haßt wie dich und daß er dir am liebsten mit einer Pumpgun ins Knie schießen würde?«

Die Kunst der Konversation

> »Fast alle, die schweigend sehr gefallen, erregen Ekel, wenn sie sprechen.«
> Walter Serner, ›Brevier für Hochstapler‹

Wie leite ich ein Gespräch ein?

- Die Person ist mir bekannt:
  Groucho Marx trifft Mr. X im Kaufhaus. »Wie geht's?« fragt Mr. X. »Finden Sie nicht, daß das eine sehr persönliche Frage ist?« sagt Groucho.
  Sollten Sie demnächst jemandem begegnen, den Sie nicht mögen, können Sie diesen Scherz ausprobieren. Der Überraschungseffekt ist garantiert!
  Aber da nicht jeder von uns so einfallsreich ist wie Groucho Marx, wollen wir für die Beibehaltung der Phrase »Wie geht's?« plädieren. Jedem von uns hat sie schon über peinliche Sekunden hinweggeholfen, in denen sonst nacktes Schweigen geherrscht hätte – so wenig hatten die Gesprächspartner einander zu sagen.
  Machen wir uns nichts vor: »Wie geht's?« ist eine Floskel mit vielen Vorteilen:
- Sie paßt fast immer,
- man sagt sie vor sich hin wie »Ich bekomme bitte ein Bier«,
- und auch wenn man gar nicht wissen will, wie es dem anderen geht, lassen sich an ein »Wie geht es Ihnen?« immer ein paar Überbrückungssätze anhängen. (Dann ist die Unterhaltung entweder in Gang gekommen oder sie ist zu Ende).

Legen Sie die »Wie geht's?«-Floskel nicht auf die Goldwaage der Gefühle. Nehmen Sie sie nicht ernst. Antworten Sie nicht: »Ach ja, es geht mir gar nicht gut, das Leben plätschert an mir vorbei, ich seh' gar keinen rechten Sinn drin, älter werd' ich auch, und das Kreuz tut mir weh.« Garantiert hat der Frager gar nicht zugehört und antwortet: »Ah, das freut mich. Hast du eigentlich von der Susi was gehört? Ist die wirklich nach New York gegangen?«

Nehmen Sie das Allerwelts-»Wie geht's?« gelassen hin. Es ist charmanter, als würde Ihr Gesprächspartner zu Ihnen etwas wirklich Persönliches in der Art »Na, alte Hundehütte, hast du wieder gesoffen gestern. Mann, hast du Ringe unter den Augen«, sagen.

Die Person ist mir unbekannt:

»Wie geht's?« scheidet als Eröffnungsfloskel aus. Es treten die auf Seite 88 beschriebenen Strategien der Kontaktanbahnung in Kraft.

Welche Themen dürfen Tischgespräch sein?

Mit den unstatthaften und unziemlichen Themen haben sich die Anstandsbücher immer in ausführlicher Weise beschäftigt. Gegenüber der Liste der bei Tisch verbotenen Themen nahmen sich die erlaubten Themen immer wie eine kärgliche Marginalie aus.

Verbotene Themen auf einen Blick

- Krankheit, Geld, Politik.
- Schwitzen, Schnupfen, Verdauung, Hühneraugen. Der Körper und seine Tätigkeiten waren – und sind – tabu!
- Junge Damen durften niemals von dem sprechen, was »unter dem Tische« ist. Auch hatten sie den Ausdruck »mir ist so heiß« zu unterlassen. Man sprach nämlich nicht vom »Schwitzen«, sondern ersetzte das Wort durch »Transpirieren« oder umschrieb es, indem man sagte: »Wir waren sehr erhitzt.«
- Die Makel anderer hatten umschrieben zu werden. Man sprach nicht von einer »dicken Dame« oder »dem fetten Herrn dort drüben«, sondern sagte: »Er ist stark.« War jemand spindeldürr, gebot es der Anstand, ihn einfach als »schlank« zu bezeichnen.

Erlaubte Themen

- Sie zeichneten sich durch Harmlosigkeit aus. In Frage kamen Kultur-Allerweltsthemen – Theater, Musik, Literatur und andere Kunstzweige –, Fragen der Mode und Kosmetik (wobei selbstverständliche Kommentare über Toilettefehler anwesender Personen zu unterbleiben hatten), tagesaktuelle Themen durften vorbehaltlich der Wahrung diplomatischen Harmoniestrebens gestreift werden.

Welche Themen interessieren tatsächlich?

- Alles unter der Gürtellinie. Thema Nummer Eins rangiert unangefochten auf Platz Eins – vor allem unter Männern. *Echte* Männergespräche sind wieder in Mode gekommen. Und da geht es der Natur dieses Gedankenaustauschs entsprechend hauptsächlich um Größe, Beschaffenheit und ästhetische Details primärer und sekundärer Geschlechtsmerkmale. In Damengesellschaft verzichten die Herren netterweise auf solche Gespräche. Man wüßte gar nichts von ihren verbalen Verfehlungen, verrieten sie sich nicht immer wieder durch unbedachte Andeutungen.
- Alles aus dem Intimleben nicht anwesender Personen.
- Skandale und Klatschgeschichten: wer mit wem, wo, wie und warum.
  Sollten Sie sich in Amerika in Intellektuellenkreisen bewegen, beachten sie die Formel: Watch your speech! Das neue Schlagwort »political correctness« durchdringt mittlerweile die Konversationen von New York bis Florida. Achten Sie auf Ihre Wortwahl, wenn Sie nicht als Banause verstoßen werden wollen.
- Geld. Wer verdient womit wieviel? Wie könnte ich es anstellen, auch soviel zu verdienen? Warum ist die Welt so ungerecht und stürzt mich immer wieder in den negativen Kontostand? Warum ist Sparen so schwierig? Woran könnte man sparen? Wie könnte man zu Geld kommen? Hier folgt stets eine Debatte über Banküberfälle und Lottogewinne.
- Jobs. Wer ist arbeitslos geworden? Wer weiß, wo jemand gesucht wird? Warum ist Arbeiten so deprimierend? Wer kennt eigentlich den Personalchef von XY?

- Wohnen. Schon wieder werden die Mieten erhöht, Skandal! Zieht jemand aus? Weiß jemand eine Wohnung, die frei wird?
- Rache und Leiden an der Welt.

Sollten Sie zufällig dem englischen Landadel angehören, werden Sie all diese Themen als profan verdammen. Sie unterhalten sich lieber mit Mick Jagger über neue Künstlerbiographien und darüber, ob man Rosen über die Gartenmauern wachsen lassen sollte. Das wissen zumindest Illustrierte über die bevorzugten Gesprächsthemen des Rockmusikers zu berichten. Über Sex redet der wahrscheinlich gar nicht, da zählt nur die Tat.

Die Wichtigkeit des Small talk

Talk im Turm, Talk im Schloß, Talk vom Rummelplatz –, das Talkzeitalter straft das alte Sprichwort »Reden ist Silber, Schweigen ist Gold« Lügen.

Schweigen ist Blech, lehrt uns das Leben. Wer Blech redet, wird reich.

Gut reden können, Anekdoten zu erzählen wissen, einen Witzevorrat im Kopf haben – das sind heutige Standardanforderungen für gesellschaftlichen Erfolg. Den einen ist die Kunst der Konversation in die Wiege gelegt, die anderen können versuchen, sie durch Fleiß, Übung, Illustriertenlektüre und andere Anstrengungen zu erlernen.

Schwer haben es – leider – die Zurückhaltenden, die mit dem nicht ganz so forschen Mundwerk. Wer Hemmungen hat, in Gesellschaft das große Wort zu führen, läuft Gefahr, gleich als langweilig und zu wenig selbstbewußt abgestempelt zu werden. Aber wer reden kann wie ein Wasserfall, kommt weiter. Insofern müßten der gepflegte Small talk, die Taktik des Debattierens, die Kunst des Geschichtenerzählens Pflichtfach in den Schulen werden.

Der Umgang mit Wortmoden

60er Jahre: Establishment, anti-, high, love, drugs, peace,

70er: repressiv, kontraproduktiv, feministisch, machistisch, chauvinistisch, Ideologie, Relevanz, Diskurs,

80er: in/out, hip, gestylt, trendy, coolness, Zeitgeist, angesagt, multikulturell, postmodern, urban.

Zum manierlichen Sprechen, dem die Anstandsbücher immer breiten Raum widmeten, gehörte nicht nur das Verbot, Dialekt zu sprechen, die Tabuisierung derber »niederer« Ausdrücke und Redewendungen, sondern auch die Warnung vor dem Gebrauch von Fremdwörtern und Modeausdrücken. Die alte, noch in den 50er Jahren immer wieder aufgestellte Regel, wonach der Gebrauch von Fremdwörtern (auch jedes Wort aus dem Englischen zählte dazu) im Deutschen überflüssig sei, ist ersatzlos zu streichen. Auch die Verwendung der früher als vulgär verpönten Übertreibungen »riesig, fabelhaft, schrecklich, wahnsinnig« läßt sich nicht durch Nörgelei eindämmen.

Von besonderer Originalität und Sprachwitz zeugt die zwanghafte Verwendung dieser Vokabeln freilich nicht. Im Gegensatz zu Modewörtern ist das Übertreibungsvokabular aber schon in unseren Wortschatz integriert, so daß »fabelhaft« und »toll« gar nicht weiter auffallen. »Hip«, »groovy« und »diskursiv« allerdings schon.

Deshalb: Bitte Wortmoden nicht mitmachen. Jemand, der dauernd sagt: »Mann, diese postmoderne Multikultikapelle, die war total hip«, wirkt wie eine Sprechpuppe und nicht wie ein intelligenter Mensch.

Selber denken ist besser als das Nachplappern einer Kunstsprache. Wer seinen Sprachschatz auf Modevokabular reduziert, läuft Gefahr, in einer anonymen Menge unterzugehen. Es wird der Eindruck vermittelt, alle reden gleich, folglich reden alle dasselbe. Sprachliche Eigenständigkeit und Unabhängigkeit gelten als viel interessanter.

Wie erweise ich mich als unterhaltsamer Gesprächspartner?

Um als ernstzunehmender und interessanter Gesprächspartner zu gelten, sollten Sie über eine Vielzahl von Themenbereichen informiert sein: von überstandenen Krankheiten, bevorstehenden Reisen und Arbeitsproblemen der Anwesenden bis hin zu aktuellem Klatsch und Partikeln aus dem kulturellen und politischen Geschehen.

Männer empfinden es als unangenehm, schreibt zumindest ›Männer-Vogue‹, wenn ihr Outfit Diskussionsstoff hergibt. Vermeiden Sie es also, Anwesende auf Toilettefehler und etwaige Verfehlungen (Verhältnisse mit nicht genehmigten Personen, geheime Seitensprünge, Niederlagen aller Art) anzusprechen.

Nicht beliebt machen Sie sich, wenn Sie intime Geheimnisse nicht Anwesender auf das schändlichste kommentieren: »Habt ihr schon gehört, die Illi kriegt ein Kind von diesem Autoverkäufer mit dem Vogelgesicht und den strähnigen Haaren. Meine Güte, wird das häßlich werden!«

Wo ist hier der Unterschied zum Klatsch? Das intime Geheimnis ist intim, weil man es Ihnen anvertraut hat, der Klatsch ist Allgemeingut.

Auch vertrauliche Details aus dem eigenen Betrieb sollten Sie aus Gründen der Vernunft, nicht der Moral, nicht lauthals am Wirtshaustisch erzählen. Denken Sie daran: Feind hört manchmal mit!

Den Causeur zeichnet ein reichhaltiges Repertoire an Anekdoten aus der Arbeitswelt, aus Kunst und Kultur, aus dem gesellschaftlichen Leben seiner Heimatstadt aus. Er versteht es, zur Unterhaltung beizutragen. Deshalb ist er allseits beliebt. Nichts wünschen sich die Leute mehr als Zerstreuung.

Ächten Sie die Form des Monologs. Sie ist allerhöchstens fürs Theater, aber nicht für einen vergnüglichen Abend geeignet. Selbstdarsteller sollten unbedingt in die Schranken gewiesen werden. Wieso soll sich einer amüsieren, während sich alle anderen langweilen?

Wie vermeide ich es, mich bei Gesprächen zu blamieren?

- Indem Sie halbwegs sattelfest sind und über die aktuellen Modethemen wenigstens ansatzweise Bescheid wissen. Wenn Sie fragen, wer eigentlich Gabriela Sabatini ist oder keinen einzigen der gerade aktuellen Filme kennen, hält man Sie wahrscheinlich zu Recht für, sagen wir, nicht besonders gebildet.
- Halten Sie lieber den Mund, als daß Sie zuviel quasseln. Das gilt besonders für Themen, bei denen Sie sich nicht besonders gut auskennen. Wer an der richtigen Stelle schweigt, kaschiert seine Unwissenheit!

Thomas Gottschalk, dem so etwas fremd ist, hatte einmal in ›Gottschalk täglich‹ Reich-Ranicki zu Gast und wollte Bildungsbürger spielen. Es endete im Desaster. Reich-Ranicki zählte auf, wen er alles für den Nobelpreis vorgeschlagen habe und wer ihn von diesen tatsächlich bekommen habe und wer nicht. Böll, Grass, Updike, Graham Greene... Gottschalk nickte begeistert und sagte: »Graham Greene, der lebt doch noch!« »Er ist gestorben!« intonierte Reich-Ranicki, und Gottschalk sah aus wie ein käsebleicher Niemand in seinem Strickwestchen.

Tote sind Fallensteller. Hier kann man sich leicht blamieren. Beugen Sie vor und fragen Sie im Zweifelsfall: Franco Nero, lebt der eigentlich noch?

Das Rauchen

Wie sehr hat die Imageflaute des Rauchens die Sitten verändert?

Vor zwanzig Jahren noch benahmen sich die Raucher wie absolutistische Monarchen. Egal, wo sie hinkamen, es galt als selbstverständlich, daß sie ihrem Vergnügen frönen durften. Rauchen war prinzipiell gestattet. (Es wäre auch kaum jemandem eingefallen zu fragen, ob denn das Rauchen gestattet sei.)

Kleine Abschweifung in die Geschichte des Rauchens

Im 19. Jahrhundert verlangte die Etikette, in Gegenwart von Damen nicht zu rauchen. (Daß Damen dem blauen Dunst verfielen, hätte ohnehin niemand zu denken gewagt). Die Sitten und Gepflogenheiten des Rauchens waren geregelt und harmonisch. Nach dem Essen zogen sich die Herren in den Rauchsalon zurück. Sie trugen das dafür bestimmte Raucherjackett (das später unter der Bezeichnung Smoking als Kleidung für besondere Gelegenheiten bekannt wurde).
Eine manierengeschichtliche Rarität läßt sich an den Rauchsitten studieren: die Wiedereinführung der alten, strengen Regeln. Sie sahen vor, daß sich die Raucher wie selbstverständlich an eigens zur Ausübung ihres Lasters (das damals als Inbegriff des Genusses galt) geschaffene Orte zurückzogen. Ähnliches können wir – glücklicherweise – heute beobachten.

Wer heute das Weiße Haus besucht, sollte wissen, daß Präsident Clinton Zeitungsberichten zufolge dort ein Rauchverbot erlassen hat, für dessen Verhängung er mit dem Prädikat »pc«, »politically correct«, ausgezeichnet wurde. Was sein wird, wenn ein Kettenraucher im Weißen Haus zu Gast ist, beschäftigt derzeit die Protokollchefs. Galt es vor einigen Jahren noch als gleichsam erkämpftes Recht, daß alle, egal ob Mann oder Frau, Schüler oder Schülerin, Putzfrau, Schulwart oder Direktor überall rauchten, gilt heute: Rauchen (für beide Geschlechter) nur an besonders gekennzeichneten Plätzen erwünscht und erlaubt! Dankenswerterweise hält dieser Trend an. In Büros, Restaurants, Eisenbahnen, Flugzeugen, Postämtern, Schulen usw. mehren sich die Nichtraucher- und Raucherzonen. Und wieder bewährt sich die alte Weisheit: Es ist besser, sich zu trennen, als sich den Schädel einzuschlagen.

Der »Fachausschuß für Umgangsformen« faßte die rapiden Richtungswechsel in der Frage des Rauchens einmal nicht untreffend so zusammen: »Galt ganz früher: eine deutsche Frau raucht nicht, in den 50er Jahren dann: sie raucht nicht unter freiem Himmel, so gilt jetzt fast das Gegenteil: wenn schon rauchen, dann unter freiem Himmel, weil es so niemanden belästigt.«

Im Umgang mit Rauchern regiert neuerdings ein rauher Ton. In Europa gebraucht man vorderhand die Hände noch dazu, lästigen Rauch zu vertreiben und nicht dazu, unliebsame Raucher eigenhändig zu würgen, wie das unter Amerikas militanten Nichtrauchern schon vorgekommen ist. Als modisches Accessoire trägt man dort neuerdings silberne Seifenspender namens Bubbler gegen ungebetene Raucher um den Hals. Auch Larry Hagman, alias J. R. Ewing, ist ein begeisterter Bubbler, berichtet ›Elle‹. Er bubblet immer dann, wenn ihm »ein ekelhafter Raucher gegenüber sitzt«.

Nein, es ist nicht mehr schick, bei jeder Gelegenheit zur Zigarette zu greifen, wie dies noch in den 60er oder 70er Jahren der Fall war. Da rauchte der Teenager, der auf sich hielt, vor dem Schultor, während jeder Pause auf dem Klo, vor und nach der Tanzschule, auf dem Fußballplatz, in der Eisenbahn, manche rauchten sogar während des Essens.

Man trifft heute noch genug Leute, die, kaum betreten sie ein Lokal, sofort eine Zigarette im Mundwinkel hängen haben, die bei 40 Grad im Schatten ununterbrochen am Strand rauchen, die Sightseeingtouren nur ertragen, wenn sie alle zehn Minuten aus dem Bus klettern und »rasch eine durchziehen«.

Scheuen Sie sich nicht, diesen Leuten Ihre Mißbilligung zu zeigen. Sie können sich in diesem Falle ruhig einer tantigen, nörgelnden Art bedienen. Runzeln Sie die Stirn, starren Sie mißbilligend auf die Zigarette, schütteln Sie den Kopf. Nützen wird dies alles nichts.

Die Todsünde: Rauchen während des Essens

Es gehört zu den Grundfesten der Etikette, daß, solange jemand in einer Runde ißt, nicht geraucht wird. Das hat seinen Sinn. Wenn ich essen muß, während jemand anderer mir den Rauch auf den Teller bläst, Mahlzeit kann ich nur sagen! Meine Geruchsnerven nehmen außer Rauch nichts mehr wahr, ich esse Rauch.

Das Rauchen der sogenannten Verdauungszigarette »nach dem Braten« ist, so entnehmen wir der Anstandsliteratur, erst nach dem Zweiten Weltkrieg üblich geworden. Es schien sich bei dieser Sitte um eine Art von Selbstbestätigung zu handeln. Ich kann mir einen Sonntagsbraten leisten, der so fett ist, daß ich ihn ohne Zigarette danach gar nicht verdauen kann …

Leider gerieten später die Sitten des Rauchens völlig außer Kontrolle. Unkultur, Verwahrlosung, man kann es nicht anders nennen, machte sich breit. Und unter manchen Folgen leiden wir noch heute.

Wie viele Leute verwechseln den Unterteller einer

Kaffeetasse immer noch mit einem Aschenbecher? Besonders ehemalige Insassen von Wohngemeinschaften legen extrem unzivilisierte Rauchsitten an den Tag. Sie kippen Zigarettenasche in die Butterdose oder in den Papierkorb, ohne Rücksicht darauf, ob jemand noch ein Frühstücksbrot möchte oder ob gerade die Morgenzeitungen entsorgt wurden und deshalb die Gefahr eines Zimmerbrandes besonders hoch ist.

In allen Schichten verbreitet ist die Unsitte, Zigaretten wahllos aus herumliegenden Packungen zu nehmen, ohne auch nur die geringsten Erkundungen über deren Besitzer einzuziehen.

Gott sei Dank weicht die Laissez-Faire-Haltung, die sich gerade in den 70er Jahren in dieser Frage eingebürgert hat, wieder einigermaßen zivilisierten Umgangsformen. In der Mehrzahl der Fälle erkundigen sich die Raucher, ob sie denn schon rauchen dürfen. Obwohl die ganz Kühnen, die ihrem Gegenüber ohne jeden Genierer den Zigarettenrauch über die Ravioli blasen, immer noch nicht ausgestorben sind. Man sollte sie eine Woche nach Amerika zum Raucher-Benimm-Kursus schicken.

Wenn Sie eingeladen sind, fragen Sie lieber einmal zuviel als einmal zu wenig, ob Sie rauchen dürfen. Jemand, der, kaum hat er die Garderobe abgelegt, sich schon die erste Zigarette anzündet, wirkt fast so peinlich wie jemand, der sich wie ein hungriger Wolf auf das Buffet stürzt oder ungebeten die Bar stürmt. Auch zum Rauchen wird man eingeladen.

Unser Mitleid aber verdienen jene geduldigen Schafe unter den Rauchern, die selbst im eigenen Heim in gemütliche Nichtraucherzonen wie zugige Terrassen oder heimelige Toiletten verbannt werden. Diese Frage ist

- grundsätzlicher Natur und somit vor Eheschließungen und sonstigen Lebensbündnissen zu klären.
- sehr geschlechtsspezifisch ausgerichtet, denn in fast 100% der beobachteten Fälle war es Tante Rosi, die verhinderte, daß Onkel Hans die neuen Gardinen mit seinem Zigarrengestank verunreinigte. (Dasselbe galt zumeist für Teppiche, Fliesenbelege und Plastikböden, weswegen Onkel Hans die Filzpantoffeln bereits im Stiegenhaus anziehen mußte.) Vor solchen Verbindungen wird gewarnt.

Stimmt es, daß Frauen Nichtraucher lieber küssen als Männer, die rauchen?

Die übrigen Qualitäten des Mannes spielen auch noch eine gewisse Rolle, aber es ist nicht zu leugnen, daß der Kettenraucher wie ein Aschenbecher schmeckt. Das mögen Sie mit Mickey Rourke gemeinsam haben, aber ob gerade das Ihre Erfolgschancen erhöht?

(Übrigens, das Problem existiert auch spiegelverkehrt. Auch Männer küssen lieber Rosenmünder als Aschenbecher. Aber niemand muß sich deswegen gleich das Rauchen abgewöhnen. Mit einfachen kosmetischen und mundhygienischen Tricks läßt sich auch das Rauch-Kuß-Problem lösen).

Ist es schick, beim Rauchen eine Zigarettenspitze zu verwenden?

Sie meinen dieses Femme-fatale-Accessoire, das Sie so geheimnisvoll erscheinen lassen soll, als seien Sie die neue Mata Hari? Wußten Sie eigentlich, daß es Zigarettenspitzen gab, die bis zu zwanzig cm lang sein können? Damit sehen Sie aus, als trügen Sie eine Stelze im Mund.

Meiden Sie Zigarettenspitzen. Sie werden nicht wie Mata Hari aussehen, sondern wie eine, die versucht, wie Mata Hari auszuschauen und dabei furchtbar komisch wirkt.

Ah, die Optik ist Ihnen egal? Es geht Ihnen nur um die Gesundheit. Ja, warum rauchen Sie eigentlich noch?

Machistische Signale beim Rauchen

Unbedingt zu vermeiden ist

- das Rauchen der Zigarette bis zum Filter (wegen der Gefahr, sich die Finger zu verbrennen),
- die Zigarette zwischen Daumen und Zeigefinger zu halten,
- sie in den Mundwinkel zu hängen,
- den Rauch aus der Nase zu blasen,
- die (nicht angezündete) Zigarette hinter'm Ohr zu tragen.

Drängen Sie nicht so!

In der Bank, im Supermarkt

Wie verhalte ich mich, wenn sich jemand beim Bankschalter oder im Supermarkt vordrängt? Gerade ältere Leute tun dies oft mit einer sagenhaften Selbstverständlichkeit. Ich habe Hemmungen, sie zurechtzuweisen.

Entgegen einer weit verbreiteten Meinung ist Alter kein Privileg, sondern ein auf natürlichem Weg erworbener Zustand. Deshalb erfordert die Selbstverständlichkeit, mit der ältere Leute oft auf Vorrechte pochen, pädagogische Gegenmaßnahmen. Weisen Sie, höflich, aber bestimmt, darauf hin, daß *Sie* jetzt an der Reihe sind und daß sich schließlich alle anstellen würden.

Niemand wird einen 83jährigen Halbblinden am Krückstock anschnauzen, weil er sich im Bus vorgedrängelt hat. Obwohl es auch von ihm nett wäre zu fragen, ob er vorher drankommen darf.

Fragen verändert die Ausgangsposition, denn wer höflich fragt, wird meistens vorgelassen. Man muß aber Argumente haben!

Leute, die anderen im Supermarkt den Einkaufswagen ins Kreuz fahren und barsch sagen »ich hab' weniger als Sie, lassen Sie mich vor!«, sind damit nicht gemeint. Auch nicht solche, die mit sieben Sachen im Arm und nicht im Wagen daherkommen (es soll nach eiligem, kleinen Einkauf aussehen) und fragen: »Kann ich vor, ich hab' ganz wenig«, sind davon ausgenommen. Die sollen ruhig warten. Wenn ihnen die Arme weh tun, sind sie selber schuld, schließlich ist das Transportmittel für den Einkauf schon längst erfunden.

Auf Reisen

Verpflichtet mich die Höflichkeit zum Small talk, wenn mich mein Nachbar im Flugzeug oder in der Bahn anredet?

Keineswegs. Sie können ein paar Höflichkeitsfloskeln austauschen, ansonsten aber durch demonstratives Versenken in ein Buch oder eine Zeitung zeigen, daß Sie nicht interessiert sind.

Sollte Ihnen aber ein Mann begegnen, der seinen Annäherungsversuch mit dem dämlichen, aber ungewöhnlichen Kompliment: »Der Sicherheitsgurt steht Ihnen großartig!« einleitet, weisen Sie ihn nicht gleich zurück. Er dürfte so schrullig sein, daß eine Unterhaltung mit ihm lustig sein könnte.

Ich habe mich schon oft darüber geärgert, daß bei Reisen im Zug, wenn man mit einem schweren Koffer einsteigt, kein Mann auch nur im Traum auf die Idee kommt, seine Hilfe anzubieten. Was kann man da tun?

Außer seufzen und unter'm Gewicht des Koffers stöhnen, nicht viel. Aber Sie können durchaus einen dieser bequemen Herrn bitten, ob er Ihnen nicht helfen kann. Diese Aufforderung sollte nicht notwendig sein, denn eigentlich sollten die Männer von selber draufkommen, daß der moderne Kavalier der Dame mit dem schweren Koffer zu Hilfe eilt. Statt dessen sitzen sie da und schauen interessiert zu, wie sich die Frau abplagt und sich beim Versuch, den Koffer ins Gepäcknetz zu heben, fast einen Leistenbruch holt. Die Chance, daß eine andere Frau aufsteht und hilft, ist viel größer, als daß einer dieser faulen Männer auf die Idee käme.

Die Zeitung anderer Leute

Warum liest man so gerne in der U-Bahn oder im Bus in fremden Zeitungen mit?

Eine Teilungsphobie oder ein anderes psychologisches Problem scheint dahinterzustecken. Parasitäres Mitlesen in fremden Zeitungen ist ein Phänomen für sich. Fast alle tun es, sogar die, die selber eine Zeitung zum Lesen haben, sehen lieber bei ihrem Nachbarn hinein. Sollten Sie zufälligerweise betroffener Zeitungsbesitzer sein, ärgern Sie sich nicht und fragen Sie in krassen Fällen, ob ihr Gegenüber lieber den Sport oder die Kontaktanzeigen will.

Im Urlaub

Benehmen Sie sich zurückhaltend und keineswegs so, als seien Sie überall auf der Welt zu Hause.

- Spielen Sie nicht am Strand von Korfu die Kassette mit den Zillertaler Schürzenjägern so laut aus dem Kassettenrecorder, daß alles in Aufruhr gerät.
- Gebärden Sie sich weder auf Mallorca noch in Griechenland wie eine Bande grölender Trunkenbolde. Man müßte ja meinen, Sie seien zu Hause auch so.
- Drängen Sie nicht auf Fähren, Schiffen, Bussen oder sonstigen öffentlichen Transportmitteln. Volksschüler auf Wandertag benehmen sich oft disziplinierter als Erwachsene im Urlaub.

- Photographieren und filmen Sie nicht jeden Kieselstein und vor allem nicht fremde Leute, ohne vorher um Erlaubnis gefragt zu haben. Sie könnten es büßen. Aber vielleicht haben Sie Glück wie jener deutsche Tourist, der im arabischen Viertel in der Altstadt von Jerusalem einen alten Schmied photographierte, weil es so pittoresk aussah. Der aber ging mit dem glühenden Amboß auf den Deutschen los. Nur mit Mühe konnte er sich retten.
- Kleiden Sie sich mit Vernunft, Verstand und ein bißchen Geschmack. Beachten Sie: Sie gehen weder in die Oper, noch arbeiten Sie in St. Pauli. Je südlicher ein Land, um so unpassender werden Shorts und Bikinis in der Stadt.

Im Fitneßcenter

Hände weg von schrillen, gewagten Dessins!

Unterschreiben Sie die Petition für die sofortige Abschaffung des Tangas in den Fitneßstudios. (Wer hat eigentlich diese unnötigen Unterhosen erfunden, die so gut wie gar nicht vorhanden sind, die aber zur Figurbetonung über Leggings getragen werden?) Dies ist eine Beleidigung für die Augen und außerdem blöde Angeberei gegenüber all jenen, die deswegen ins Fitneßstudio gehen, weil sie noch nicht die Traumfigur haben.

Überhaupt sollten Leute von Stätten, die der körperlichen Ertüchtigung gegen stattliches Entgelt dienen, ausgeschlossen werden:

- die so tun, als seien sie die wahren Vorturner und arrogant über ihr Boris Becker-Stirnband auf die schauen, die den dreifachen Aerobic-Axel nicht beherrschen,

- die höchstwahrscheinlich seit ihrem zweiten Lebensjahr Ballett betreiben,
- die nach dem Duschen noch vor den Spiegeln paradieren, sich halbnackt schminken und die Haare fönen und somit den anderen Bekleideten einen unerwünschten Anblick zumuten,
- die aufgrund von Muskelbergen nicht mehr gehen, geschweige denn einen halben IQ weit denken können.

Außerdem sollten Meditationsecken für die übrigen geschaffen werden, damit sie sich fragen können, was sie eigentlich an einen solchen Ort getrieben hat.

Ausgehen

Die Angst vor dem Eß-Fauxpas

Warum sitzt sie uns so tief in den Knochen? Weil das Essen eine unserer unmittelbarsten, *körperlichsten* Tätigkeiten ist? Weil wir alle irgendwann ein Manierenbüchlein geschenkt bekamen und das Kapitel über die *feinen* Tischmanieren ausgelassen haben? Schließlich wollten wir kein Anstands-Abitur ablegen. Weil das Essen in der Kulturgeschichte immer eine besondere Bedeutung eingenommen hat und schon die frühesten Aufzeichnungen über die Übergangsformen der Oberschicht von den »Tischzuchten« handeln? Im Mittelalter ging es freilich nicht um Austerngabeln, sondern darum, daß es unhöfisch sei, abgenagte Knochen wieder in die gemeinsame Schüssel zurückzuwerfen, und daß man sich bei Tisch nicht in Nase oder Ohren zu fassen hatte.

Die feinen, unendlich komplizierten Tischmanieren sind das letzte Relikt höfischer Etikette, die bis in die Gegenwart in Benimmbüchern in unveränderter Form auftauchen. Bezeichnend, daß der Inbegriff der Tischmanieren mit Ausnahme von Gerichten wie Kartoffeln, die man nicht mit dem Messer schneiden durfte, ausschließlich an Gerichten gezeigt wurde, die als Inbegriff von Luxus galten und noch immer gelten und die man sich gemeinhin nicht leisten konnte – Hummer, Langusten, Austern, Kaviar, Krebse, Artischocken, Spargel.

Wer wußte, wie man Krebsbesteck, Hummer-, Austern- und Schneckengabel handhabte und dann noch Obst chirurgisch einwandfrei mit dem Besteck zu zerteilen wußte, hatte die Prüfung bestanden. Ideologen sprechen in diesem Zusammenhang gerne von der »restriktiven Herrschsucht der Etikette«. Sie spiele mit uns ihr Reglementierungsspiel, ohne daß wir es merken, heißt es. Das aber beantwortet noch nicht die Frage, warum uns die Angst, beim Essen etwas falsch zu machen, so sehr in den Knochen sitzt. Der Eß-Fauxpas ist uns deswegen so peinlich, weil das Essen die natürlichste, lebenserhaltendste Sache überhaupt ist. Und daß sie so natürlich ist, wollen wir durch zivilisiertes, unendlich verfeinertes Benehmen verbergen.

Vergleichen wir die vermeintlichen Nagelproben des gesitteten Eßverhaltens – den Hummer, die Languste – damit, was Tag für Tag in mitteleuropäische Kehlen wandert, erscheint es müßig und lächerlich, sich über Rituale des feinen Essens den Kopf zu zerbrechen.

Unsere heutige Palette an von der Hand-in-den-Mund-Gerichten ist vielfältiger denn je: Erdnüsse, Popcorn, Kartoffelchips, Hot Dog, Döner Kebab, Pommes mit Mayonnaise, Cheeseburger, Hamburger, gefüllte Baguettes, Sandwiches aller Arten, Eiscreme usw.

Wozu muß jemand, der sich den ganzen Tag über von Snacks, Fast und Junk Food ernährt, wissen, wie Langusten gegessen werden? Auch Mahlzeiten, wie sie früher einmal waren, finden heute so gut wie nicht mehr statt. Eine Mahlzeit, das war etwas, das dreimal am Tag zu einer geregelten Zeit an einem Tisch eingenommen wurde. Da brauchte man ordentliche, bodenständige Manieren. Man mußte wissen, daß Suppe nicht getrunken wurde, und wenn es fein herging, schnitt man die Kartoffel nicht mit dem Messer. Im Fast Food-Restaurant wird solches Wissen auch nicht verlangt.

Was aber, wenn Sie einmal keine Lust auf Döner haben und richtig schön essen gehen wollen?

Schwierige Speisen

Chirurgenbesteck auf dem Tisch

Sie haben also doch Hummerschwänze bestellt, obwohl Sie nicht wissen, wie man damit umgeht. Wissen Sie denn nicht, daß sich die Fälle von Vergiftungen durch Meeresfrüchte mehren und daß es manche Leute angeberisch und vulgär finden, Gerichte mit protzigem Luxusimage zu bestellen? Überdies, welches wirklich gute Restaurant setzt solche Angebergerichte auf seine Speisekarten? Man kocht doch heute zurückhaltend und besinnt sich wieder auf Ursprüngliches, schreiben zumindest Gourmetmagazine.

Sie aber wissen immer noch nicht, was Sie mit Ihrem Hummer tun sollen. Und leider sitzt an Ihrem Tisch keine Gräfin, für die die feine Tischmanier zur Kinderstube gehört. Um Sie herum einfache Leute wie du und ich. Da drüben sitzt einer, der es trotzdem kann. Kiebitzen Sie. Sie können auch den Weltoffenen spielen und freimütig zugeben, daß Sie noch nie Hummer gegessen haben, aber gerne einmal wissen möchten, wie so etwas schmeckt, wo es doch so teuer ist. Wenn Sie dabei souverän wirken und nicht wie ein armes Lämmchen herumstochern, wahren Sie Ihre Würde, und niemand wird es wagen, Sie bloßzustellen.

Stichprobenartige Meinungsumfragen zu diesem

Thema ergaben eine deutliche Mehrheit dafür, seine Unkenntnis zuzugeben und einfach den Kellner zu fragen, wie man denn mit diesen Gerätschaften umginge. Schließlich sind die feinen Tischmanieren nicht die Kernfragen des guten Benehmens. Ein bißchen Respekt und Höflichkeit gegenüber anderen sind viel mehr wert als die perfekte Beherrschung des Langustenessens. Außerdem beschäftigen uns heute weitaus profanere Fragen der Eßkultur:

Das Naschen von fremden Tellern

Darunter versteht man, eine von einer Lobby immerhungriger Eßkleptomanen salonfähig gemachte Unart. Sie ist bereits gang und gäbe und wird meist mit den freundlichen Worten »Mhm, sieht das gut aus? Was ist das? Ach. Hühnerbrüstchen mit Mandelsplittern! Darf ich kosten?« eingeleitet.

Welche psychologischen Gründe können für dieses abnorme Verhalten verantwortlich gemacht werden?

Einen möglichen, wenngleich nicht sehr wahrscheinlichen Grund führt der slowenische Philosoph Slavoj Zizek in seinem Buch ›Grimassen des Realen‹ an. Er berichtet über seinen Ekel gegen das Teilen von Hauptgerichten, wie es in »chinesischen Restaurants« üblich ist. Als er vor kurzem einmal dieser Abneigung Ausdruck verlieh und darauf bestand, seinen Teller allein zu leeren, wurde er von seinem Tischnachbarn »zum Opfer einer ironischen ›wilden Psychoanalyse‹ gemacht: Sei denn dieser Widerwille, eine Mahlzeit zu teilen, nicht eine symbolische Form der Angst, einen Partner zu teilen, d. h. der Angst vor sexueller Promiskuität?« Die erste Antwort, die ihm einfiel, lautete, nicht sexuelle Promiskuität sei schrecklich, sondern das Teilen einer chinesischen Mahlzeit.

Sollten Sie Opfer eines Eßkleptomanen werden, schieben Sie ihm den Teller mit den Worten »Das ist für dich. Du kannst es gerne fertig essen.« über den Tisch. Sollte er Ihr Angebot annehmen und sich noch zusätzlich das Recht erwerben, von den Kalbsmedaillons und der Seezunge der anderen zu kosten, wissen Sie, daß Ihre Methode erfolglos war. Es bleibt Ihnen nur noch, ein Klagelied anzustimmen:

Jaja, wir kehren wieder zurück zur guten alten Zeit, als alle um den Suppentopf herumsaßen und mit hölzernen Löffeln aus dem gemeinsamen Topf schöpften. Ein anderer moderner Brauch wurde damals ausgiebig gepflogen: das Essen mit den Fingern. Die feinen Leute aßen immer schon Artischockenblätter, Spargel, Kirschen, Kekse, Brot und Canapés mit der Hand. (Bei besonderen Gelegenheiten, in Bierzelten, beim Picknick erlaubt es die strenge Etikette, auch Huhn und Pizza aus der Hand zu essen.)

Ist es in Ordnung, zu jeder Speise Ketchup zu verwenden, wie das viele Leute tun?

Wenn Sie Ketchup-Würstchen ebenso gerne essen wie Ketchup-Pommes frites oder Ketchup-Hühnchen und Ketchup-Scholle, nehmen Sie so viel Ketchup, wie Sie wollen. Aber kommen Sie niemals auf die Idee, anderen Leuten Ihre seltsamen Eßmanieren einreden zu wollen. Und wagen Sie es auch nicht, mit dem Argument, Ketchup ist gesund, Ketchup kommt von Gemüse, für Ihre Geschmacksverwirrung werben zu wollen. Sie sind ein Einzelgänger unter vielen. Ihnen ist egal, was sie essen: Hauptsache, Ihr Gebiß hat etwas zu mahlen. Darauf kam es den Höhlenbewohnern auch an.

Japanisch essen zu gehen, ist sehr in Mode gekommen. Was mache ich, wenn ich die Stäbchentechnik nicht beherrsche?

Nichts. Lassen Sie sich nicht durch die Japanophilie Ihrer Tischgenossen beeindrucken. An der Wan-Tun-Suppe scheitert auch der geübteste Stäbchenesser.

In jedem japanischen Restaurant außerhalb Japans ist man auf Kundschaft, die der Stäbchentechnik unkundig ist, eingestellt. Außer vielleicht bei den drei vornehmsten Japanern Europas wird man Ihnen Messer und Gabel bringen, wenn Sie es verlangen.

Aber verlangen Sie kein Besteck zu Sushi! Die Kellnerin wird die Nase rümpfen und Ihnen erklären, Sushi dürfe man mit Fingern essen. Dann essen Sie eben Sushi mit den Fingern.

Tadel gebührt den japanophilen Tischgenossen, die Nichtbeherrscher der Stäbchentechnik durch Heiterkeitsausbrüche und ungnädige »Mein-Gott-wie-bist-du-ungebildet«-Blicke zu demütigen versuchen. Lehnen Sie Angebote für Einführungskurse in die Stäbchentechnik – »Du mußt es so machen wie ich. Probier's zu Hause mit Soletti!« – unbedingt ab. Das haben Sie nicht nötig.

Wie trinkt man Dosengetränke richtig?

Ist ein Glas vorhanden, nach Möglichkeit verwenden.

Wenn nicht, öffnen Sie die Dose möglichst so, daß anderen Leuten Cola-Spritzer ins Gesicht und auf die Kleidung erspart bleiben. Dann trinken Sie. Ein Strohhalm schützt Damen vor Lippenstiftverschmierungen. Nach Gebrauch sind die Dosen nach den Prinzipien der Mülltrennung zu entsorgen. Man klemmt zusammengedrückte Dosen nicht in Aschenbecher, stopft sie auch nicht in kleine Zugabfalleimer, läßt sie unter Bänke rollen oder spielt damit Dosen-Fußball. Sondern man geht die paar Kilometer bis zur nächsten Alumülltonne.

Wie esse ich Obst?

Sie spielen darauf an, wie man unter feinen Leuten Obst zum Dessert ißt. Also: »Von Orangen löst man die Schale, indem man mit dem Messer mehrere Längsschnitte anbringt und die Schale auseinanderbreitet, bis die Frucht in dem geöffneten Schalenkranz liegt. Dann entnimmt man die mit Messerhilfe von ihrer weißen Haut befreite Frucht, bricht sie auseinander und verspeist sie ebenfalls mit Messer und Gabel, wobei Kerne vorher durch einen kleinen Schnitt entfernt wurden.« Wollen Sie noch mehr Obst-Zerteil-Regeln hören? Pfirsiche zum Beispiel »werden durch kerntiefe Schnitte geteilt«, und bei Äpfeln und Birnen verhält es sich wiederum ganz anders.

Diese Dinge brauchen Sie nicht zu wissen. In welchem Restaurant kommt heute noch Obst in Rohform als Nachspeise auf den Tisch? Gegenüber Mousse au Chocolat, Tiramisu und Sorbets scheint es wie ein Armeleute-Nachtisch zu wirken.

Wer einmal in einem durchschnittlichen Urlaubshotel an der griechischen Küste einen Massennachtisch mit Selbstbedienung und reichlich Obst aus Früchtekörben erlebt hat, weiß, wie chancenlos Obstmesser und Obstgabel gegen die Finger sind.

Was wünscht man einander, wenn das Essen auf den Tisch kommt?

Mahlzeit!

Falsch. Stellte der »Arbeitskreis Umgangsformen« des Internationalen Tanzlehrerkongresses fest. Das vor allem im süddeutschen Raum gebräuchliche »Mahlzeit« sei eine unschöne Angewohnheit und »kein offizieller Gruß«. Als herzhaften Gruß zur Mittagszeit empfehlen die Tanzlehrer »Guten Appetit«.

Wir wollen uns aber unser rustikales »Mahlzeit« nicht vergällen lassen. Es klingt so rund und steht vor allem beleibteren Personen besonders gut. Allein schon aus Protest gegen das schneidige »Guten Appetit« können aber auch alle Mageren nach wie vor »Mahlzeit« sagen.

Wie stößt man formvollendet an?

Wir machen es im allgemeinen so, daß wir das Glas heben, anstoßen und trinken. Die Hohe Schule des Benimms erlaubt dieses Verfahren nur für »Bier-, Wein- und Sektgläser«, da andere Gläser »kaum zum Klingen zu bringen sind«. In der Praxis stößt manchmal auch Cola gerne mit Chablis an.

Besonders wichtig beim Anstoßen ist nicht etwa der Inhalt des Glases, sondern die Körperhaltung! Beim Zutrinken, wir zitieren wiederum aus den Satzungen der Hohen Schule, »hebt der Herr das Glas bis in Brusthöhe und verneigt sich leicht grüßend zu den anderen. Diese neigen nur leicht den Kopf, ohne das Glas noch einmal anzuhalten.« Anschließend führen Sie das Glas in einem Winkel von 46 Grad zum Mund und leeren es in einem von harmonischem, aber nicht forschem Schlucktempo bestimmten Zug. Wer all das auch nach dem fünften Glas noch kann, darf anschließend auf dem Tisch tanzen.

Hilfe, das Essen schmeckt nicht gut!

Der eindeutige Fall: Sie bekommen eine vergammelte Pizza serviert oder Königsberger Klopse, die so kalt sind wie Grönland Klopse – Sie haben berechtigten Grund zur Beschwerde. Rufen Sie die Bedienung und bringen Sie Ihre Beschwerde vor. Aber schnauzen Sie die Kellnerin nicht an, sie kann nämlich nichts für die Qualität des Essens. (Nur wenn sie patzig wird und behauptet, Ihre vergammelte Pizza *gehöre so*, verschärfen Sie Ihren Ton.)

Der Streitfall: Es muß Ihnen klar sein, daß Sie in durchschnittlichen Cafés oder Kneipen nicht hervorragendes, sondern durchschnittliches Essen erwarten können.

Selbstverständlich werden Sie sich auch hier beschweren, wenn Sie Ungenießbares vorgesetzt bekommen. Aber einen Topfenstrudel dreimal zurückgehen zu lassen, nur weil sie ihn nicht so toll finden wie Ihren eigenen, geht doch ein bißchen zu weit.

Der exklusive Fall: In richtig guten und richtig teuren Speiserestaurants kann man sich auch durchaus über vermeintliche Kleinigkeiten beschweren. Wenn etwas mit »zarter Sauce von rosa Pfeffer« angepriesen wurde und nicht so auf den Tisch kommt, zurück in die Küche damit. Sie haben keinen Grund, sich deswegen kleinlich vorzukommen. Schließlich lädt Sie der Wirt nicht ein, wenn es Ihnen nicht geschmeckt hat.

Die Nervensäge: Sie muß über das Essen meckern. Und zwar immer und überall. Sollte Ihnen eines Tages der Geduldsfaden reißen, dürfen Sie die Nervensäge mit

Die Tischsitten der Könige

Wenn der österreichische Kaiser Franz Joseph I. dinierte, herrschte absolutes Schweigegebot. Dem Kaiser wurde als erstem serviert, andererseits durfte nicht weitergegessen werden, wenn er das Besteck beiseitelegte. Das schrieb das Zeremoniell vor. Ganz anders ging es auf Schloß Neuschwanstein des bayrischen Königs Ludwig II. zu. Er haßte Hoftafeln und ließ die Tische überborden von Blumenarrangements, auf daß er seine Gäste nicht zu Gesicht bekäme. Dazu wurde so laut Musik gespielt, daß jedes Tischgespräch unmöglich war.

ebenso strengen Maßstäben messen, wie sie beim Essen anlegt. »Warum schicken wir dich eigentlich nicht einmal zurück? Haha? Zu dir nach Hause! Da kannst Du nämlich essen, was du willst.«

Zu zweit im Restaurant

Wer betritt das Lokal zuerst?

Der Mann natürlich, war es doch seine »Mission, sich zu vergewissern, daß dieses Lokal wirklich das richtige für sie ist und ob er ihr diese Gesellschaft zumuten kann«. Und ob keine wilden Tiere unter den Tischen lauerten.

Begehen Sie nicht den Fehler, diese Regel als Schnee von gestern zu verdammen! So manche moderne Frau würde es Ihnen äußerst übel nehmen. Aber dieses Ritual ist Tändelei, ein hübsches Accessoire zu einem richtigen Abendessen zu zweit. Tändeleien haben schließlich immer auch erotische Komponenten.

Im Alltag, wenn Sie mit Freunden in die Kneipe gehen oder mit Arbeitskollegen Mittag essen, denkt niemand daran, daß es einst solche Regeln gab. Normalerweise geht zuerst hinein, wer zuerst da ist. Außer Sie haben es mit ausgesprochenen Gentlemen zu tun.

Wer sucht den Tisch aus?

Wenn Sie mit der Frau Ihres Herzens essen gehen, werden Sie wohl die Energie aufbringen, einen Tisch zu reservieren. Der Ober führt Sie dorthin. Wenn Sie es genau nach Etikette-Reglement machen wollen, gehen Sie zuerst ins Lokal, setzen sich aber nicht als erster nieder, sondern warten, bis die Dame Platz genommen hat. Wer hereinstürmt, zum Platz eilt und sofort für sich einen Aperitif bestellt, muß zumindest mit einer irritierten Reaktion des weiblichen Gegenübers rechnen. Es kann aber auch sein, daß Sie sich giftig über Ihre schlechten Manieren äußert. Sind Sie wiederum mit Ihrem Kollegen unterwegs, wird der Tisch zumeist durch demokratischen Beschluß ausgewählt. Früher durfte die Dame auch nicht sagen »Willst du lieber da? Oder lieber weiter hinten?« Sie hätte den Herrn »in Verlegenheit« gebracht. Heute kommt es gelegentlich zu Verstimmungen, weil die Damen mit ihrem angestammten Vorrecht auf Bequemlichkeit gerne die Plätze mit dem Gesicht zum Lokal (angeblich diejenigen, die jeder am liebsten auswählt, weil man dort gesehen wird und sehen kann) für sich beanspruchen. Heute setzen sich die Herren, wann und wie sie wollen, früher »vergewisserte sich der Herr, daß seine Begleiterin bequem sitzt«. Erst dann durfte er selber Platz nehmen.

Einzelne zeitgemäße Usancen richten sich nach der Art des Lokals und danach, wie die Beteiligten zueinander stehen:

- Kaffeehaus und »normales« Ausgehen in die Kneipe usw.: üblicherweise bestellt jeder für sich allein (die alltägliche Variante.)
  Sonderfall: erotische Interessen sind im Spiel. Dann fragt er gerne »nimmst du lieber Vanilletee oder Pfirsich? Willst du einen Marillenkuchen dazu?«
- Luxus-Ausgehen: bei sich anbahnenden erotischen Tändeleien geben sich die Herren gerne sehr be-

Historische Vignette:

Früher gingen die Herren nicht mit Frauen, sondern mit Marionetten aus. Der Herr hielt »die Speisekarte in der rechten Hand« und schlug der Dame verschiedene Gerichte vor. Sie war »mit seinen Vorschlägen einverstanden«, und er übermittelte dem Ober die Bestellung. Gegen Ende der zwanziger Jahre nach Einführung der allgemeinen Schulpflicht hatten manche Damen das Lesen und Schreiben erlernt, und es war ihnen erlaubt, sich in die Speisekarte zu vertiefen. Aber das Wort hatten sie nur an ihren Tischherren zu richten. Was muß Ausgehen damals für ein Vergnügen gewesen sein für die Damen! »Kellner sprechen lieber von Mann zu Mann«, wußte ein zeitgenössischer Benimmführer. Die Dame durfte den Kellner nicht einmal um das Salz bitten, geschweige denn ihm sagen, daß sie Durst hat und jetzt ganz schnell ein Glas Rotwein braucht. »Auch wenn der Durst der Dame noch so groß ist, sie selber schenkt sich nicht nach«, lautete die Maxime. In den fünfziger Jahren durfte die Dame dann nicht nur schon selber die Speisekarte lesen, nein, sie bekam sie auch noch als erste gereicht. Die Weinkarte und die Auswahl der Getränke waren dem Herrn vorbehalten. Dies wird auch heute noch häufig so gehandhabt. Die Männer trinken einfach mehr.

müht, erkundigen sich genau, was der Gegenstand des erotischen Interesses zu essen wünscht, unterbreiten phantasievolle Vorschläge für Aperitif und

Vorspeise und sind der Charme in Person. In solchen Fällen bestellt zumeist er. Das macht sich auch gut! Es wirkt entschlossen und ein wenig chevaleresk.
Sonderfall: Die Liaison ist perfekt oder nähert sich schrittweise der Situation »Ehepaar« an. Zumeist wird gefragt, was nimmst denn du?, weißt du, was Kalbsnüßchen ist? Ist jetzt die richtige Zeit für Wild? Bestellst du Wein? Routinierter Ablauf garantiert.

Wie verhalte ich mich, wenn ich mit einem Mann aus bin, der schneller trinkt als ich und sich andauernd aus der Weinflasche nachschenkt?

Lassen Sie sich das nicht gefallen: wenn sich jemand so benimmt, signalisiert er, daß ihm Geschmacks- und Stilfragen egal sind. Und Sie sind es ihm wahrscheinlich auch.

Sie brauchen sich kein Blatt vor den Mund zu nehmen: Sagen Sie ihm auf den Kopf zu, daß er nur versucht, mehr aus der gemeinsamen Flasche abzubekommen als Sie, aber zu geizig ist, eine neue zu bestellen. Nehmen Sie die Sache selbst in die Hand: Schenken Sie sich selber nach. Sie haben einiges aufzuholen.

Wer bezahlt die Rechnung?

Der ideale Abend, betrachtet aus der Sicht des idealen Herrn, der die Dame seines Herzens ausführt:
Taxi 15 DM
Theater 100 DM
Abendessen 225 DM

Diverse Kleinigkeiten: Theaterprogramme, Sekt in der Pause, Blumen zur Begrüßung, Zigaretten 40 DM
Champagner in der Bar 80 DM
Taxi nach Hause (inklusive Standzeit vor Ihrer Haustür) 20 DM
Insgesamt 480 DM

So viel also würde den idealen Herrn der ideale Abend kosten. Er ist Kavalier, deshalb lädt er ein. Selbstverständlich, ohne Gegenleistungen von der Dame zu verlangen. Die Damen haben ein Recht darauf, verwöhnt zu werden, sie müssen das Ersparte in vorzeigbare Ausgehgarderobe investieren. Die Männer erwarten das, auch wenn sie es nicht zugeben.

Ideale Herren ohne Verbindlichkeitsansprüche gibt es nicht. Und wäre nicht einer, der monatelang allabendlich ein paar hundert Mark für ein nettes Lächeln ausgibt, ein Idiot? Wer also bezahlt die Rechnung?

In den Hoch-Zeiten des Feminismus war es undenkbar, sich von einem Mann einladen zu lassen. Man hätte in der Frauengruppe das Gesicht verloren. Wenn es geschah, mußte es so heimlich sein wie das Verwenden von Lippenstift oder das Tragen von Stöckelschuhen. Heute dürfen die Männer die Frauen wieder einladen, ohne sich wie Knechte des Patriarchats vorzukommen. Aus einer Einladung zum Essen kann ein erotisches Ränkespiel werden oder einfach ein netter Abend ohne romantische Verstrickung. Aber das früher übliche natürliche Recht auf Einladung haben die Frauen verwirkt. Und das ist gut so. Es war nämlich tatsächlich Gängelei. Heute kann man selber entscheiden, von welchem Mann man sich einladen läßt und von welchem nicht.

Ist es peinlich, wenn die Frau die Rechnung bezahlt?

Früher war es »gesellschaftlich unmöglich«, daß sie im Beisein des Herrn selbst bezahlte. Sie konnte dem Herrn zwar nachher Ihren Anteil zurückgeben, aber bloß nicht vor dem Kellner.

- Im Café oder in der Kneipe ist es üblich, daß jeder für sich selbst zahlt. Haben Sie übrigens schon einmal bemerkt, wie erfreut unerwartete Einladungen – auf ein Bier oder einen Kaffee – zur Kenntnis genommen werden? Damit lassen sich Beliebtheitspluspunkte bei Kollegen, bei der Freundin, die man lange nicht gesehen hat, sammeln.
- Beim Essengehen zu zweit bezahlt selbstverständlich auch nicht immer der Mann. Aus praktischen Gründen empfiehlt es sich, daß zuerst einer die gesamte Rechnung bezahlt und der andere dann die Differenz zurückerstattet. So erspart man sich schwierige Operationen mit Kreditkarten. Unselbständig wirkt es, wenn die Dame dem Herrn ihre Geldbörse zuschiebt.

Aber auch die umgekehrte Variante, worüber unsere Großmütter in Ohnmacht gesunken wären, nämlich, daß die Dame den Herrn einlädt, ist heutzutage normal. Bei Geschäftsessen ist dies ohnehin eine Selbstverständlichkeit, da zahlt der, der mit dem anderen ins Geschäft kommen will.

Wie läßt man dem Kellner das Trinkgeld zukommen, wenn die Restaurantrechnung mit Kreditkarte bezahlt wird?

Das Lokal setzt die Zeichen, es zeigt, wie die Sache gehandhabt wird:

- Wenn im Kreditkartenbon noch keine Summe eingetragen ist, bedeutet es, daß erwartet wird, das Trinkgeld dazuzuschreiben.
- Ist die genaue Summe eingetragen, sind Sie höflich eingeladen, das Trinkgeld bar auf den Teller dazuzulegen.
- In manchen Selbstbedienungsrestaurants, wo man an der Kasse zahlt, sind für das Trinkgeld eigene Schälchen bei der Kasse aufgestellt.

Ich will zahlen, aber der Kellner kommt nicht…

Sie haben alles probiert: die mehrmalige höfliche Aufforderung, rufen, winken, und es hat nichts geholfen. Die sicherste Methode ist immer noch, aufzustehen und sich in aller Ruhe den Mantel anzuziehen. Sie können sicher sein, in fünf Sekunden ist der Kellner bei Ihnen.

Die immer wieder kolportierten Regeln – wenn der Kellner nach dreimaliger Aufforderung nicht gekommen ist, darf man gehen, ohne zu zahlen, wenn man eine halbe Stunde vergeblich auf ihn gewartet hat, ebenso – sind Wunschträume. So schnell wie der Kellner Ihnen nachspurtet, haben Sie ihn an diesem Abend noch nicht laufen sehen. Ein Kellner, der zu lange auf sich warten läßt, was arrogant und unhöflich ist, hat das Recht auf Trinkgeld verwirkt.

Wie verhält sich eine Frau allein in einem Lokal?

Sie betritt den Raum, läßt sich vom Kellner einen Tisch zuweisen, ärgert sich, wenn möglich, nicht über beiläufige, musternde Blicke, nimmt die Karte in die Hand. Bestellt. Ißt.

Schon 1933 erkannte ein deutscher Benimmführer, daß die Zeiten, wo »die junge Dame ein Gasthaus, und wenn es das vornehmste war, ja selbst eine Konditorei nur in Begleitung betreten« durfte, vorbei ist. Es fragt sich nur, warum noch kein Lokal die klaffende Marktlücke erkannt hat und um die allein ausgehende Frau als Kundin wirbt: »Bei uns bekommen die Damen keinen Katzentisch!«

Wie man ein Lokal verläßt, ohne seine Trinkkumpane zu beleidigen

Sie kennen das! Eine gemütliche Runde trifft sich im »Schwanenhals«. Die Sperrstunde naht, ein letzter Lokalwechsel wird in Angriff genommen. Schon springt einer auf und grapscht hastig nach seinem Mantel. Zwei andere ihm nach, zurück bleiben Sie mit einem halbvollen Glas. Sie, die Trinkschnecke.

Sie sind Opfer einer der verbreitetsten Unhöflichkeiten unserer Tage geworden. Sie ist ein mäandrischer Ausläufer des Prinzips Egoismus, das die Welt regiert. Es gehört sich nicht, vom Tisch aufzustehen, sobald das eigene Maß Bier leer und der eigene Wodka hinuntergestürzt sind. Wer sich in Gesellschaft befindet, hat zu warten, bis alle anderen ausgetrunken haben. Dann erst darf man aufstehen und das Lokal verlassen.

Eine ernste Warnung vor einer weiteren Ausgehsünde, die zumeist von Männern begangen wird. Wiederum hastiger Aufbruch im Lokal, Sakko oder Mantel vom Haken genommen und weg, ohne abzuwarten, ob da vielleicht noch jemand – zumeist eine Frau – mit dem Gürten der Kostümjacke beschäftigt ist, oder sich gerade die Handschuhe anzieht, nicht um wie die Queen auszusehen, sondern weil es draußen −20 Grad hat. Wer zuerst aufsteht, wartet bis alle anderen abmarschbereit sind. Bei Schulwandertagen ist es ja schließlich auch so.

Tanz

Ballkleidung ist ein Schreckgespenst der Mode. Muß man immer noch die Ungetüme aus Tüll und Spitze tragen, oder haben sich die Regeln schon gelockert?

Formal bedeutet zwar die Anmerkung Ballkleidung oder ähnliches auf einer Einladungskarte den ganzen festlichen Pomp, in dem jede Frau aussieht wie ihre eigene Großmutter. Aber die Usancen haben sich, vor allem bei der Frauenmode, sehr gelockert. Sogar auf dem Wiener Opernball wurden schon kurze Kleider, ja sogar Stretchminis (auch nicht unbedingt der Inbegriff des guten Geschmacks) gesehen. Daneben gibt es auf solch traditionellen Bällen immer noch die sogenannte »große Robe«, auch Altjungfernrüsche genannt. Für den »Techno-Ball«, den »Ball der Friseure Europas« oder einen anderen Modeball kann man seine Kleidung getrost nach modischen Prinzipien auswählen.

Bei den Herren dominieren immer noch die alten Kleidungsvorschriften: in Anzug und Krawatte ist man für den Opernball underdressed und wird womöglich gar nicht eingelassen. Für den modischen Ball ist man im Anzug und nicht in Jeans am besten angezogen.

HISTORISCHE VIGNETTE:

Das gefürchtetste Möbelstück der Tanzschule war nicht der wandhohe Spiegel, an dem sich die »Damen« und »Herren« zur Kontrolle von Frisur, Kleidung und Haltung vorbeizubewegen hatten. Das angsteinflößendste Möbel war die Mauerblümchenbank. Sie war die Streckbank, auf der die »Damen«, für die sich keine »Herren« gefunden hatten, Platz nahmen. In der Tanzschule klingt das Sätzchen »Darf ich bitten?« wie eine Zauberformel. Glücklicherweise brauchte man in der Dorfdisco keinen Froschkönig, der einen vom Barhokker wegküßte. Spätestens ab da galt das Ritual der Aufforderung zum Tanz als leere Hülle, als Ritus aus dem vorigen Jahrhundert, an den niemand mehr glaubt, außer der Firma Biedermann & Söhne.

Traditionelle und moderne Bedeutung des Tanzes

Bälle waren früher Heiratsbörsen. Dementsprechend übernahm der Tanz die Kupplerrolle. Auf Bällen trafen sich immer die *richtigen* Leute, sie gehörten derselben Schicht oder demselben Berufsstand an. Davon zeugen heute noch der Ball der Fleischermeistersöhne und -töchter, der Jägerball, der Ball der Gemeindebediensteten oder der Ball der Industrie. Von der Dame wurde erwartet, daß sie grundsätzlich mit jedem tanzen mußte, der sie um einen Tanz bat. Es sei denn, sie hatte triftige Entschuldigungsgründe vorzuweisen. Scarlett O'Hara wies in ›Vom Winde verweht‹ die Frage »Darf ich um diesen Tanz bitten?« ständig mit der Bemerkung zurück »Bedauere, er ist bereits versprochen«. Sie hatte sogar eine Tanzliste, in der sie die vergebenen Tänze eintrug. (Aber eigentlich wollte sie nur mit Ashley tanzen.)

Besonders begehrt waren der erste und der letzte Tanz sowie der vor dem Essen, denn er entschied, an wessen Seite man das Abendessen zu verbringen hatte.

Wie profan hingegen nehmen sich die modernen Tanzsitten aus: Sie gelten ohnehin nur für Paare, die gemeinsam einen Ball besuchen, da die alte Bedeutung des Tanzes als Kuppler ausgestorben ist. Der Herr wird also gebeten, mit der Dame zu tanzen, wenn sie es wünscht. Eigenartig, wie viel mehr Männer Tanzmuffel sind als Frauen. Wenn Sie mit Ihrer Frau tanzen, treten Sie ihr bitte nicht auf die Füße und versuchen sie gemeinsam, den Tanz ansehnlich und so über die Bühne zu bringen, daß es Ihnen auch Spaß macht. Warum ist noch keine Tanzschule auf die Idee gekommen, ihr Image radikal zu modernisieren? Warum bietet niemand Tanzkurse für moderne Menschen an, warum immer nur für Senioren, für Junggebliebene oder die gute alte Perfektion für die Fünfzehnjährigen? So kommt es, daß es heute mindestens ebenso viele schlechte Tänzer gibt wie Tänzerinnen. Niemand, außer Frau Tobischs Opernball-Eröffnungszöglingen, beherrscht den Linkswalzer. Wer kann noch Tango tanzen oder einen richtigen Rock 'n' Roll? Dabei ist doch Tanzen etwas Herrliches! Und die angenehmste Art und Weise, Sport zu treiben.

Ist es unhöflich, wenn ich auf einer privaten Party nur mit meiner Freundin tanze?

Es wäre nett von Ihnen, wenn Sie bei privaten Bällen und Einladungen auch an die denken, die ohne ihren Verlobten da sind. Warum sollen sie den ganzen Abend in einer Ecke sitzen, nur weil Sie es nicht der Mühe wert finden, sie aufzufordern? Wußten Sie eigentlich, daß es früher die Regel der Höflichkeit gebot, mit jeder der anwesenden Damen einmal zu tanzen? Da wären Sie ganz schön ins Schwitzen gekommen. Bedenken Sie außerdem: Es wirkt ein bißchen so, als stünden Sie unterm Pantoffel, wenn Sie immer nur mit Ihrer Verlobten Ihre Runden drehen. Aber nach den Tänzen mit den fremden Damen haben Sie sich schon wieder Ihrer Verlobten zuzuwenden. So wörtlich sollen Sie die alte Bedeutung des Tanzes als »charmanter Kuppler zwischen den Menschen«, wie die Hofmeister und Tanzlehrer früher sagten, auch nicht nehmen.

Was ist beim Tanzen in der Disco oder beim Clubbing zu beachten?

Das Wichtigste: Führen Sie sich nicht auf wie ein wilder Stier. Lassen Sie Ihren Mittänzern auch ein wenig Platz und drängen Sie sie nicht von der Tanzfläche, auf der immer zu wenig Platz ist. Ansonsten gehört die inszenierte Ekstase zum guten Ton. Wer wie ein Stück Holz auf der Tanzfläche in der Disco herumsteht, wirkt äußerst fehl am Platz. Die zum jeweiligen Clubbing ausgegebenen Stylingvorschriften – Sixties, Seventies, Hip Hop, Techno, Ambient usw. – sind natürlich unbedingt zu beachten! Englische Lifestylemagazine geben in Veranstaltungskolumnen praktischerweise wertvolle Kleidungstips.

»Herzlichen Glückwunsch! Dies ist ein Gutschein für ein Abendessen mit mir.«

Die Zeremonien des Alltagslebens

Geburtstage und andere Anlässe

Das Geschenk

Männer, besagt ein gängiges Vorurteil, sind Geschenkemuffel. Sie vergessen Geburtstage viel öfter als Frauen, verabscheuen traditionelle Anlässe wie Weihnachten und kommen nur selten auf die Idee, »ein Geschenk ohne Anlaß« zu schenken. Dabei kann gerade das spontane Geschenk, und wenn es noch so klein ist, Herzen erobern und Wogen glätten.

Was eignet sich als Geschenk?

Klassische Geschenke: Pralinen, Blumen, Kugelschreiber, Krawatten, Bücher, Schallplatten.
Grassierender Originalitätswahn hat den Ruf der Geschenk-Klassiker ruiniert. Sie gelten als einfallslose und unwitzige Standardmitbringsel. Im beliebt gewordenen Wettkampf um das originellste Geschenk müssen sich Leute, die einen »Klassiker« verschenken, Dinge anhören wie »Was? Du schenkst Blumen? Das hat ja Krawattenniveau!«

Diese Form der Geschenkkritik ist unüberlegt und ungerecht und daher auf das Schärfste zurückzuweisen!

Sie beurteilt nur die Oberfläche der Dinge – »Ah, du hast Kunstdünger zum Geburtstag bekommen. Wie ungewöhnlich!« – dringt aber nicht zum Wesen des Geschenks vor. Und dieses besteht nun einmal im ganz persönlichen Charakter des Geschenks. Die Klassiker sind wahrscheinlich deswegen verpönt, weil sie mehr Sorgfalt und Einfühlungsvermögen erfordern als ein beliebiges, untypisches Geschenk. Wie leicht ist es doch, Kunstdünger zu schenken und auch noch originell sein zu wollen, wie schwierig hingegen, aus einem als Allerweltsgeschenk verpönten Klassiker ein ganz persönliches Präsent zu machen.

Ein Buch, sorgfältig aus den hunderttausenden Neuerscheinungen, die Jahr für Jahr auf den Markt kommen, ausgewählt oder nach langer Mühsal im Antiquariat aufgestöbert, kann das wunderbarste Geschenk der Welt sein.

Wenn es zum Beispiel

- einen einmal beiläufig hingesagten Wunsch erfüllt (»Ich finde ›Rote Ernte‹ so großartig, daß ich am liebsten alle Bücher besitzen möchte, die Dashiell Hammett jemals geschrieben hat!«),
- eine nett gemeinte Anspielung ist. Ein Buch eines irischen Autors mit grünem Umschlag (wie ›In-Schwimmen-zwei-Vögel‹ von Flann O'Brien zum Beispiel) und ein grünes Stirnband für die Freundin, die nach Irland (auf die grüne Insel) fährt.

Das Taschenbuch eignet sich im allgemeinen weniger gut als Geschenkbuch – es sei denn natürlich, es handelt sich um ein ganz bestimmtes, lange gewünschtes Buch – es wirkt mehr wie ein beiläufiges Mitbringsel und nicht wie ein richtiges Geschenk.

Die wahre Herausforderung besteht darin, einen verpönten Geschenk-Klassiker in ein persönliches Geschenk zu verwandeln. Wenn Sie einem notorischen Schlüsselverlierer einen ganz normalen, aber sorgfältig gewählten Schlüsselanhänger schenken, einem Mann, der sich gerade den ersten Anzug seines Lebens gekauft hat, eine Krawatte, der Bekannten, die für ein halbes Jahr nach Amerika fährt, einen Strauß Vergißmeinnicht, kann Sie niemand einen Geschenkbanausen schimpfen. Denn Ihr Geschenk kommt von Herzen und nicht von Originalitätswahn, der weniger auf den Beschenkten als auf das Renomée des Schenkers Bedacht nimmt.

Zum schlechten Ruf der Geschenk-Klassiker haben freilich auch jene lieblosen Pflichtpräsente beigetragen, die für Personen bestimmt sind, die einem nicht besonders nahe stehen, die man vielleicht gar nicht mag, denen man aber aus sozialen Gründen ein Geschenk mitbringen muß. Diese unambitionierten Präsente sind eigentlich nicht Geschenke zu nennen, sie sind Pflichtübungen aus gesellschaftlicher Vernunft.

Praktische Beispiele

Einladung beim Chef oder bei der Chefin: Typische Mitbringsel: Flasche Cognac, Blumen, Pralinen.

Auch wer seinen Chef noch so sehr haßt, wird nicht umhinkommen, einer Einladung zu ihm nach Hause zum Abendessen zu folgen und dazu etwas mitzubringen. Alles andere würde als Affront gewertet und entsprechend geahndet.

Ein Arbeitskollege hat Geburtstag. In der Firma gibt es deshalb einen Umtrunk. Bin ich verpflichtet, ihm etwas zu schenken, obwohl ich ihn nicht leiden kann?

Nein. Sie können sich aber trotzdem ein Glas Sekt nehmen und mit ihm anstoßen. Gratulieren sollten Sie ihm, wenn möglich, schon. Wenn Sie der einzige sind, der von der Geburtstagsfeier fernbleibt, macht das in jedem Fall böses Blut.

Sie können ihm aber auch ein beziehungsvolles Geschenk, eine Totenkopfmaske etwa, schenken. Die Lacher der Kollegen sind sicher auf Ihrer Seite. Schließlich heißt es: Schadenfreude ist die größte Freude, denn sie kommt von Herzen.

In meinem Freundeskreis ist es üblich, daß Geburtstage in einer größeren Runde bei einem Essen gefeiert werden. Nächste Woche hat der Freund eines Stammitgliedes unserer Runde Geburtstag. Ich kann ihn nicht leiden, muß ich trotzdem hingehen, um sie nicht zu kränken?

Das werden Sie wohl müssen, wenn Ihnen Ihre Freundschaft am Herzen liegt. Sie können aber bei Ihrem eigenen Geburtstag die Regel durchbrechen und im kleinen Kreis feiern, mit jenen Leuten, die Sie wirklich gerne mögen. So umgehen Sie, den Freund Ihrer Kollegin einzuladen.

Was schenke ich einem guten Bekannten?
Was schenke ich meinem besten Freund?
Was schenke ich meiner Liebsten, meinem Liebsten?

In allen drei Fällen gilt die Faustregel für erfolgreiches Schenken: Je persönlicher ein Geschenk, um so größer die Freude.

Ein bißchen geistesgeschichtlicher Hintergrund gefällig? »Man soll Freund mit seinem Freunde sein und Gaben mit Gaben vergelten«, heißt es schon in der skandinavischen ›Edda‹. Der geistige Gehalt, die Seele eines Geschenks war von jeher wichtiger als sein materieller Wert. Deshalb ist ein seltenes, ein ganz persönliches Geschenk das allerschönste.

»Preisschilder neben den Gaben aufzustellen, gilt in gebildeten Kreisen als unfein. Man hat die Zahlen im Kopf, um sie gelegentlich ins Gespräch einzuflechten.

Merke: *Verschenke nichts, was du irgendwie selbst brauchen könntest.*«

Loriot: ›Der gute Ton. Das Handbuch der feinen Lebensart in Wort und Bild‹

Überlegen Sie: hat der zu beschenkende Mensch in letzter Zeit etwas erwähnt, was er besonders gerne hätte? Hat er Hobbys, Leidenschaften, Schrullen, Passionen? Was würde besonders gut zu ihm passen?

Was schenke ich einem guten Bekannten?

Wenn Ihnen gar nichts einfallen will, tut es im Notfall auch ein Geschenk-Klassiker. Greifen Sie aber lieber auf die Klassiker der gehobenen Kategorie zurück: exquisite Haushaltsgegenstände (Eierbecher von Alessi, Aschenbecher von Philippe Starck usw.). Das ist zwar auch nicht wahnsinnig originell, aber stilvoller als eine Schachtel Pralinen. Ein immer wieder bewundertes persönliches Geschenk ist das mit einem ganz persönlichen Zitat, das mit einem extra angefertigten Bild bedruckte T-Shirt. Auch Scherzartikelgeschäfte und Gimmicksläden werden als heiße Tips gehandelt. Dort findet man immer wieder netten, kleinen Unsinn wie Porzellantassen, die wie eingedrückte Plastikbecher aussehen. Solche Artikel sind nach Maßgabe der Charaktereigenschaften der zu beschenkenden Person vorsichtig auszuwählen.

Seriöseren oder nicht sehr humorvollen Leuten schenkt man statt Gimmicks doch besser einen Klassiker.

Was schenke ich meinem besten Freund?
Was schenke ich meiner Liebsten, meinem Liebsten?

Sie sollten die Frage der Geschenkauswahl nicht auf die leichte Schulter nehmen. Ein lieblos gewähltes Geschenk kann sehr kränkend sein. Wer zum Geburtstag seines Freundes kommt, ihm auf die Schulter klopft und sagt: »Ich schenk' dir eine Autofahrt von Frankfurt nach Mainz. Du darfst dir ausnahmsweise mein Auto ausleihen!«, darf sich nicht wundern, wenn dieser Freund zumindest für die Dauer der Geburtstagsfeier kein Wort mehr mit einem spricht.

Ein solches Geschenk wird als Zurückweisung interpretiert: eigentlich bedeute ich ihm gar nichts. Denn sonst würde er mir doch etwas anderes schenken! Ausnahme: Auch ein aufs erste einfallslos wirkendes Präsent kann ein richtiger Geschenkhit sein. Nämlich dann,

- wenn die Schallplatte, die eine Rarität ist und erst im 50. Laden auffindbar war, die Lieblingsnummer des Liebsten enthält,
- wenn die Maxi-CD auf eine bestimmte Situation, eine schöne gemeinsame Erinnerung anspielt,
- wenn die Kinokarten für einen Film bestimmt sind, der nur einmal in zehn Jahren in ganz Deutschland zu sehen ist und den man sich unbedingt einmal gemeinsam anschauen wollte.

Was ist von den Geschenkgutscheinen zu halten, die immer mehr in Mode kommen?

Wir sprechen nicht von Warenhausgutscheinen, sondern von persönlich angefertigten Gutscheinen »für den Besuch in einer Herrenboutique freier Wahl unter sachkundiger, kaufkräftiger Führung«, »für eine kritikfreie Woche«, »für ein Abendessen, wo immer, wann immer du willst. Einzige Bedingung: mit mir«.

Rein theoretisch sind Gutscheine verwerfliche Geschenke. Denn sie wurden von faulen Menschen erfunden. Andererseits beweisen diese faulen Menschen immer wieder Phantasie und Originalität, so daß der persönliche Gutschein früher oder später als Geschenk etabliert sein wird. Absolut tabu: der Gutschein kombiniert mit einem unpersönlichen Geschenk. Bevor Sie einen »Gutschein über ein Buch um zehn Mark« schenken, schenken Sie lieber gar nichts.

Kann ich meiner Freundin Schmuck schenken?

Wenn er schön ist, warum nicht? Aber auch dieses Geschenk erfordert viel Recherche und persönliches Einfühlungsvermögen. Schließlich schenken Sie doch nicht irgendwelche Ohrringe, sondern zum Beispiel die, die Ihnen Ihre Freundin schon zehnmal im Schaufenster des Juweliers gezeigt hat.

Der umgekehrte Fall – die Frau, die einem Mann einen Ring oder ein Armband schenkt – ist problematisch. Da Schmuck für einen Mann von vornherein ein seltsames Geschenk ist. (Schmuck paßt nämlich nicht zu Männern.) Sollten sich aber zwei gefunden haben, die diese Geschmacksverirrung teilen, was soll man dagegen einwenden?

Eignet sich Kleidung aus dem Billigkaufhaus als Geschenk?

Ja, und wie! Frauen freuen sich immer über ein neues Sommerkleid, ein Seiden-T-Shirt... (Daß Nützlichkeitstextilien als Geschenke verboten sind, versteht sich von selbst. Sie hätten auch keine Freude an einem Nachthemd zum Geburtstag.)

Wenn Frauen Männern Sachen zum Anziehen schenken, ist dies auch noch eine gute Tat und ein Tribut an die Faulheit der Männer. Denn wie oft klagen sie darüber, wie sehr sie das Einkaufen hassen, aber daß es jetzt schon wieder sein müsse, da sie gar nichts Sauberes mehr zum Anziehen hätten.

Und wie ist es mit Unterwäsche? Würde meine Freundin ein solches Geschenk als sexuelle Aufforderung interpretieren?

Wenn Sie die weißen Feinripp mit dem langen Beinansatz meinen, bestimmt nicht. Aber wahrscheinlich auch nicht, wenn Sie von Dessous sprechen. Sie dürfen nicht dazusagen »und die kannst du dann gleich mal probieren, wozu hab' ich sie dir denn gekauft?«

Wenn sie etwas Neues zum Anziehen haben, probieren die Frauen das von selber.

Wie kauft ein Mann Damenunterwäsche ein?

Indem er in ein Wäschegeschäft geht und sagt, was er kaufen möchte. Stottern und rot werden darf dabei nur, wer noch minderjährig ist. Ein erwachsener Mann macht sich nicht zum Gespött einer Dessousverkäuferin.

Ich verschenke trotz allem gerne Bücher. Schreibe ich eine Widmung hinein oder wirkt das zu altmodisch?

Antiquiert kann eine Widmung schon wirken. Aber gleichzeitig charmant. Vor allem muß eine Widmung persönlich sein. Meiden Sie Goethegedichte und pädagogische Aphorismen (»Sei wie das Wasser, still und rein...«). Ein Buchgeschenk ohne Widmung, ohne Exlibris wirkt steril und unpersönlich.

Sollten Geschenkenörgler Sie kritisieren: »eine Widmung, wie unoriginell! Wie altmodisch!«, bleiben Sie ruhig und argumentieren Sie kulturgeschichtlich. Ein leicht dozierender Unterton ist gestattet: Die Kunst der Widmung ist eng mit der Geschichte des Buchs im gesellschaftlichen Leben verbunden, könnten Sie etwa sagen. Die handschriftliche Widmung erst macht aus einer Hervorbringung der Massenproduktion eine persönliche Gabe. Widmungen sind immer auch eine Demonstration für die Schönheit des Buchs und die Geduld des Papiers. Alle werden gerührt sein und Tränen in den Augen haben.

Freudige Ereignisse

Die Geburt

Ich habe erfahren, daß ein Paar aus meinem weiteren Bekanntenkreis ein Baby bekommen hat. Ich habe aber keine Taufanzeige oder eine sonstige Benachrichtigung bekommen. Soll ich auf das Ereignis reagieren?

Im Gegensatz zu früher werden Ereignisse dieser Art heute oft im Laissez-faire-Stil abgehandelt. Auf das Versenden von Geburtsanzeigen wird häufig verzichtet. Der Klatsch ist der Botschafter. Durch ihn erfährt man, was sich tut in der Welt, wer wieder ein Kind bekommen hat und bei wem es nicht klappen will.

Wer neugierig ist oder es vielleicht wirklich nett meint, kann ja einmal anrufen und fragen, wie es Mutter, Vater und Kind geht, wie das Kleine heißt, ob es ein Bub oder ein Mädchen ist, wie viele Gramm es schon wiegt und ob es schon lallen kann. Frischgebackene Eltern freuen sich über jede Gelegenheit, solch aufregende Neuigkeiten zu erzählen.

Bekommt aber eine Freundin ein Kind, wissen

- ohnehin alle über Einzelheiten des Schwangerschaftsturnens und des Stillkurses Bescheid,
- ist klar, daß sie im Krankenhaus mit Blumenstrauß, Champagnerflasche und Strampelhöschen als Babygeschenk besucht wird. Wer Mutter wird, leistet schwere Arbeit und hat ein Recht darauf, gefeiert zu werden.

Die Verlobung

Sicher haben Boris Beckers zweifelhafte Verlobungsbekenntnisse (wie er Barbara Feltus den Verlobungsring in einem Glas Whisky sour überreichte, und sie habe das gar nicht bemerkt usw.) dem alten Ritual zu einiger Publizität verholfen, retten können sie es auch nicht.

Aus heutiger Sicht ist die Verlobung in erster Linie ein Kuriosum. Vielleicht eine antiquierte Geste für Leute, die Showeffekte lieben. Ein Tribut an die Konjunktur des Altmodischen, die wir derzeit erleben.

In der Benimmliteratur wurde die Verlobung beispielsweise als Symbol dafür, »daß man sich entschieden hat, die Verantwortung für einen anderen Menschen zu übernehmen«, gefeiert.

Das mag ja ganz nett sein, für die Praxis der Liebe hat es aber keine Bedeutung. Wer auseinandergehen will, der geht auch. Verlobung hin, Verlobung her.

Liebe definiert sich heute nicht mehr über Konventionen und ökonomische Zwänge, sondern ausschließlich über Gefühle.

Benimmexpertin und Sittenwächterin Erica Pappritz wetterte ganz schön gegen die Abwertung der »moralischen Kategorie Verlöbnis«, die sie schon in den 50er Jahren auszumachen glaubte. »Was früher ernstgemeinter Anfang eines gemeinsamen Lebensweges war«, schreibt sie mit drohendem Unterton, »ist heute nicht selten zu einer gedankenlosen Handlung geworden, der nur noch das äußere Zeremoniell, nicht aber mehr der eigentliche Sinn innewohnt. Publicityhungrige Filmstars ›verloben‹ sich, obwohl beide Partner noch verheiratet sind. Die Boulevardpresse serviert derartige ›Sensationen‹, ohne sich darüber klar zu sein, daß sie damit dem unkritischen Teil ihrer Leserschaft gegenüber gerade jene schlechten Beispiele mit der Gloriole nachahmenswerter Delikatesse umgibt, die so leicht gute Sitten verderben.«

Die Verlobung galt automatisch als Vorstufe zum Bund fürs Leben. Getreu dem Motto: Drum prüfe, wer sich ewig binde.

»Sinn der Verlobungszeit ist es, die letzten Wesenszüge des anderen kennenzulernen. Nur dann ist es möglich, ein Leben lang in Harmonie Seite an Seite zu gehen. Spielt darum nicht Komödie voreinander. Wer seine kunstliebende Braut während der Verlobungszeit Sonntag für Sonntag in Gemäldeausstellungen führt, wird für diesen geistigen Gleichschritt natürlich dankbare Anerkennung finden. Sobald ein derartiges Kunstinteresse aber nur gespielt war – um dem anderen eine Freude zu machen – und bereits in den ersten Ehemonaten dem Fußballplatz geopfert wird, bleiben die Vorwürfe nicht lange aus.«

Wer alte Rituale liebt, verlobt sich. Mehr aus Spaß als aus Verantwortungsgefühl.

Wenn die Pappritz wüßte, daß »Verlobung« heute oft als Synonym für eine mehr oder weniger feste Partnerschaft gebraucht wird. Dr. N., ein bekannter Frauenheld, pflegt all seine Freundinnen, mit denen er länger als vier Wochen zusammen ist, als »Verlobte« zu bezeichnen.

Heiraten

> »Über die Ehe läßt sich nun wirklich wenig Positives sagen, außer daß sie manche Notsituation lindert: Krankheit, Erschöpfung, Geldmangel, Vergeßlichkeit und dergleichen. Das ändert nichts daran, daß sie selbst eine permanente Notsituation ist.«
>
> Jurek Becker, ›Amanda herzlos‹

Literatur und Leben klaffen wieder einmal auseinander. Zumindest Medienberichten zufolge hat das Heiraten wieder einmal Hochkonjunktur.

Als emotionales Signal ergäbe es in Zeiten wie diesen durchaus Sinn. Je härter die Zeiten, um so größer die Sehnsucht danach, das Leben nicht als Nahkampf »allein gegen alle« ausfechten zu müssen. Die moderne Ehe ist auch eine Komplizenschaft.

Nicht sehr gut steht in dieser bindungsintensiven Zeit die Sache von Männern, die unter Bindungsphobie leiden und dies auch noch ständig herumposaunen.

Die Ehe ist kein Tabuthema mehr. Es wirkt nicht antiquiert, darauf zu sprechen zu kommen. Während es als anachronistisch gilt, das wilde Leben zu preisen und den tausendsten One-night-stand zu feiern. Auch ideologisches Verunglimpfen der Institution Ehe »als Repressionsinstrument, das nur der Kinderaufzucht dient, ein Gefängnis für die Frau« hat gegenüber dem derzeitigen ehefreundlichen Lebensgefühl keine Chance.

Der Heiratsantrag

Märchenhafte Variante: Der Mann fällt auf die Knie und hält eine mit rotem Samt ausgeschlagene Schatulle in den Händen, in der zwei goldene Ringe aufblitzen. Später reiten sie auf weißen Pferden Hand in Hand davon.
Traditionelle Variante: Antrittsbesuch bei den Eltern. Sonntags zwischen 11.30 und 12.30 Uhr, Anzug, keine Blumen. Der Bräutigam hält bei den Brauteltern um die Hand der Tochter an.
Moderne Variante mit romantischem Einschlag:
»Willst du meine Frau werden?« ist ein schöner Satz und eigentlich auch ein Kompliment. Die Antwort darauf wird heute nicht immer ein hingebungsvoll gehauchtes »Ja, ich will« sein. Es kann vorkommen, daß sie darauf sagt: »Ja, ist gut« oder »Ich weiß noch nicht« oder sogar »Willst du dir das nicht doch noch überlegen?«

Selbstverständlich geht die Initiative zum ersten Schritt in Richtung Ehe auch häufig von den Frauen aus. Sie sagen wohl nicht »Willst du mein Mann werden?«, sondern beispielsweise mit praktischem Einschlag:

»Wollen wir heiraten?«

»Wir sollten heiraten, bevor wir uns die Wohnung kaufen.«

»Heiraten wir doch endlich, dann zahlen wir weniger Steuern. Ich meine, ich heirate dich natürlich nicht nur deswegen.«

Eheringe

Welche optischen Kriterien gelten für moderne Eheringe?

Die der Schönheit. Heute sehen Eheringe wie Schmuck aus und nicht wie diese dünnen Vorhangringe aus Gelbgold, die lange die einzigen Modelle auf dem Eheringmarkt waren.

Aber egal, wie die Ringe aussehen, es gilt zu Recht als grober Fauxpas, zwei Wochen nach der Hochzeit den Ring im Schmuckkästchen zu verstauen. Besonders Männer tun dies mit dem Argument »er stört mich bei der Arbeit« gerne. Das ist eine beleidigende Geste. Wer sich nicht traut, es zu zeigen, sollte erst gar nicht heiraten.

Wer finanziert die Eheringe?

Die demokratische Variante wäre, sich die Kosten zu teilen. Bequemer für die Frau ist es, den Ring von ihm geschenkt zu bekommen. Kostensparend für beide ist es, die Eltern zu fragen, ob sie nicht an einer sicheren Geldanlage interessiert wären und die Ringe finanzieren würden.

Wie bereitet man sich auf die Hochzeit vor?

Die Hochzeitszeremonie ist eine Komödie. Eine Show, die nicht alle Tage stattfindet, eine Superproduktion, die in allen Details geplant sein muß. Und eine gute Gelegenheit, ein großes Fest zu feiern. Sechs Monate sind zur Vorbereitung zu veranschlagen, sagen erfahrene Hochzeitsveranstalter. Wenn man nicht gerade dem Hause Windsor angehört, erscheint das doch ein bißchen viel. Die Vorbereitung einer Hochzeit müßte doch von jungen, dynamischen Leuten auch in drei Monaten zu schaffen sein.

Heirat und Mode

Das Brautkleid, der Horror früherer Tage:

50er Jahre: weißes Kleid mit Schleier. Brav und bieder.

60er Jahre: überaus ehefeindlich.

Wenn schon heiraten, dann total alternativ: die Männer in Jeans und Jesussandalen, die Frauen im langen indischen Kleid und Stirnband.

70er Jahre: ähnlicher Protestgeschmack. In der Mode dominiert jetzt der leicht androgyne Touch. Sie heiratet im weißen Smoking, er im schwarzen etc.

80er Jahre: Vampbrautkleider und Minis fürs Standesamt sind en vogue.

90er Jahre: Nach Jahren, wenn nicht Jahrzehnten der Flaute, erlebt die traditionelle Hochzeit in Weiß mit allem Drum und Dran ihr großes Comeback, stellt die französische Modezeitschrift ›Depeche Mode‹ begeistert fest. Alle wollen aussehen wie Sissi, Cinderella oder Scarlett! Aus dem Studio Christian Lacroix verlautet, man habe im Jahr 1993 schon achtzehn jungen Mädchen eine Robe mit Korsett im Stil des 18. Jahrhunderts verpaßt. Wenn man weiß, was so eine Robe kostet, sind achtzehn Stück davon eine beeindruckende Zahl.

Verpönt sind heute alle legeren Varianten der Hochzeitskleidung: Anzug und Turnschuhe, Jogginganzüge, Jeans etc.

Man versucht nicht mehr, das Ritual durch Protestkleidung ad absurdum zu führen, sondern zelebriert die Hochzeit als Show. Als außergewöhnliches Ereignis im Leben, für das sich vorzubereiten und einzukleiden auch Spaß macht.

Welche Farbe hat das Kleid?

Die bevorzugte Farbe sowohl für die standesamtliche als auch für die kirchliche Trauung ist (nach Auskunft französischer Modezeitschriften) nach wie vor Weiß.

Die Jungfrau, die von der Hand des Vaters in die des Bräutigams übergeben wurde, trug weiß, die Farbe der Unschuld. Heute, wo die meisten Bräute zwischen 25 und 30 Jahre alt sind, zum zweiten oder dritten Mal heiraten, bei der Heirat vielleicht hochschwanger sind und sich ausgesprochen schwer tun, die fragile Jungfrau zu mimen, hat die Farbe ihren Symbolwert gänzlich verloren. Sie unterstreicht aber das Anachronistische des Rituals, für einen Moment entrückt sie in einen Raum, in dem das Feenhafte, das Romantische regiert.

Sophia Loren heiratete, so berichtet ›Elle‹, in einem schlichten gelben Kleid mit einem Maiglöckchenstrauß. Es war nicht die große Hochzeit in Weiß mit dem Spitzenkleid mit langer Schleppe. Sie war 32, Carlo Ponti gut 30 Jahre älter und – endlich geschieden.

Sie lebte mit ihm schon acht Jahre zusammen und galt nach dem italienischen Recht als Ehebrecherin.

Was trägt man, wenn man nur standesamtlich heiratet?

Mann: Anzug, grau oder dunkelblau, nicht schwarz.
Frau: Kostüm, elegantes Kleid. Keine weiße Tüll- oder Spitzenkreation.

Kann man getrennte Hochzeitsfeiern veranstalten? Einmal für die Eltern und die Verwandten, einmal für die Freunde des Brautpaares?

Man kann beispielsweise nach der standesamtlichen Trauung ein Essen im kleineren Kreis geben. Daran nehmen die Eltern, die Verwandten und die engsten Freunde teil. Ein paar Tage oder eine Woche später gibt es dann ein großes Fest mit Musik und Tanz, zu dem die Verwandtschaft, aber auch der gesamte Freundeskreis eingeladen ist. Dazu erfolgt die Einladung schriftlich, mit beigefügter Antwortkarte, um die Gästezahl möglichst exakt zu erfahren.

Wer finanziert die Hochzeit?

Früher kamen die Eltern der Braut für die Hochzeit auf. Zum Dank dafür, daß sie die Tochter an einen Ernährer losgeworden sind. Ein blöder Brauch. Gut, daß er heute nicht mehr existiert (zumindest nicht mit dieser Begründung).

Da Hochzeitsfeste teure Angelegenheiten sind, empfiehlt es sich, ein Essen für die Eltern von Braut und Bräutigam zu veranstalten und die Frage der Finanzierung aufs Tapet zu bringen. Meistens legen die Eltern etwas dazu, aber im Prinzip gilt, daß sich Braut und Bräutigam um die Ausrichtung des Festes kümmern und auch für die Finanzierung zu sorgen haben.

Sind Lebensgefährten der Gäste automatisch miteingeladen?

Kaum jemand wird mit einem flüchtigen Bekannten auf einem so wichtigen Ereignis wie der Hochzeit von Cousine Erna auftauchen.

Die soziale Übereinkunft definiert Leute, die unverheiratet zusammenleben oder lange schon zusammen sind, als soziale Einheit. Deshalb sind sie selbstverständlich miteingeladen.

Hochzeitsgeschenke

Am einfachsten ist es, sich an die Hochzeitsliste zu halten. Die meisten Leute geben gerne und unaufgefordert darüber Auskunft, wo diese ausliegt. Man braucht nur noch ins Geschäft zu gehen und sich das preiswerteste Stück auszusuchen.

Früher lag die Hochzeitsliste nur in Geschäften aus, wo es Geschirr und Haushaltsgeräte gab. Neuerdings legen auch schon Buchhandlungen Hochzeitslisten an, da das moderne Paar meist schon zwei komplette Single-Haushaltsausstattungen mit in die Ehe bringt. Da aber in den meisten Haushalten weniger Bücher als Küchengeräte herumstehen, bietet eine Heirat eine ausgezeichnete Gelegenheit zum Aufbau einer Bibliothek. »Etwa mit österreichischen Klassikern in wertvollen Einbänden«, rät die österreichische Tageszeitung ›Kurier‹ und rechnet den praktischen Nutzen dieser Heiratsausstattung vor: »Wenn die Hochstimmung nachläßt, hat man wenigstens gute Literatur zu Hause.«

Aber selbstverständlich sind die Hochzeitslisten aus den Geschirr- und Porzellangeschäften nicht ganz verschwunden. Hier aber geht der Trend eindeutig weg vom weißen Porzellanservice (140teilig, spülmaschinenfest) hin zu designtem Geschirr.

Der angeblich neueste Trend aber, die Überraschungshochzeitsreise, scheint weniger ein Geschenk als eine Strafe Gottes zu sein. Die Gäste zahlen eine gewisse Summe auf ein Konto ein und entscheiden im Reisebüro, wohin die Hochzeitsreise geht.

Beliebt sind auch Scherzgeschenke wie ein Band mit satirischen Kurzgeschichten und dem Exlibris »damit du auch in der Ehe was zu lachen hast«.

Der Ehevertrag

Wird von manchen Leuten als unromantisch und materialistisch geächtet.

Da aber der praktische Nutzen dieses Vertrags absolut überzeugt, ist es nicht schlechtes, sondern vernünftiges Benehmen, auf dem Abschluß eines Ehevertrags zu bestehen.

Einer Statistik zufolge, die die deutsche Frauenzeitschrift ›Elle‹ in ihrem »Hochzeit Spezial« veröffentlichte, schließt in Deutschland jedes dritte Paar einen Ehevertrag ab. Tendenz steigend. Einer so wichtigen Sache wie der Gütertrennung sollte man nicht mit abergläubischen Visionen wie »ich denke nicht an das Ende dieser Beziehung, es wird nicht kommen« gegenüberstehen.

Wieviel Zeit sollte nach einer Scheidung bleiben, bis man wieder heiratet?

Analog zum Trauerjahr ein Jahr, besagt die Usance. An die sich aber heute kaum jemand hält. Es gibt Leute, die vom Scheidungsrichter zum Standesamt hasten.

Ist es nicht peinlich, wenn Leute ein und dieselbe Person ein zweites Mal heiraten?

Doch, peinlich ist es schon. Es wirkt furchtbar unentschlossen und so, als hätte man krampfhaft jemand Besseren zum Heiraten gesucht und leider niemanden gefunden. Aber Melanie Griffith und Don Johnson zum Beispiel scheint es ohnehin egal zu sein, was Leute wie wir über sie reden.

Als die Schriftstellerin Dorothy Parker Alan Campbell am 17. August 1950 zum zweiten Mal in Hollywood heiratete, erklärte sie die Wiederheirat den Hochzeitsgästen mit den Worten: »What are you going to do when you love the son of a bitch?« Die Ehe scheiterte ein Jahr später abermals.

Dabei hatte Dorothy Parker ihre Gefühle nach der ersten Trauung in einem Telegramm an Scott Fitzgerald mit dem »Koma des Glücks« verglichen. »Ich liebe es, eine junge Braut zu sein, in einem Bungalow zu leben und tote Rosenblätter von den Büschen zu zupfen. Gott verdamm mich.«

Traurige Ereignisse

Das Begräbnis

Der Vater einer guten Bekannten ist gestorben. Ich kannte ihn kaum, muß ich trotzdem auf seine Beerdigung gehen?

Müssen tut niemand etwas, außer sterben, sagt der Volksmund.

Es kommt darauf an, wie Sie zu Ihrer Bekannten stehen. Ist sie eine Freundin oder jemand, mit dem Sie aufgrund gewisser Umstände zu tun haben? Empfinden Sie ein Naheverhältnis zu ihr, sollten Sie, auch wenn Sie solche Zeremonien hassen, auf die Beerdigung des Vaters gehen. Dadurch signalisieren Sie, auch wenn es noch so altmodisch klingt, eine Form von Anteilnahme. Und die braucht man in solchen Situationen mehr als irgend etwas anderes.

Was tue ich, wenn ich unter keinen Umständen auf die Beerdigung kommen kann?

Geben Sie ein Lebenszeichen von sich. Melden Sie sich, rufen Sie an, aber laufen Sie ja nicht vor der Situation davon. Wer Kummer hat, will ihn sich auch meist von der Seele reden.

Haben Sie bisher auf dem Mond gelebt? Hat Ihnen jemand beigebracht, auch Begräbnisse seien neuerdings Modeschauen, nur weil es schon Designersärge gibt? Nein, Nekro-Grunge, Death-Vamp und solch modischen Firlefanz gibt es bislang nicht.

Die Trauernden tragen schwarz. Wenn es geht, nicht bis zum Nabel dekolletiert, und auch der halbe Oberschenkel sollte bedeckt sein. Männer tragen keine Rüschenhemden wie Schnulzensänger, sondern schlichte schwarze Anzüge.

In einem Punkt haben Sie allerdings recht: ein schikkes Begräbnisaccessoire hat sich tatsächlich in den letzten Jahren eingebürgert: die schwarze Brille. Sie ist so etwas wie die moderne Variante des Schleiers. Besonders bei Begräbnissen in Schickeriakreisen verbergen sich die noblen geröteten Augenpaare hinter Ray Ban und sonstigen Prestigebrillen. Aber auch in unseren Kreisen kann man die dunkle Brille tragen. Vielleicht nicht gerade auf dem Dorffriedhof von Hinkedorf im Obertaunus, aber für den Bielefelder Stadtfriedhof taugt sie allemal.

»In diesem Haus schreie ich – und sonst niemand!«

Haus und Familie

Endlich allein! Die eigene Wohnung

> »Das Haus selbst war nicht so imposant. Es war kleiner als der Buckingham Palast, ziemlich grau für Kalifornien, und hatte wahrscheinlich weniger Fenster als das Chrysler Building.«
>
> Raymond Chandler,
> ›Lebwohl, mein Liebling‹

Eine der Grundvoraussetzungen zur Entfaltung vollendeter Etikette in höheren Kreisen bestand in einer repräsentativen Großwohnung. Ein Salon war unabdingbar. Dienstpersonal oder zumindest ein Dienstmädchen gehörten zum Repräsentationsarsenal des höheren Bürgertums.

Erst in diesen gediegenen Räumen konnte sich die einstudierte Palette an vornehmen Ritualen entfalten, die zur großbürgerlichen Identität gehörte.

Selbst wenn wir wollten, in unseren gerade noch erschwinglichen Ein- und Zweizimmerwohnungen könnten wir die Rituale perfekter Etikette nicht zur Entfaltung bringen. Die heutige, beengte Wohnsituation verlangt radikal neue Formen des Umgangs miteinander.

Meine Wohnung ist sehr klein. Wenn ich Besuch bekomme, habe ich immer das Gefühl, ich müsse mich bei meinen Gästen entschuldigen, weil ich ihnen nichts Besseres bieten kann.

Eine Wohnung, die so klein ist wie Ihre, ist zum Schlafen und zum Unterstellen Ihrer Sachen da, aber nicht zum Empfangen von Gästen. Andererseits besteht kein Grund für Sie, sich gleich für die ganze Misere auf dem Wohnungsmarkt verantwortlich zu fühlen. Wenn Ihnen Ihre Wohnung wirklich so peinlich ist, lassen Sie sich nur besuchen, wenn Sie krank sind, wenn gerade eine Fernsehserie läuft, die nur mit Ihrer Satellitenantenne zu empfangen ist, oder in sonstigen Notfällen.

Die Frage nach der repräsentativen Wohnung stellt sich heute nur für wenige Auserwählte. Das Extra-Repräsentationszimmer, der Salon, ist ein Thema für den Karneval. Der Wohnraum ist so knapp geworden, daß man selber einmal in den eigenen vier Wänden, sofern man sie hat, sein Auslangen finden muß. An Besuch ist zunächst gar nicht zu denken. Die meisten Außenkontakte bzw. die traditionellen Besuche haben sich in gemeinsame Abendessen, Kegelabende, Treffen im Kaffeehaus oder was immer verwandelt. Die eigene Wohnung wird immer mehr zum Refugium. Wer zeigt schon gerne etwas her, das aussieht wie eine Mischung aus Buchladen, Abstellkammer und Hifigeschäft?

Bei mir zu Hause kann ich tun und lassen, was ich will, oder?

Tun Sie, was Sie wollen, bohren Sie in der Nase, gießen Sie Ihre Blumen mit Bier, schlafen Sie auf Telefonbüchern, baden Sie in Zitronenjoghurt, aber öffnen Sie auf keinen Fall die Tür, wenn Frau Pappritz draußen steht. Die hat nämlich einen Rohrstock dabei und kontrolliert auf ihrem ›Spaziergang durch ein Zimmer‹, ob Sie auch zu Hause, wo Sie eigentlich die ganze Welt gern haben könnte, schön artig sind. »Worauf fällt unser Blick zuerst?« nörgelt sie, »auf eine ungemachte Schlafcouch? Ach so – die Zeit war etwas knapp heute morgen, nicht wahr? Dem Schlafanzug sieht man jetzt noch an, wie sehr er sich heute früh geärgert hat, als er so lieblos über die Stuhllehne gefeuert wurde.« Und schon gibt's eins mit dem Rohrstock über die Finger.

Es kann jedermann egal sein, wie es bei Ihnen zu Hause aussieht, solange er diesem Chaos fernbleiben kann und Sie ihn nicht zwingen, die schimmeligen Eireste auf Ihrer Bratpfanne zu bewundern und den Thunfisch, der schon seit zwei Tagen in der offenen Dose vor sich hingärt und sich schon in eine kleine Mikrobenzucht verwandelt hat.

Machen Sie sich selber so viel Dreck und Unordnung, wie Sie gerne möchten, aber bitte beklagen Sie sich nicht darüber.

Kurt Tucholsky über die Rituale deutschen Bürgertums

»In den deutschen Bürgerwohnungen stand vor dem Kriege gewöhnlich ein Raum ganz leer. Darinnen befanden sich unsagbar scheußliche Seidenmöbel, die die sorgliche Hausfrau mit Tüchern zu verhängen pflegte, von den Wänden grüßte der süßeste Kitsch, und die Nippesfiguren, die da herumstanden, riefen die Sehnsucht im Bewohner wach, sie einzeln abzuschießen. Das war der ›Salon‹ oder die ›gute Stube‹. Die ›gute Stube‹ war nur für sonntags. Sie saßen auf kleinen goldlackierten Stühlchen, unter die der Gast, wenn er ein feiner Mann war, seinen Zylinder zu setzen pflegte – und ganz wohl wurde allen erst wieder, wenn sie nebenan im gemütlichen Eßzimmer saßen und sich Vater nach Tisch mit einem ›Sie erlauben wohl‹ die Weste aufknöpfte.«

›Das Reich und die Länder‹, 1922

Mann, Frau und Haushalt

George Bush hat eine positive Eigenschaft. Der Präsident im Ausgedinge erklärte während eines Wettangelns, er sei es, der zu Hause abwasche. Aber das sei schon so gewesen, bevor er in die Politik gegangen war. »Ich koche den Kaffee, und Barbara macht die Betten«, stellte der Präsident klar.

> »In diesem Hause schreie ich – und sonst niemand!«
>
> Adele Sandrock

Nicht umsonst sagt ein altes Sprichwort: Vornehme Männer würden sich schämen, wenn sie sich die Hosen bügeln ließen.

Darin ist schon die ganze Botschaft zum Thema Haushalt enthalten: Männer, die Frauen als Haus- und Putzsklaven betrachten, sind das Allerletzte und sollten gerichtlich verfolgt werden.

Frauen, die vom Hausmann träumen, der hingebungsvoll seine Hemden bügelt und die Seidenunterwäsche der Dame noch dazu, sind auch nicht ganz bei Trost.

Minidrama »Frühstück«:

Er: »Ich geh' noch schnell einkaufen. Kannst du inzwischen den Tisch decken?«

Sie: »Du meinst wohl das Geschirr der letzten Woche abwaschen?«

Er: *(schaut betont überrascht drein):* »Iss wahr? Man muß erst abwaschen. Ich war schon so lang nicht in der Küche ...«

Sie: »Ja. Wenn ich's doch sag. Ich werde wieder einmal abwaschen müssen, ich kann's fühlen.«

Er: »Nein. Nicht doch. Ich beeil mich. Aber ich hab' zuerst die Mortadella vergessen. Das ist meine Lieblingswurst, weißt du. Ich hol' uns noch schnell welche. Bis gleich.« *(Ab).*

Sie steht in der Küche vor einem Riesenberg Geschirr und trifft mißmutig und widerwillig Vorkehrungen zum Abwaschen.

Er kommt lange nicht.

Dann: »Schau, mein Schatz, was ich dir mitgebracht habe. Eine Tafel weiße Schokolade. Die magst du doch so gern. Ich dachte, ich bring' eine kleine Überraschung mit.«

SIE *(mit leichter Ungeduld in der Stimme):* »Ja.«

ER *(spaziert im Wohnzimmer auf und ab):* »Freust du dich nicht.«

Schweigen.

SIE: »Ich dachte, du wolltest mir beim Abwaschen helfen?«

ER: »Was denn?«

Er sitzt auf der Couch, blättert in Zeitungen, programmiert Videos und steckt sich eine Scheibe Mortadella in den Mund: »Ja, gleich. Aber heute ist ›Casablanca‹ im Fernsehen. Der fehlt noch in meiner Sammlung.«

SIE: »In meiner Sammlung fehlt auch was. Ein Mann, der von Geschirrtüchern keinen Ausschlag kriegt.«

ER *(stürmt in die Küche):* »Hier sieht's ja aus. Wie auf dem Schlachtfeld.«

SIE: »Kannst ja den Helden spielen. Bitte.« Wischt die Hände ab und schmeißt das Geschirrtuch zornig hin.

ER *(besorgt):* »Nicht, ich helfe dir ja schon.« Hebt das Geschirrtuch auf und krempelt die Ärmel hoch. »Was soll ich tun?«

Er zieht ein Gesicht und trocknet langsam ein Sektglas ab. Dazwischen erklärt er das Fernsehprogramm des Wochenendes.

Das Frühstück beginnt damit, daß sie schließlich das ganze Geschirr alleine abgewaschen und abgetrocknet hat. Aber er hat das Gefühl, einen großen Beitrag dazu geleistet zu haben. Schließlich kann ihm niemand vorwerfen, er hätte sich nicht für das Thema interessiert.

Die Wahrheit ist doch: Hausarbeit macht einfach keinen Spaß. Sie ist lästig, stiehlt einem die Sonntage, verursacht Migräne und schlechte Laune, läßt die Haut an den Händen rauh werden und hat noch fünfzig andere schlechte Eigenschaften.

Hausarbeit ist ein ganz gemeines Übel, dem nur mit vereinten Kräften beizukommen ist: nehmen wir uns doch eine Putzfrau.

Aber, meine Herren, Sie sind Ihrer Pflichten nicht entbunden. Denken Sie an die tausend Kleinigkeiten, die täglich anfallen und Ihre tatkräftige Mithilfe im Haushalt fordern. Wollen Sie wirklich all diese schweren Arbeiten Ihrer Frau überlassen? Sie wagen es? Das Strafgericht verhängt über Sie: ganztägiges Bodenschrubben und Fensterputzen unter Aufsicht eines ausgewählten weiblichen Schiedsgerichts.

Wußten Sie eigentlich, daß schon Doktorarbeiten über die ›Morphologie des männlichen Putzverhaltens‹ geschrieben werden?

Die Männer haben den Dreh heraus. Sie verhalten sich geschickter als Sie, meine Dame. Die schwindeln und heucheln sich um die Hausarbeit herum, daß es nur so eine Freude ist.

Höchste Problemstufe – der von Natur aus schlampige Mann

Er neigt dazu, seine Kleidungsstücke dort abzulegen, wo er gerade steht. Schränke und Kleiderablagen kennt er nur vom Hörensagen. Er weiß: irgendwer wird seine Sachen schon wegräumen. Verfolgt diese Männer ein Kindheitstrauma? Ihre Mami war die beste und hat ihrem Herzbuben immer alles weggeräumt.

Um seine persönlichen Sachen hat sich der Mann selbst zu kümmern. Die Frauen tun das ja schließlich auch.

Sollte es Männer geben, die mit einer Frau zusammenwohnen, die ihrerseits zur Schlampigkeit neigt, darf der Mann das der Frau nicht ständig vorhalten. Er kann sie manchmal diskret ermahnen, aber ein ewiges »Wie's hier schon wieder aussieht«, »kannst du nicht einmal deine Sachen wegräumen, nur ein einziges Mal« führen nur zu Haß und Zerwürfnis.

Einladungen

Wie spreche ich eine Einladung aus?

- *Konservativ:* schriftlich, weil es formeller wirkt. Die traditionelle Lesart gestattet »persönlich oder fernmündlich« nur bei »intimen Bekannten« und »nur bei kleinen, inoffiziellen Veranstaltungen«.
- *Modern:* Schriftlich ist bei größeren Parties oder Geburtstagsfesten die bequemere Variante. Steigerung des Höflichkeitsgrades ist durch zusätzliches Anrufen zu erreichen. Vorteil: die ungefähre Anzahl der Gäste läßt sich feststellen. Die Einladung wirkt leicht

angeberisch. Einfach eine Nachricht auf dem Anrufbeantworter zu hinterlassen, ist nur bei äußerster Zeitknappheit eventuell tolerierbar. Es wirkt sehr lieblos und unhöflich.

Wie lehne ich eine Einladung zum Abendessen oder zu einer Party ab?

Bei manchen Naturvölkern stellt die Ablehnung einer Einladung zu gemeinsamem Essen und Trinken eine tödliche Beleidigung dar. In unseren Regionen kostet die Zurückweisung einer Einladung zwar nicht den Kopf, unter Umständen aber die Seelenruhe.

Der schlimmste Affront, den Sie in diesem Zusammenhang begehen können, ist die Verletzung des hierarchischen Prinzips. Eine sogenannte Autoritäts- oder Pflichteinladung

- des Chefs, der seine engsten Mitarbeiter zu sich nach Hause zum Abendessen bittet,
- der Vermieterin zu Kaffee und Kuchen zu mißachten, kommt einer tödlichen Beleidigung gleich.

Bei Pflichteinladungen gibt es keine Gnade: Hingehen und Blumen mitbringen!

Wie verhalte ich mich, wenn zu einer Gesellschaft, zu der ich eingeladen bin, auch Leute kommen, die ich hasse?

- Bedanken Sie sich für die Einladung zum Abendessen oder zur Party.
- Lassen Sie sich die Enttäuschung darüber, daß auch ihr Feind Dödel-Erwin – wo doch jeder weiß, daß Sie ihm am liebsten an die Gurgel springen möchten, auch eingeladen ist, nicht anmerken. Grund: Stolz.
- Schwindeln Sie. Sagen Sie auf keinen Fall »Was, der Arsch kommt auch, da komm' ich aber nicht«, »Ich hab' schon was Besseres vor«. Lassen Sie sich lieber von einer unverhofften Grippe oder sonstigem Ungemach ereilen.
- Sagen Sie rechtzeitig ab: spätestens einen Tag vorher. Wer zu spät absagt, etwa eine halbe Stunde vor Beginn der Party, macht sich unbeliebt.

Darf ich es zeigen, wenn ich mich in Gesellschaft langweile?

Oh, es ist ein erhebender Anblick, Gäste in seinem Haus zu sehen, für die man lächerliche drei Stunden lang gekocht hat, zwei Dutzend Flaschen Wein aus dem Supermarkt hergeschleppt hat, die einem die Wohnung mit ihren Zigaretten verpesten und dann unverhohlen vor sich hin gähnen.

Wer sich in unserer Gesellschaft langweilt, hat unter uns nichts mehr verloren.

Wem langweilig ist, der hat bestimmt einen Babysitter, der früh nach Hause geht oder ganz einfach einen wichtigen Termin morgen in aller Herrgottsfrüh oder eine Frau zu Hause, die Männer, die später als nach Mitternacht nach Hause kommen, nicht leiden kann.

Sich-Langweilende verschwinden diskret (aber nicht zu früh!) und unter Bezeugung der durchschnittlichen Dosis an Höflichkeitsbekundungen (das Essen war wunderbar, der Wein erlesen usw.)

Dasselbe möge auch für Langweiler gelten. Erstaunlicherweise gehören sie oft zu den Aussitzern, zu jenen, die Gesellschaften wie Strafgerichte über sich ergehen lassen und sich als die Allerletzten verabschieden. Wenn es so richtig zum Einschlafen wird, kann man sie ja mit einem von häufigem Gähnen unterstützten »ah, jetzt bin ich aber rechtschaffen müde!« hinauskomplimentieren.

Kinder

Die Erziehung der Kinder erfolgte strikt nach den Prinzipien der patriarchalischen Familie. Ihre Erziehung folgte Grundsätzen, die wie Nullwerte klingen: Pflege des Anstands und der guten Sitten, Weckung des Herzens und Bildung des Geistes. Kinder hatten zu gehorchen und artig zu sein. Einen eigenen Willen besaßen sie nicht.

Unser heutiges Modell von Familie, sofern dies überhaupt noch existiert, ist die demokratische Familie. Sie hat Aufgaben und Probleme zu bewältigen, die früher in der patriarchalischen Familie durch Gewalt und Autoritätsausübung weggeschoben und verdeckt wurden. Die Prinzipien moderner Kindererziehung fallen allerdings nicht unter Manieren, sehr wohl aber unter Umgangsformen zwischen Kindern, Kindeseltern und Kinderlosen.

Wie sich Leute mit Kindern gegenüber Leuten ohne Kinder verhalten sollten

Man darf niemanden zur Kinderliebe zwingen!

Schwärmen von den Kindern sowie das Herzeigen von Photos sind grundsätzlich erlaubt – aber in Maßen. Als dafür verfügbare durchschnittliche Maßeinheit gilt eine Viertelstunde pro kommunikativer Gesprächseinheit, die mit einer Stunde angesetzt wird. Sollten alle Beteiligten kindervernarrt sein, wird das Limit aufgehoben.

Bitte keine intimen Details! Wer vor lauter Kindernarretei auch den Inhalt der Windeln seiner Kinder weitererzählt, darf sich nicht wundern, wenn sein Gesprächspartner aufsteht und sagt, »entschuldige, mir ist schlecht«.

Details über das Stillen will niemand wissen. Demonstratives Stillen in der Öffentlichkeit, wie das eine Abgeordnete der Grünen im österreichischen Parlament vorführte, will niemand sehen. Das sind schließlich intime Handlungen, die nicht für jedermann bestimmt sind und auch nicht jedermann zugemutet werden sollten.

Hassenswert sind auch alternative Post-68er Mütter, die Leute auf der Straße anpöbeln, weil sie bei Rot über die Straße gehen und so kein Vorbild für ihre Kinder sind. Man könnte ja den Kindern erklären, daß diese bösen Leute selber schuld sind, wenn sie von einem Auto zusammengefahren werden.

Wie sich Leute ohne Kinder gegenüber Leuten mit Kindern verhalten sollten

Kinderhaß ist mies!

Die Zeit, wo es als cool galt, Witze über Leute mit Kindern zu machen, weil sie schon um zwei Uhr früh nach Hause gehen mußten, weil sonst der Babysitter zu teuer käme, ist vorbei. Wer Leute, die ununterbrochen von ihren Kindern schwärmen, trotzdem nicht mag, sollte sich

- gar nicht mit ihnen treffen;
- nicht ausfallend werden, schließlich kann man immer noch selber Kinder kriegen;
- ein paar interessierte Fragen über das Wohlergehen der Kinder zumindest heucheln: »Hat Laila-Zoé schon die Windpocken gehabt?«, »Was, Jan-Dirk kann schon laufen? Da habt ihr ja ein Wunderkind, ihr beiden!«;
- mit einer gekonnten Pirouette zum gemütlichen Teil des Abends überleiten und eine ganze Ladung kinderferner Gesprächsthemen, etwa Anekdoten aus dem Betrieb, Neues über die Börsenkurse aufs Tapet bringen.

Wie sich Leute ihren Kindern gegenüber verhalten sollten

- Erziehen Sie Ihr Kind nicht in der Öffentlichkeit. Was ist beschämender für ein Kind, als in der Straßenbahn von der Mutter an den Ohren gezogen oder angeschnauzt zu werden?
- Wie kommen Sie dazu, Ihr Kind an den Ohren zu zie-

hen? Wenn es etwas falsch macht, erklären Sie ihm, warum Sie sein Verhalten nicht in Ordnung finden. Halten Sie aber diese Dozierstunden, wenn irgendwie möglich, nicht in der Öffentlichkeit ab.

- Verfallen Sie niemals in die Kindchensprache, wie sie vor allem Omas gerne sprechen. »Na, rinnt dir wieder dein kleines Nasilein? Die Händchen tun auch weh? Heute ist Frau Holle aber ganz böse!«
- Verklären Sie die Streiche Ihres Kindes nicht. Es gibt Leute, die finden es immer »ganz doll komisch«, wenn ihr Kind Gäste mit Wasserpistolen bespritzt und anschließend deren Schuhe mit rotem Filzstift bemalt. Wagt aber ein Gast zu sagen, »bist du irre, Kleiner? Laß sofort meinen Schuh los, sonst setzt's was!« heben sie ein Gezeter an, als hätte man ihrem Liebling gedroht, ihn wie eine Wanze zwischen den Fingern zu zerquetschen.
- Bringen Sie Ihrem Kind Selbstbewußtsein und Selbstdisziplin bei. Lehren Sie es, wie man bei McDonald's vorbeigeht und sich trotzdem nicht unglücklich fühlt.

Die Intimsphäre

Wenn Sie Single sind, ist alles egal. Da dürfen Sie auch Ihre Zehennägel in der Küche schneiden und die Schere anschließend in den Brotkorb legen. Sind Sie aber kein Single, haben Sie

- die Intimsphäre Ihrer Mitbewohner zu respektieren
- und alles, was zu Ihrer Toilette gehört, keinesfalls vor den Augen anderer zu verrichten.

Was ekelerregend und deshalb verboten ist:

- sich während des Essens die Haare kämmen;
- die Fußnägel beim Fernsehen oder am Küchentisch schneiden;
- die Kinder in der Öffentlichkeit überall hin pinkeln lassen;
- Kindern in aller Öffentlichkeit die Windeln wechseln;
- ins Badezimmer gehen, wenn gerade jemand in der Badewanne sitzt. Klopfen Sie immer vorher an, bevor Sie das Badezimmer betreten. Sie wollen schließlich auch nicht, daß Ihnen jemand zusieht, wie sie sich die intimsten Körperregionen waschen.
- Welche Auswüchse die Nichtbeachtung der Intimsphäre annehmen kann, zeigt das Beispiel alter Ehepaare, die sogar die Tür offenlassen, wenn sie auf der Toilette sind.

Alte Rituale – Neue Romantik

Zur Wiederkehr des romantischen Gefühls

Wenn wir Medien und die Moden, die sie konstruieren, als Seismographen sich verändernder Lebensgefühle betrachten, ist der Befund eindeutig: das romantische Gefühl feiert unter modernen Vorzeichen seine glanzvolle Renaissance.

Kavaliere

Der Kavalier alter Schule ist ein später Nachfahre des Chevaliers. Er hat darauf zu achten, alles zum Wohl und zur Bequemlichkeit der Dame zu tun. Dies ist seine Bestimmung.

Der Kavalier achtet zum Beispiel darauf, immer links von der Dame zu gehen, um sie vor Unannehmlichkeiten zu beschützen. Da der Chevalier den Degen links trug, hatte die Dame gar keine andere Wahl, als auf der rechten Seite zu gehen. Ansonsten hätte sie der Chevalier mit dem Degen in die Seite gestochen. Dies wäre eine schlechte Voraussetzung für die Ausübung der höfischen Minne gewesen. Auch die Erfindung des Automobils unterstrich die Berechtigung der rechten Seite als Ehrenplatz. Durch den links gehenden Herrn wurde die Dame davor geschützt, von Autos angespritzt oder angefahren zu werden.

Moderne Kavaliere kennen zwar die alten Tricks, sind aber nicht wie die Kavaliere der alten Schule darauf konditioniert, ständig vor Damen den Hut zu ziehen, sich zu verbeugen, aufzuspringen, wenn eine Dame den Raum betritt, aufzustehen, wenn sie den Tisch verläßt, oder ununterbrochen Hände zu küssen.

Die Rituale der Höflichkeit gegenüber Frauen sind Accessoires, die, wie es die Situation erfordert, diskret oder forciert eingesetzt werden.

Ein Mann, der noch nie etwas davon gehört hat und sich wie ein ausgesprochener Rüpel benimmt, hat die Chance, zu gefallen, verspielt.

Geht der moderne Kavalier links von der Dame?

Das Promenieren von früher gibt es nicht mehr. Sonntags machte man sich fein und ging, Arm in Arm mit der Gemahlin, ein Stündchen spazieren. Besondere Regeln gaben an, wie Regenschirm und Stock zu tragen waren, und regelten die Grußrituale während des Spaziergangs.

Heute promeniert man bestenfalls in der städtischen Fußgängerzone von Schaufenster zu Schaufenster oder schlendert im Kurpark von einem Rosenbeet zum nächsten. Welchen Sinn hätte es für den Mann, peinlich genau darauf zu achten, links von der Dame zu gehen? Könnte er sie damit vor knapp vorbeirasenden Skateboardfahrern, Handtaschenräubern oder etwaigen Messerstechereien schützen? Nein.

Mehr oder weniger ernstzunehmende publizistische Schnipsel:

»Kein Sex mehr ohne Zärtlichkeit«, titelt das österreichische Monatsmagazin ›Wiener‹ in seiner Ausgabe vom Mai 1993, um wahrscheinlich ein paar Monate später wieder »Sex: heiß wie nie!« aufs Titelblatt zu bringen. Die französische Journalistin Françoise Giroud hat gemeinsam mit dem als sehr schön geltenden Medienintellektuellen Bernard-Henry Levy ein Dialogbuch über die Liebe geschrieben, das in Frankreich sprunghaft die Bestsellerlisten eroberte: ›Les hommes et les femmes‹. Ein kurzes Dialogstück daraus zum Thema Romantik: F. G.: »Vor fünfzig Jahren war Sexualität obszön. Was uns heute obszön erscheint, sind die Worte der Liebe. Im Gegenzug spricht man von Sex mit kompletter Freiheit.« – B.-H. L.: »Das stimmt für die 70er Jahre. Aber man kehrt zu einer lyrischen oder elegischen Epoche zurück, zu einem Romantizismus, der selber vor zwanzig Jahren als obszön galt.«
Die französische Frauenzeitschrift ›Marie-Claire‹ publizierte unter dem Titel »Vive la tendresse« ein Gespräch mit dem Soziologen Dominique Agostini, der für zwei neue Studien verantwortlich zeichnet und die Zärtlichkeit als *das* Gefühl der neunziger Jahre prognostiziert. – Agostini: »Jede Epoche hat ihre dominanten Werte. Die 60er Jahre waren eine relativ exzessive Epoche, die 80er Jahre der Leidenschaft und heute, aufgrund der Krise, ist es die Suche nach Sicherheit. Die Zärtlichkeit ist ein Wert, der es erlaubt, die Risiken zu minimieren. Zärtlichkeit beruhigt.«

Man achtet nicht bewußt darauf, wer auf welcher Seite zu gehen hat. Aber der Mann wird nicht an jener Seite gehen, wo die Dame ihre Schultertasche trägt, es sei denn, er liebt sanfte Schläge in die Seitengegend.

Wichtig am modernen Promenieren ist, nicht rücksichtslos sein eigenes Tempo vorzugeben. Deshalb ist es Männern untersagt, einen halben Meter vorauszulaufen. Und auch die Damen sollten, wenn möglich, nicht alle fünf Sekunden, sondern höchstens alle fünf Minuten vor einem Schaufenster stehen bleiben.

Soll ich Frauen aus dem Mantel helfen oder riskiere ich damit, als reaktionäres Schwein abgestempelt zu werden?

Es ist doch eine chevalereske Geste. Man sollte sie allerdings nicht überstrapazieren, und sie gekonnt einsetzen: zum Beispiel, wenn Sie eine Frau zum Essen ausführen. Im Alltag ist das In-den-Mäntel-helfen zwar gut gemeint, aber unbequem. Viele Männer nämlich schauen in die Luft und halten den Mantel irgendwohin, so daß man die Ärmel gar nicht findet.

Der Handkuß

Argumente gegen den Handkuß

Der Handkuß ist eine Unterwerfungsgeste.

Trotzdem gehört er zu den ungeschicktesten Eroberungsstrategien, die sich ein Mann ausdenken kann.

Wer ernsthaft meint, eine Frau zu beeindrucken, indem er ihre Hand packt und so tut, als würde er seine Lippen auf ihren Handrücken pressen, muß heute mit allen Formen der Zurückweisung rechnen. Man hat schon Handküsser gesehen, die sich im Irrglauben, den perfekten Kavalier der alten Schule zu mimen, Wogen von Gelächter ausgesetzt sahen.

Historische Vignette:
Der perfekte Handkuss

- Handküsse erfolgen nur in geschlossenem Raum – nicht unter freiem Himmel.
- Die Neigung der Lippen des Mannes endet einige Millimeter oder gar Zentimeter über der Hand.
- Nur verheirateten oder älteren Damen gebührt der Handkuß.
- Handküsse gibt man nur auf nackte Haut, nicht auf das Leder der Handschuhe.

Umfragen zufolge ist das Bild des Handküssers verheerend. Katrin B. findet, bei solchen Männern sei einfach eine Schraube locker, Valerie ekelt sich davor, und Marie muß einfach lachen, wenn der Handküsser naht.

Der Handkuß ist niemals sexy!

Oder kann sich jemand Robert De Niro vorstellen, wie er einer Dame die Hand küßt? Da könnte er gleich auf einem Elefanten daherreiten oder sich ein Ballettröckchen anziehen. Robert De Niro würde ein hintergründiges, ein bißchen gemeines Lächeln lächeln, und schon werden wir schwach.

Der Handkuß würdigt den Mann zur lächerlichen Figur herab. Das haben Untertanengesten an sich. Um ihre Demut zu bekunden, mußten die Höflinge dem Monarchen die Hand küssen, küssen Priester heute noch dem Papst die Hand.

Wenn Sie gerne Demut gegenüber den Damen bekunden wollen, pflegen Sie den Handkuß. Er ist Ihre Geste. Wollen Sie aber ein Mann sein, lassen Sie sich etwas Besseres einfallen.

Einige Sonderfälle

- Der Kavalier der alten Schule.
  Zu ihm, dem echten Gentleman, gehört der Handkuß wie der Smoking oder der weiße Seidenschal. Maurice Chevalier, Johannes Hesters, Gregor von Rezzori, Fürst Rainier von Monaco – sie sind Herren und keine Männer. Bei ihnen unterstreicht der Handkuß das altertümelnd Chevalereske.
  Der Kavalier der alten Schule weiß, daß seine Ritterlichkeit heute ganz und gar unmodern wirkt, aber er spielt mit ihr. In gewissen Konstellationen kann der Handkuß einen eigenwilligen, veralteten Charme entwickeln, aber *männlich* wirken kann er niemals.
- Der Handkuß als ironisches Zitat.
  Dieses Kunststück fordert Ihren Charme heraus,

meine Herren. Es wird von Ihnen verlangt, daß Sie die chevalereske Geste Handkuß perfekt imitieren können und gleichzeitig muß deutlich werden, daß Sie um das Altertümelnde der Geste wissen, aber der Dame Ihre Wertschätzung auf diesem Wege bekunden möchten.

Durch den ironisch-verschmitzten Handkuß können Sie Bildung und aufgeklärte Distinguiertheit unter Beweis stellen. Voraussetzung ist allerdings die perfekte Durchführung. Deshalb: vorher zu Hause üben.

- Der Handkuß als »Wiener Schmäh«.

  Der Handkuß ist eine österreichische Spezialität, und schon frühe Reisende sollen sich über die manische Handküsserei der Wiener mokiert haben. Sie können das exotische Image des Handkusses zu Ihrem Vorteil verwenden, wenn Sie
- als Österreicher eine ausländische Touristin beispielsweise beeindrucken wollen,
- austrophil sind, hier Ihre Urlaube verbringen, und sich in der Heimat mit dem Wiener Charme schmükken wollen,
- Österreicher im Ausland sind.

Ein in Hamburg ansässiger österreichischer Photograph meldet hohe Erfolgsquoten bei den hanseatischen Damen mit dem Wiener Schmäh, und Christian S., ein Wiener in Zürich, berichtet stolz, wie gut der Wiener Strizzi-Spruch »Küss die Hand ohne Ende!« bei den Schweizerinnen ankomme.

Der Blumenstrauß

Ist der Blumenstrauß noch zeitgemäß?

Blumen waren nie aus der Mode. In der Kulturgeschichte der Menschheit haben sie seit alters her eine große Rolle gespielt. Sie drücken persönliche Wertschätzung aus, man knüpft soziale Beziehungen durch die Blume an, bestärkt sie und beendet sie damit. Wenn Sie so wollen, führt ein direkter Weg von den kniehoch liegenden roten Blütenblättern eines römischen Banketts zu einer Vase mit Iris, die in einem Wohnzimmer in London steht. Denn die Wertschätzung der Blume ist nicht, wie oft behauptet wird, eine Errungenschaft westlicher Kultur. Im Gegenteil: über Ägypten, Mesopotamien, später über Griechenland und Rom kamen die Blumen nach Europa und schließlich nach Amerika.

Die Wertschätzung der Blumen unterlag Konjunkturen. Während der Reformation durften in Kirchen keine Blumenarrangements stehen, das galt als unnötiger Luxus. In China waren Blumen während der Kulturrevolution verboten.

Nicht zuletzt galt die Blume immer als Liebesgabe. Ein Mann, der eine Frau erobern wollte, schenkte ihr rote Rosen.

Eine Zeitlang wollten die Frauen von den Männern nichts geschenkt haben, nicht einmal Blumen. Heute ist das anders. Der Blumenstrauß wird wieder als das angesehen, was er ist: eine nette Geste, ein Beweis von Freundschaft und Zuneigung.

Als besonders nette Aufmerksamkeit gelten Überraschungsblumen (ohne Anlässe wie Geburtstage oder

Valentinstag). Und wenn Sie Ihrer Liebsten nur eine einzige Rose schenken: sie kommt gut an. Mit Blumen können Männer punkten!

(John Cleese hat dies in einigen seiner Filme vorgeführt. Als Rosenkavalier war er rührend komisch.)

Der neue Trend – Frauen schenken Männern Blumen

Schon wieder fällt eine Bastion der Männer. Die Blumen, einst unverzichtbarer Bestandteil des vom Mann initiierten Verführungsrituals, werden demokratisiert. Nicht nur, daß Frauen nichts mehr dabei finden, Männern Blumen zu schenken, vielleicht werden bald sie es sein, die zum ersten Rendezvous mit einem Blumenstrauß erscheinen. Schlecht?

Nein. Wenn die Männer wissen, wie schön es ist, Blumen geschenkt zu bekommen, werden sie öfter welche schenken.

Floristen empfehlen, bei den Blumen für den Mann »maskuline Varianten« zu wählen: man empfiehlt weniger stark riechende Blumen und gedeckte Töne anstatt greller Farben.

Wie sehr Blumen Männer beeindrucken können, belegen zwei Fallbeispiele, die die Modezeitschrift ›Vogue‹ in einer Geschichte zum Thema »Was Frauen Männern schenken« brachte.

- Ein Illustrator, dem einmal eine Frau, die ihn nett fand, siebzig Rosen ins Hotel schickte, gesteht: »Ich war überwältigt!«
- Der Musiker Harold Faltermeyer bekam von der Mitarbeiterin einer Plattenfirma, an der er seine

schlechte Laune ausgelassen hatte, am nächsten Tag einen Kaktus. »Das hat mich wirklich beeindruckt!«

Kleines Lexikon der Symbolik der Blumen

Die Entzifferung der bildhaften Bedeutung der Blumen – man wählte die Blume, um ein bestimmtes Gefühl auszudrücken – gehörte im 19. Jahrhundert zu den beliebten Gesellschaftsspielen. Warum es nicht wieder aufleben lassen? Vorteile: eine nette Bereicherung für einen unromantischen Alltag, Zerstreuung für langweilige Bürostunden.

Gefühlsharmonie: die Narzisse
Wilde Liebe: die rote Rose
Verlorene Liebe und Untreue: die gelbe Rose
Unschuldige Liebe: die weiße Rose
Glückliche Liebe: die rosa Rose
Kurzes Glück: die Margerite
Wahre Liebe: das Vergißmeinnicht
Beständigkeit: die Hyazinthe
Treue: Efeu
Liebeskumer: die rote Nelke
Erste Verliebtheit: die Lilie

Aber Vorsicht! Die Bedeutung mancher Blumen ist von Land zu Land verschieden. Die Lilie zum Beispiel gilt in manchen Regionen ebenso wie die Aster oder die Chrysantheme als Totenblume. In China wiederum symbolisiert die Chrysantheme Fruchtbarkeit und langes Leben.

Überall hingegen gilt:

- Eine Frau schenkt einer anderen niemals rote Rosen (es sei denn, sie möchte etwas *ganz Bestimmtes* damit ausdrücken).
- Für ein junges Mädchen eignen sich Weiß und Pastelltöne am besten.
- Die alten Regeln, wonach ein Bouquet niemals aus dreizehn Blumen bestehen darf und kein Blumenstrauß aus einer geraden Anzahl von Blumen, haben an Bedeutung verloren.
- Topfpflanzen schenkte man sich früher von Frau zu Frau als Bereicherung der Blumenfenster. Es wäre heute eine Beleidigung, einer Frau einen blühenden Kaktus mit den Worten »für dein Schlafzimmerfenster« schenken zu wollen. Allerhöchstens kann man Topfpflanzen bei einem Jobwechsel zum Beispiel als Zierde für den neuen Schreibtisch schenken. Auch dann bleiben sie ein wenig phantasielose Notgeschenke.
- Wenn Sie mit weißen Blumen am Krankenbett erscheinen, wird man Sie für den Todesengel halten. Weiß ist der Tradition nach die Farbe der Begräbnisblumen.
- Wenn Sie einem Mann sagen wollen, er solle sich zum Teufel scheren, schicken Sie ihm einen großen Kaktus in einem Platiksack. Das versteht jeder.

Das Kompliment

> »Ihr beide seid so intelligent wie zwei Golfbälle, sagte ich. Wie in aller Welt schafft ihr das?«
>
> Raymond Chandler,
> ›Lebwohl mein Liebling‹

Von Mann zu Frau

Eine Geschichte aus einem alten Benimmbuch: Ein Mann sitzt einer Frau gegenüber, die unter ihren Sommersprossen leidet. Aber ohne darüber hinwegzusehen und zu sagen: »Was für wundervolle Hände Sie haben«, sagt er: »Ihre Sommersprossen« – kurze Pause – »stehen zueinander wie die sieben Sterne des Großen Bären. Wußten Sie das?« Mit diesem Kompliment landete er einen Volltreffer.

Faustregel: Sagen Sie keine Gemeinplätze. Je persönlicher ein Kompliment, um so erfolgreicher.

Mit einem eiligen, »ja, du siehst eh gut aus«, ist es nicht getan. Frauen und Männer lieben es, wenn ihr gutes Aussehen gelobt wird. Und sie wollen, daß ihre ganz persönlichen Vorzüge bewundert werden.

Natürlich wird niemand zu jemandem, der unter seinen dünnen Haaren leidet, sagen: »Du hast aber schöne Haare.« Das Kompliment darf nicht als glatte Lüge erkennbar sein. Aber wenn man ein bißchen nachdenkt, findet man an jedem Menschen etwas, das besonders schön ist.

Wie weit darf ich gehen? Darf ich, auch wenn ich es ehrlich meine, sagen: »Du hast einen schönen Busen« oder »Deine Beine gefallen mir irrsinnig gut«?

Hoffen wir, daß kein Mann es mehr wagt, seine neue Kollegin mit den Worten »Sie haben aber tolle Beine!« zu begrüßen.

Für alle übrigen Fälle, die eine gewisse Annäherung der beteiligten Personen erfordern, gibt es keine Regel. Die Antwort auf ein solches – zweifellos delikates Kompliment – kann eine Ohrfeige, aber auch eine Umarmung sein. Die Situation entscheidet.

Auf jeden Fall sollten Sie mit derartiger Kühnheit sehr vorsichtig und mit Gespür umgehen.

Tips: Denken Sie an Filmszenen. Aber nicht unbedingt daran, wie Humphrey Bogart in ›Casablanca‹ zu Ingrid Bergman sagt: »Ich schau Dir in die Augen, Kleines!« Dieses Kompliment ist unoriginell. Jeder hat es schon mindestens einmal zitiert.

Denken Sie meinetwegen an Robert Redford in ›Ein unmoralisches Angebot‹. Eine Million Dollar für eine Nacht zu bieten, ist auch ein Kompliment.

Erprobtes aus der Praxis

- Moritz ist ein erfahrener Charmeur. Eines seiner erfolgreichsten Komplimente hat er aus einem Curd Jürgens-Film geklaut: »In der Kathedrale meines Herzens brennt eine Kerze für dich.« Dieses Kompliment verlangt Ernsthaftigkeit. Wer dabei lacht, hat verloren.
- In ›Mach's noch einmal Sam‹ rät ein Freund Woody

Allen: »Du mußt sagen: Ich habe schon viele Frauen gehabt, aber du bist die einzige, die ich wirklich liebe.« Er sagt, »nein, das glaubt die mir nie.« Trägt aber sein eingelerntes Kompliment trotzdem vor, und siehe da, es funktioniert. Sie sagt: »Ach wirklich? Nein, wie schön.«

Leider reicht das Repertoire mancher Männer mit Müh und Not bis zur Einladung zum Essen und zum Blumenschenken, plaudert der Charmeur aus der Schule. »Das ist definitiv zu wenig. Man muß wissen, wie man sich charmant verhält. Und man muß wissen, wie man schmeichelt. Die gekonnte Schmeichelei öffnet fast jedes Herz. Denn glauben Sie mir: Die Damen wollen umworben sein.«

Machen Sie sich die Vorliebe vieler Frauen für Dichter, für Poesie im allgemeinen zunutze. Aber bitte meiden Sie den totalen Kitsch. Seien Sie geistreich, soweit es möglich ist. Denken Sie an Stendhal und sein Klagen: »Wäre ich nur etwas geistreicher gewesen, dann hätte ich sie haben können!« Zitieren sie Kafka: »Meine Geliebte ist eine Feuersäule, die über die Erde zieht. Jetzt hält sie mich umschlossen.«

Aber um Himmels willen, nehmen Sie sich nicht Franz-Xaver Kroetz zum Vorbild. Dieser Mann, der immerhin die Berufsbezeichnung »Schriftsteller« führt, sagte einmal in der Münchner ›Abendzeitung‹ über seine Frau Marie Theres Relin: »Sie is' wia a guat's Pferd. Des mein i als Kompliment.«

Falsch wäre auch dies: »Letzthin habe ich wieder von Ihnen geträumt, es war ein großer Traum, ich erinnere mich aber fast an gar nichts.« Franz Kafka an Milena Jesenska.

Sie suchen ein modernes, provokantes Kompliment für einen Mann?

Blättern Sie in den Annalen des Kinos! Immer wieder werden Sie auf Mae West stoßen.

In dem Film ›I'm not an angel‹ kreierte sie einen der obszönsten Sprüche des ersten Drittels dieses Jahrhunderts: »Is this a gun in your pocket or are you just glad to see me?«

Wollen Sie einen Mann erröten sehen? Zitieren Sie Mae West.

Ungeschickte Komplimente

In dem Film ›Der große Regen‹ lernt Deborah Kerr Richard Burton als geheimnisvollen indischen Arzt mit Turban und besonders indischen blauen Augen kennen.

»Sie sind ein interessanter Mann, Doktor«, sagt sie, als sie ihm vorgestellt wird und fügt hinzu: »Ich habe noch nie einen kennengelernt.« Dabei steht ihr Mann neben ihr! Weiß der Himmel, was er und Richard Burton in dieser Sekunde gedacht haben. Natürlich war das Ganze nur ein Signal dafür, daß in ein paar Filmminuten Deborah Kerr und Richard Burton glühende Blicke austauschen werden.

Wie mache ich einem Mann ein Kompliment?

- Seien Sie ganz persönlich. Sagen Sie »Oh, ich weiß, du kennst dich in Politik hervorragend aus. Wie schätzt du denn die Außenpolitik Clintons ein? Ich weiß da nämlich nicht so gut Bescheid.« Seien Sie nett, erlauben Sie es ihm, sich Ihnen ein klein wenig, aber nur ein ganz klein wenig, überlegen zu fühlen.
- Vermeiden Sie Formulierungen wie »die Männer tun das, die Männer sind eben so.« Das bringt keinen Erfolg.
- Haben Sie keine Scheu vor Schmeicheleien. Sagen Sie ihm, daß dieser neue Anzug ihm ganz besonders gut stehen würde, daß der Dreitagebart an ihm besonders männlich aussehe. Männer lieben es, wenn ihr Aussehen gelobt wird.
- Aber Männer wollen auch Komplimente über ihren beruflichen Erfolg hören. Übertreiben Sie ruhig ein bißchen: »Nein, wie du das wieder hingekriegt hast! Mit diesem Menschen vom Börsenverein zu verhandeln, das muß doch unheimlich schwierig sein!«
- Die Sonnenfinsternis des Geschmacks: Das schlechteste aller denkbaren Komplimente wurde ausgerechnet von einem Mann vorgeschlagen. Nichtsahnend meinte er, das schönste Kompliment für einen Mann sei doch, wenn eine Frau die Größe seines Geschlechtsteils loben würde.
  Oh, nein! Eine Dame würde so etwas nie sagen. Vor allem nicht in der Öffentlichkeit. Abgesehen davon sind Männer unheimlich konservativ: Frauen, die ihnen geschlechtlich zu nahe treten, halten sie eher für eine Nutte als für eine selbstbewußte Frau.

Die Liebeserklärung

Kann ich sie mir sparen?

Wo denken Sie hin? Zuerst *alles* wollen und dann *nichts* sagen?

Auch in der Liebe müssen Sie Ihren Mann stehen und sich zu Ihren Gefühlen bekennen.

Wie sage ich ihr, daß ich sie liebe?

Indem Sie zu ihr sagen: »Ich liebe dich.« »Ich bete dich an, du bist die Schönste für mich!« »Du bist die Göttin!«

Es ist bekannt, daß Sie Angst vor romantischen Formulierungen haben, weil Sie meinen, diese seien eines Mannes nicht würdig. Aber der Phantasiegehalt einer Liebeserklärung ist ein Gradmesser: hier wird geschieden – in Mann und Waschlappen.

Der Liebesbrief

Schreibt man wirklich wieder Liebesbriefe?

Der Liebesbrief ist ein Evergreen unter den Textsorten. In den letzten Jahren allerdings, als Coolness und Härte ebenso fashionabel waren wie ein Jahrzehnt zuvor die Totalverweigerung des »altmodischen Bourgeoiskrams«, bekam der Liebesbrief das Image der lächerlichen Gefühlsäußerung. Da stülpte einer sein kleines Herz nach außen und machte sich klein und verwundbar wie eine Schnecke ohne Haus.

Heute gehört der Liebesbrief zum guten Ton. Er ist eine Flaschenpost aus früheren Tagen, ein Kleinod in einer gefühllosen Technokratenwelt. Der Liebesbrief ist eine verlorene, aussterbende Gattung in der Flut eiliger, pragmatischer Botschaften, die wir Tag für Tag empfangen.

Der Liebesbrief ist ein schöner Anachronismus. An ihn verschwendet man Zeit, Herz und Phantasie. Früher fanden sich im Liebesbrief gepreßte Haarlocken, die nur dem Liebsten gehörten, selbstverfaßte Gedichte, die nur für *ihn* bestimmt waren...

Wie verfasse ich den idealen Liebesbrief?

Historische Beispiele

Despotische Art: Die Schauspielerin Adele Sandrock an den Schriftsteller Arthur Schnitzler: »Also, Silberfisch, Panther – mein Eisbär Du kommst«, »einziger Zwerg, mein ideales Gescheidterl«, »Du süßes Menschenfleisch«.
Schmeichelnde Art: Schnitzler an Sandrock: »Dämon, liebes Kind, Engerl, Tragödin, Genie, Fratz, Canaille, Liebling, süßes Herz, fascinierende Person, gefährliches Wesen, herziger Schatz.«
Poetische Art: Franz Kafka an Milena Jesenska: »Ich lese die zwei Briefe, so, wie der Spatz die Krumen in meinem Zimmer aufklaubt, zitternd, horchend, spähend, alle Federn aufgebauscht.«

Devote Art: Bert Brecht an Paula Banholzer: »Erlaube Deiner Majestät unterthänigster Kreatur, Dir seine ehrfurchtsvollsten Unterwürfigkeiten vor die zarten Füßchen zu legen. Er hat sonst wenig zu tun. Salaam.«
Melancholische Art: Gustave Flaubert an Louise Colet: »Lebwohl, Du, die Du die Verrückten magst, die Kretins, die Raubtiere und Araber und die mich liebt. Das Wort Araber läßt mich an den Schatz der Huris denken.

Ich küsse Dich. Auf, schöpfe wieder Mut! Seit einiger Zeit kommst Du mir sehr düster vor. Mach Dich energisch an den Plan für Dein Drama und schicke ihn mir. Nochmals tausend Küsse.«
Sexuelle Art: Paul Eluard an Gala: »Du solltest einen roten Mantel haben und schwarze Strümpfe, rote Handschuhe, eine rote Maske, und Deine Haare umwehen den zurückgeworfenen Kopf, und unter dem Mantel bist Du nackt, und in mir ist alles abgestorben, was nicht Du ist, was nicht mein wirkliches Leben und nicht die Liebe ist, die ich für Deine schlichten und sanften Augen, für Deine guten und schönen Hände empfinde, für Deine Brüste, die für mich noch erregender sind als die Haare Deines Geschlechts, als Dein Geschlecht, das ich über alles liebe.«
Pornographische Art: George Grosz an Eva Grosz: »Als ich heute beim Frühstück Deinen Brief aufmachte, und wie ich dann die Photos sah, stand mein Sch...z im Nu vor geilem plötzlichem Entzücken über Deine süßen photographischen Nacktheiten. Oh süße Eva. Du wirst in Deinem common sense meine Geilheit nach Dir vielleicht gar nicht verstehen... vielleicht bist Du gar nicht so – sicher bist Du nicht nur geil, wie ich mir das immer lüstern ausmale – aber da ich keine andere Frau neben Dir seit undenklichen Zeiten gehabt habe, so sind eben meine stärksten letzten erotischen Exzesse und Erinne-

rungen mit Dir verknüpft (...) Deine erotischen Fähigkeiten sind nämlich bedeutend – ob bewußt oder unbewußt – mit Dir zu f...n und sich schweinisch zu amüsieren, ist ein herrlicher Genuß. Abgesehen davon, daß Du die süßeste L...n bist.« (im Original ausgeschrieben).

Tips für die Praxis

Lassen Sie sich nicht irritieren von den Dichtern! Betrachten Sie sie ehrfurchtsvoll als Anreger, als Quelle poetischer Fundstücke, aber versuchen Sie nicht, ihnen nachzueifern.

Seien Sie so aufrichtig und persönlich wie möglich! Der Liebesbrief ist eine Entäußerung, das ist Ihnen klar, Sie geben ein Stück Ihres Herzens preis. Und die richtigen Worte dafür können nur Sie selber finden.

Für den Liebesbrief gibt es keine Regeln!

Das Problem ist vielmehr, den Menschen zu finden, der das Bedürfnis in einem auslöst, ihm einen Liebesbrief zu schreiben *und* der sich seinerseits nach einem Liebesbrief von uns sehnt. Ist einmal der Mensch gefunden, fließen die Worte fast wie von selbst aufs Papier. Obwohl es natürlich eine Kunst ist, seine Liebe zu Papier zu bringen.

Die traurigste Angelegenheit der Welt ist der einsame, der unerwiderte, der chancenlose Liebesbrief. Aber er ist auch die normalste Sache der Welt. Versuchen Sie, wenn möglich, sein Empfänger, seine Empfängerin zu sein, und nicht sein Verfasser. Das mildert die Traurigkeit.

Der Liebesbrief ist persönlicher und wird mehr geschätzt als ein Telefonanruf. In den Brief investiert man

Zeit, und das bedeutet Zuwendung. Ein Telefongespräch ist eine Sache, die sich schnell erledigen läßt.

Liebesbriefe sind nur für den oder die eine bestimmt. Niemals, niemals, auch wenn Sie den Verfasser eines Briefes keine einzige Sekunde geliebt haben, ihn einen lächerlichen Hanswurst finden, dürfen Sie seine Gefühle so verletzen, daß Sie Ihrer besten Freundin Annegret, einem bekannten Klatschmaul, daraus vor Lachen prustend vorlesen oder ihr den Brief gar zeigen.

Der Bann des ewigen Liebesbriefverbots würde auf der Stelle über Sie kommen. Nie mehr wird sich ein Mann in Sie verlieben, nie mehr wird er Ihnen einen Liebesbrief schreiben. Die Götter haben Angst davor, Sie könnten ihn Annegret zeigen.

Haben Sie Ehrfurcht vor romantischen Worten. Scheuen Sie sich nicht, dann, wenn Sie es ehrlich meinen, »Ich liebe dich« zu sagen. Es erfreut das Herz, auch wenn Sie es kitschig finden mögen.

Autos, Fahrräder, Tiere

> »Ich finde Autofahren zum Steinerweichen langweilig.«
>
> Wilma Feuerstein

Auto

Das Ein- und Aussteigen

- Die Dame fährt selbst.
  Sie sperrt auf, öffnet die Tür und steigt ein.
- Die Dame fährt nicht selbst.
  Es wird kompliziert:

Beim Einsteigen sperrt der Herr seiner Beifahrerin höflicherweise die Autotür auf und läßt sie zuerst einsteigen. Nur Rüpel rennen zu ihrem Wagen, machen die Autotür auf, lassen den Motor aufheulen und öffnen dann erst der Beifahrerin die Autotür.

Beim Aussteigen geht, nach der Hohen Schule der Etikette, der Herr um den Wagen herum und öffnet der Dame die Autotür. Das war zu einer Zeit, als man das Wort Parklücke noch nicht kannte, und ein Parkplatz so groß war wie ein Scheunentor.

Taxifahren

Im Taxi galt traditionellerweise der Platz rechts hinten als der Ehrenplatz, weil man den freien Vordersitz so weit nach vorne schieben konnte, wie man wollte, um sich Beinfreiheit zu verschaffen. Der Herr hatte links hinter dem Fahrer Platz zu nehmen.

Diese Regel könnte man heute leichter Hand für überflüssig erklären, zeigte nicht die Erfahrung, daß der Platz rechts hinten aus Gründen der Bequemlichkeit besonders bei Frauen sehr beliebt ist. Aber niemals würden sie auf ihren Vorrechten bestehen. Hat ein Mann so lange Beine, daß er sie nur schwer hinter dem Fahrersitz verstauen kann, überlassen sie großmütig den geräumigeren Platz auf der anderen Seite. Oft setzt sich allerdings heute der Herr auf den Beifahrersitz, vor allem wenn zu befürchten ist, daß die Fahrer falsche Routen nehmen oder zuviel Geld fordern.

Der Mann als Beifahrer: eine Nervensäge

- Weiß oft gar nicht, welchen Schaden er durch krasses Fehlverhalten verursacht,
- was ihn nicht daran hindert, seiner Frau oder Freundin durch ständiges Dreinreden und besserwisserische Ratschläge auf die Nerven zu fallen.
- Der unangenehme Beifahrer sieht 95% aller Parklücken, bevor sie die Fahrerin gesehen hat.
- Er erklärt der Fahrerin immer wieder gerne den Weg zum Flughafen, auch wenn es zum tausendsten Mal ist.
- Er sieht gar nicht ein, warum er den Mund halten soll und sagt bei jeder Ampel »Vorsicht, eine Ampel!«

- Hat er schließlich die Beifahrerin, die einmal seine Frau, Freundin oder Geliebte war, an den Rand des nervlichen Ruins gebracht, versteht er die Welt nicht mehr. Dieses undankbare Geschöpf will ihn verlassen. Wo doch er ihr das Autofahren beigebracht hat.

Überprüfen Sie Ihr Verhalten als Beifahrer gründlich. Sollten Sie sich Fehlverhalten eingestehen müssen, nehmen sie es nicht auf die leichte Schulter. Reue genügt nicht, Sie müssen sich bessern. Halten Sie den Mund, halten Sie Ihre Nerven im Zaum; wenn Ihnen die Fahrweise Ihrer Frau nicht paßt, dürfen Sie nicht mitfahren.

Das Gemäkel männlicher Beifahrer ist eine wesentliche, aber viel zu wenig ernst genommene Ursache von Beziehungskrisen.

Das Paar im Auto – eine Herausforderung für Psychologen. Wir sind uns doch einig, hinter dem Hickhack und Gemecker geht es doch nur um eines: es geht um verdeckte Probleme, um Macht und Ohnmacht, um Macht und Aggression. Der Mann, der seine Frau beim Autofahren gängelt, sie durch Besserwisserei und Wutausbrüche demütigt, versucht unbewußt, sie zu entmündigen. Auf angestammt männlichem Terrain will er sich behaupten.

Die Frau wiederum ist nicht bloß dankbar dafür, daß sie hinter dem Lenkrad geduldet wird, sondern empört sich über die männliche Besserwisserei. Streit, Gebrüll, Beschimpfungen – und schon ist es passiert! Die rote Ampel wird übersehen, der Radfahrer landet auf dem Kühler, und der Ehemann steigt aus.

Dagegen hilft nur:

- Die Frauen fahren alleine.
- Beide fahren gar nicht Auto.
- Die Männer halten den Mund.

Personen beiderlei Geschlechts sollten als Beifahrer Kreischen oder ein hysterisches »Paß auf, da kommt einer!« unterlassen. Wer wiederholt dagegen verstößt, wird mit Mitfahrverbot bestraft oder in Extremfällen zum Aussteigen gezwungen.

Ist Flirten während des Autofahrens verpönt?

Schmusen und Schäkern während des Autofahrens gehören zu jenen Dummheiten, die tatsächlich lebensgefährlich sind.

Frauen (oder Männer), die während einer Autofahrt ein Liebesschub überkommt und die auf der Stelle einen Kuß brauchen, dürfen ausnahmsweise in rüdem Ton zurechtgewiesen werden.

In Streßsituationen sind Zärtlichkeiten unerwünscht.

Aber das meinten Sie gar nicht, Sie möchten nämlich die Dame in der Nebenkolonne ansprechen, während die Ampel auf Rot steht. Sie kurbeln also Ihr Autofenster herunter, gestikulieren und deuten in Richtung Straßenrand. Wie romantisch! Wie geschmacklos.

Bitte wenden Sie sich an eine dieser neuen Autoflirt-Kontaktstellen, deren Mitglieder sich durch Klebeplaketten am Fahrzeug ausweisen. Bei der Kontaktstelle bekommt man nach Angabe des Autokennzeichens die Anschrift des oder der anderen, der auch den Aufkleber am Wagen hatte. Scheint besonders für Jäger und Sammler geeignet zu sein.

Wie verhalte ich mich als Autofahrer gegenüber nicht Auto fahrenden oder autofeindlich gesonnenen Zeitgenossen?

- Arroganz steht Ihnen nicht zu, Bescheidenheit schon. Der Tag der Rache wird kommen. Fußgänger, Radfahrer und Straßenbahnfahrer werden es Ihnen zeigen. Ihr Auto wird Ihnen zur Last werden! Sie werden unter der Bürde seiner Erhaltungskosten stöhnen, und keinerlei Trost wird Ihnen zuteil werden. Beugen Sie vor! Üben Sie sich jetzt schon in Bescheidenheit, rechtfertigen Sie Ihr Autofahrerdasein. Vielleicht können Sie auf Milde hoffen.
- Sie haben herablassende und herabwürdigende Bemerkungen gegenüber Nichtautofahrern (»Man muß schon gut verdienen, um sich ein Auto überhaupt leisten zu können«, »Können Sie etwa nicht einmal Autofahren?«) strikt zu unterlassen. Autofahren ist heute keine Tugend mehr, gehört aber nach wie vor zu den Kulturtechniken, die zu beherrschen, selbstverständlich ist.
  Wer nicht Auto fährt oder zugibt, nicht Auto fahren zu können, muß sich immer noch scheele und verächtliche Blicke gefallen lassen. Dies ist verwerflich. Sollte sich jemand Ihnen gegenüber erdreisten, Sie als Nichtautofahrerin bloßzustellen, kontern Sie
- mit ökologischen Argumenten,
- erklären Sie Autofahren in der Stadt für teuer, unpraktisch und unintelligent,
- verweisen Sie auf prominente Vorbilder. Auf Marlene Dietrich zum Beispiel. Die konnte nämlich auch nicht Autofahren.

Welche grundsätzlichen Fehler Autofahrer begehen

- Sie wissen nicht, daß das Auto ein Gebrauchsgegenstand ist.
- Sie verwandeln ihr Auto in eine Zumutung, indem sie ihr liebes, kleines oder ihr großes, fettes Auto mit gelben Angeberstreifen versehen.
- Sich in Nummerntafelpoesie üben und »Bimbo 5«, »Hasi 2« oder »Tschick 1« auf ihre Kennzeichen schreiben lassen und so die Intelligenz ihrer Umwelt beleidigen (kommt derzeit nur in Österreich vor).
- Sie betrachten Straßen als Wildwestarenen, indem sie sich an keine Geschwindigkeitsbegrenzungen und Vorschriften halten.
- Sie fahren mit quietschenden Reifen und brüllendem Heck durch die Gegend. Helfen Sie durch Ihr persönliches Vorbild mit, diese Neurosen zu heilen, bevor noch mehr Unglück geschieht!

Wie hält man Betrunkene vom Autofahren ab?

Leider ist solchen Leuten nicht mit Argumenten, sondern nur

- mit List: »Komm, nehmen wir uns doch gemeinsam ein Taxi, wir trinken nachher noch bei mir was.«
- oder mit Gewalt beizukommen: Man hindert sie am Fahren und beschimpft sie, sobald sie nüchtern sind: »Willst du zum Mörder werden?«

Fahrräder

Alle Radfahrer wollen, daß wir Fußgänger sie für besonders liebe, umweltbewußte Menschen halten, die vor den bösen Autofahrern in Schutz genommen werden müssen.

Wir Fußgänger würden dies gerne tun – nur, die Radfahrer geben uns wenig Grund dazu. Manchmal vermitteln sie sogar das Gefühl, als kopierten sie die schlechten Manieren der Autofahrer. Es ist, als würde sich das alte Schema bewahrheiten: Kaum hat der Mensch eine Maschine zur Verfügung, fühlt er sich stark und unbezwingbar und nimmt keine Rücksichten.

Rede an die Radfahrer

Ihr seid keine Lobby, die das Recht hat, das Radfahren für rechtsfrei zu erklären. Wie kommt ihr dazu

- einfach so in der Einbahnstraße gegen die Fahrtrichtung zu fahren,
- auf dem Gehsteig fünf Zentimeter an einem Fußgänger vorbei und noch dazu viel zu schnell zu fahren,
- keine Fußgängerampel zu beachten, sondern mit einem wilden Geklingel den lästigen Fußgänger aus dem Weg zu scheuchen.
- Wieso seid ihr feige und versucht immer, solche Vorwürfe mit einem Wutgeschrei vom Tisch zu fegen und die Fußgänger, die angeblich eure Radfahrwege benutzen, verantwortlich zu machen?
- Radfahrer, wollt ihr werden wie die Skateboardfah-

rer? Die Lümmel der Straße. Immer knapp am Fußgänger vorbeigebrettert, damit er auch einen richtigen Schreck kriegt. Das macht Spaß, was?

Tiere

Eiserne Grundregeln für Tierliebhaber

Wenn Besuch kommt, hat es der Besitzer eines Hundes oder einer Katze auf jeden Fall zu unterlassen, den Besucher oder die Besucherin zu Zeugnissen von Tierliebe zu drängen. Willst du die Susi einmal kraulen? Ja??? Na, komm schon, meine Kleine... Und schon hat man einen Hund auf dem Schoß sitzen oder eine nasse Hundezunge im Gesicht.

Entgegen der ausdrücklichen Zustimmung bzw. des deutlich geäußerten Wunsches des Besuches hat der Tierhalter sein Haustier zurückzuhalten. Der Besuch, vor allem der, der nicht vorgewarnt wurde, daß in diesem Haushalt Tiere leben, darf nicht behelligt werden.

Wenn der Besitzer eines Tieres einen öffentlichen Ort wie ein Restaurant, eine Bar oder ein Geschäft mit seinem Hund aufsucht, ist ihm meistens sowieso nicht zu helfen.

Hunde haben in Restaurants nichts verloren. Sie dorthin mitzunehmen, ist eine Unverschämtheit. Warum müssen sie eigentlich nur in Supermärkten draußen bleiben?

Sollte jemand unbelehrbar sein und unbedingt mit

seinem Hund ausgehen wollen, hat er *unbedingt Sorge zu tragen,* daß der Hund an der kurzen Leine gehalten wird und nicht frei zwischen den Beinen anderer Gäste herumläuft. Es gibt Leute (und sie sind inzwischen die Mehrheit), die Tiere an Orten, die sie freiwillig aufsuchen, nicht ausstehen können. Ein Hund gehört einfach nicht in ein Nachtlokal, ebensowenig, wie ein Hund an den Arbeitsplatz gehört. Wenn Sie Ihren Hund mit ins Büro nehmen, dürfen Sie sich nicht wundern, wenn ihn manche auf den Hundefriedhof wünschen, weil sie nicht einsehen, wieso er seinen stinkenden Plastikknochen immer unter ihrem Schreibtisch sucht und weil Hundegebell ihre Konzentration empfindlich stört.

Wenn der Hundebesitzer merkt, daß jemand seinen Lumpi und überhaupt alle Lumpis nicht mag, hat er spitze Bemerkungen à la »wer Tiere nicht mag, mag auch keine Menschen« unbedingt zu unterlassen.

Sollte es dennoch zu derartigen verbalen Ausfällen kommen, sind dem attackierten Tierehasser ausnahmsweise Anspielungen auf abartige Gewohnheiten des Tierliebhabers gestattet. Sonst haben diese aber zu unterbleiben!

Sollte einem Hundehalter ein Mensch begegnen, der sich vor seinem Schäferhund fürchtet und kein Einbrecher ist, hat er Bemerkungen wie »Pluto ist gaaanz lieb!« zu unterlassen und das Verhalten desjenigen, der sich fürchtet, zu akzeptieren.

Überhaupt ist der kälbergroße Riesenhund mit blekkenden Zähnen und heraushängender Zunge das verwerflichste, dümmste und bedrohlichste lebende Machoaccessoire, das jemals erfunden wurde. Sie wissen schon, diese Kraftlackel in schwarzen Lederhosen, die immer einen Riesenköter an der Leine führen, als wären sie selber noch nicht Ärgernis genug. (Glücklicherweise kam das in einer bestimmten Phase der Frauenbewegung schicke Mitführen von Riesenhunden wieder aus der Mode).

Meiden Sie den Anblick solcher Leute, wann immer es geht. Provozieren Sie sie nicht: das Gehirn, das nicht einmal so groß ist wie eine Erbse, gilt als unberechenbar.

Bei Spaziergängen mit einem Hund hat der Hundebesitzer immer ein Kotbeseitigungsgeschirr mitzuführen. Zuwiderhandeln sollte rechtlich verfolgt werden. Überall kommt schließlich der Dodofant, der die Menschen vom ekelhaften Hundekot auf den Straßen erlösen soll, auch nicht hin.

Haben Sie aber zu Hause einen Kanarienvogel, eine Katze oder eine Schlange, gelten diese Regeln für Sie nicht. Denn private Tiere, solche, die in der Wohnung bleiben und nicht andere Leute in der Öffentlichkeit belästigen, haben mit Benehmen nichts zu tun. Es fragt sich allerdings, wie Leute es angenehm finden können, fünf Katzen in einer 60 m^2-Wohnung zu halten und sie auch noch bei sich im Bett schlafen zu lassen. Aber der unergründliche Wille des Menschen sei sein Himmelreich. Sofern er dafür sorgt, daß die Katzen brav und ordentlich sind und nicht

- durch Gejaule die Nachbarn belästigen,
- durch penetranten Gestank das ganze Haus verpesten,
- hundert Junge kriegen, die die Nachbarn bei sich aufnehmen sollen.

Klatsch, Kollegenärger, Gefahrenherd: Betriebsfeier

Das Büro

> »Mein Dienst ist übrigens lächerlich und kläglich leicht, Sie können sich das gar nicht vorstellen, ich weiß nicht, wofür ich das Geld bekomme.«
>
> Franz Kafka

Der Faktor Macht

Früher war das Büro ein Exerzierplatz. Es herrschte Drill und Ordnung.

Das moderne Management verlangt den aufgeklärten, liberalen Führungsstil. Generäle sind fehl am Platz. Lassen Sie sich aber nicht durch das lockere, hemdsärmelige Gehabe, das modernen Bürositten manchmal anhaftet, über Macht- und Autoritätsverhältnisse hinwegtäuschen.

Und beachten Sie:

Im Berufsleben gelten andere Gesetze als im privaten Alltag. *Konkurrenz* ist die Basis des Geschäftslebens. Rücksichten und Vertrauen, wie man es im sonstigen Umgang voraussetzen können sollte, sind hier zumindest außer Kraft gesetzt.

Frauen und Karriere

Frauen, die beruflich vorwärts kommen wollen, sollten sich davor hüten, Berufskollegen, Geschäftspartner oder Chefs unter die Kategorie Gentlemen einzureihen. Vor Höflichkeitsgesten wie Feuer geben, in den Mantel helfen und dergleichen, die in anderen sozialen Kontexten durchaus erwünscht sind, ist im Berufsleben Vorsicht geboten. Hier kann schnell ein geringschätziger Ton mitschwingen. Scheuen Sie sich nicht, sich gegebenenfalls solche Höflichkeitsbekundungen im Berufsleben zu verbitten.

Ein »Ladies first« existiert in der Geschäftswelt nicht. Männer sollten sich (in offiziellem Rahmen) nicht gegenüber ihren Geschäftspartnerinnen zu Komplimenten hinreißen lassen. Oder möchten Sie gerne mit einer Frau Geschäfte machen, die Ihnen das Angebot mit den Worten »Sie haben aber einen tollen Anzug an« überreicht?

Aber: treten Sie als Frau nicht zu aggressiv auf, raten Psychologen. Denn Frauen, die sehr bestimmt oder sogar aggressiv auftreten, werden von Männern zwar Kompetenz zugesprochen. Mehr Einfluß auf Männer jedoch haben jedoch jene Frauen, die auch ihren Charme spielen lassen. Er wird als entwaffnend angesehen, und Männer fühlen sich weniger bedroht, wenn eine Frau ihr Fachwissen auf nette, typisch weibliche Art vorträgt, als wenn sie unnahbar und distanziert agiert. Die amerikanische Forscherin Dr. Linda Carli warnt, »daß eine laute Stimme, ein ärgerlicher Ton, gesenkte Augenbrauen und angespannte Muskeln von Vorgesetzten und Kollegen als unangenehm und wenig überzeugend verurteilt werden. Der kompetente Kommunikationsstil manifestiert sich mit einer wohlmoderierten Stimmlage, schneller Sprache, wenigen Versprechern, einem festen Blick und fließender Gestik.«

Die Intrigen der Karrieristen

Der Fachausschuß für Umgangsformen formuliert treuherzig: »Wer aufsteigen will, muß außer Können und Erfahrung innere Werte mitbringen. Wer Erfolg haben will, muß also eines Tages mehr in die Waagschale werfen können als seine Arbeitskraft, die freilich stets die erste Voraussetzung ist: Takt!«

Das Spinnen von Intrigen gehört zwar nicht zum traditionellen Benimmrepertoire, scheint aber oft, Gott sei's geklagt, für den beruflichen Erfolg unerläßlich zu sein.

Wer unbedingt ein Karrierist sein will:

Lege sich einen Schlachtplan zurecht, eine Aufsteigerliste, und überlege, welche Lobby nützlich ist, mit wem man gut auskommen muß, deponiere sein inneres Gewissen an der Abendkasse und sei auf immer verdammt als schlechter Mensch.

Die Sekretärinnen sind ausgestorben

Früher war die Sekretärin eine brave Haut, die nur die »Müllerin« genannt wurde und an die man die Anrede »Frau«, so scheint es, gar nicht verschwenden wollte. »Die Müllerin« notiert »jedes Wort, jede Bemerkung« des Chefs und versenkt die Aktennotiz anschließend im »Stahlschrank, zu dem nur sie den Schlüssel hat«, sie besorgt ein »Visum, das nicht vor vier Wochen zu haben ist, in 48 Stunden und hat alle Fluglinien, alle Expreßzüge im Kopf«, und der Chef nervt sie bis sieben Uhr abends mit Terminverschiebungen.

Die Müllerinnen sind ausgestorben. Heute wird der Beruf der Sekretärin weitgehend durch den der Assistentin ersetzt. Das ist auch völlig korrekt so, denn wer möchte schon einen Job, der – zu Unrecht – schlecht beleumundet ist: die Sekretärin kocht Kaffee und poliert ihre Fingernägel, besagt das Vorurteil. Die Assistentin kann richtig selbständig arbeiten, suggeriert die gehobenere Berufsbezeichnung. Chefs sollten niemals den Fehler begehen, ihre Sekretärin oder Assistentin als Tippse zu behandeln oder gar so zu titulieren. Sie würde sich rächen und nur mehr so wenig arbeiten, wie man als Tippse halt arbeitet.

Benimmtips für Chefs

- Übertreiben Sie Ihr Chefgebaren nicht. Akzeptieren auch Sie, daß die Zeiten eines Macchiavelli vorbei sind.
- Kommandoton und Befehlsausgabe kennt man heute noch vom Kasernenhof, im Büro haben diese Unsitten nichts verloren. *Kommunizieren* sollen Sie mit Ihren Mitarbeitern, und nicht *kommandieren.*
- Behandeln Sie Ihre Mitarbeiter, wie das Wort schon sagt, wie Mitarbeiter, und nicht wie Leibeigene.
- Brüllen Sie nicht in der Gegend herum.
- Schieben Sie Ihre eigenen Fehlentscheidungen nicht auf Ihre Mitarbeiter ab.
- Verprassen Sie nicht die gesamten Spesen Ihrer Abteilung.
- Bilden Sie sich weiter in Ihrem Fachgebiet. Ansonsten verlieren Sie schlagartig an Autorität.
- Geben Sie niemals Ihren Mitarbeitern Gelegenheit, sich zu fragen: wie kommt der oder die denn bloß an diesen Job?
- Machen Sie nicht Ihre Vorurteile zum Wertmaßstab. Versuchen Sie, die Mitarbeiter nach Leistung zu beurteilen und nicht deswegen, wie gut Ihnen ihre Nasenspitze oder ihr Haarschnitt gefällt.

Würden nur diese paar Punkte beachtet, würde es in den Führungsetagen gleich ganz anders aussehen.

Die Kollegen ärgern mich

Der Büroklatsch

ist unvermeidlich. (Mit irgend etwas müssen sich ja manche Leute den ganzen Tag beschäftigen.)

Der Klatsch kann eine zielführende Angelegenheit sein. Man kann sich damit Freunde schaffen, aber auch viele Feinde. Wichtig ist gute Information. Ein Spinnennetz von Beziehungen, stets auf den neuesten Stand gebracht, kann einiges an Fauxpas ersparen. Für den professionellen Klatsch ist es unabdingbar, über einen Plan und die neuesten Informationen zu verfügen. Damit kann man sich bei manchen Leuten, es müssen ja nicht unbedingt die moralisch integersten sein, beliebt machen. Aber wem ist nicht schon der Fauxpas passiert: »Der Schneider ist der blödeste Hund, den ich kenne!« »Ich kenn' ihn auch ganz gut. Wir spielen jede Woche Tennis.«

Ekelhaft und gar nicht mehr lustig wird der Büroklatsch dann, wenn Karrieristen und andere nichtswürdige Personen Kollegen gezielt bei der Firmenleitung anschwärzen oder bösartige Gerüchte in Umlauf setzen. Sollte Ihnen jemand diese Bösartigkeit antun, rächen Sie sich bitter! Streuen Sie über Ihren Verunglimpfer das gemeinste, perverseste Gerücht aus, das Ihnen einfällt.

Der computerisierte Schreibtisch

Folgende Regeln sind unbedingt zu beachten:

- Man fummelt nicht am Computer anderer Leute herum. Eine Festplatte oder Disketten sind so etwas wie private Dokumente. Neugierige haben da nichts zu suchen.

- Hantieren an fremden Dokumenten ist streng verboten!
- Ebenso stundenlanges Blockieren des Druckers durch den Ausdruck von Endlosdokumenten. Es muß unterbrochen werden, wenn jemand anderer nur ein kurzes Dokument ausdrucken will.
- Schicken Sie nicht ständig anderen Messages über den Computer. Das kann furchtbar lästig sein.
- Lernen Sie Ihren Computer zumindest in den Grundzügen kennen. Wer ständig fragt, »Wissen Sie eigentlich, wie man eine Diskette wieder rausbekommt?« und sich wie ein Einfaltspinsel anstellt, wird rasch zum Gespött und außerdem zum unbeliebten Kollegen, weil dadurch alle anderen aufgehalten werden.

Moderne Arbeitskleidung

> »Wenn man sich als Privatsekretär bei einem Bankier vorstellt, trägt man keine Schirmmütze. Und schon gar keine rote, wie die der Fallschirmjäger, die ich so lange getragen habe. Und auch das Heftpflaster macht sich nicht gut.«
>
> Jean-Paul Belmondo in
> ›Die Millionen eines Gehetzten‹ (1962)

Heute vermeiden es die Personalchefs, Arbeitskleidungen vorzuschreiben. Tatsache ist aber, daß die Kleidung für eine bestimmte Branche ungeschriebenes Gesetz ist. Es herrscht das Diktat der unterschwelligen Uniformierung.

In dem Artikel »Lauter Visitenkarten für den Arbeitgeber. Vom Umgang mit (un)geschriebenen Kleider- und Erscheinungsvorschriften am Arbeitsplatz«, zitiert die ›Weltwoche‹ einen Personalchef, der sagt: »Den besten Erfolg hat man aber nun einmal in Anzug und Krawatte, egal, ob man VW oder Porsche verkauft.« Die Assistentin eines Anlageberaters in Zürich: »Gerade im zwischenmenschlichen Umgang wird der Anzug im wahrsten Sinne des Wortes zur ›Schale‹. Denn auch hier dominiert die schon äußerlich zur Schau gestellte stromlinienförmige, geschäftsmäßig coole Art.«

Das heißt, je straighter jemand gekleidet ist, um so erfolgreicher ist er. In Jeans und Sweatshirt kein Erfolg.

Das stimmt für die meisten Berufe, vom Taxifahrer bis zum Rechtsanwalt. Nicht aber für die sogenannten »kreativen« Berufe. Unter Modefriseuren, Boutiqueverkäuferinnen, Verlagsassistentinnen oder Empfangsdamen von Werbeagenturen gehört es oft zum guten Ton, leicht exzentrisches Modebewußtsein zu demonstrieren. Aber übertreiben und sich wie ein Zirkusclown verkleiden, sollte man auf gar keinen Fall. Schlichtheit und Dezenz sind auf jeden Fall angebrachter.

Grundsätzlich soll Arbeitskleidung ein einigermaßen seriöses Verhältnis zur Arbeit demonstrieren. Wer in legerer Freizeitkleidung daherkommt, riskiert in manchen Branchen (Lehrer, z. B.), als jemand angesehen zu werden, der sich nicht ernsthaft um seinen Job kümmert.

> Beim New Yorker Magazin ›Vanity Fair‹ mußten die Redakteurinnen zwischen 1915 und 1919 in Hut, weißen Handschuhen, schwarzen Seidenstrümpfen und Kostüm zur Arbeit erscheinen. (So steht es in einer Biographie der Schriftstellerin Dorothy Parker, die einige Jahre dort arbeitete.) Gespräche während der Arbeit waren verboten. Die Chefredakteurin Edna Woolman Chase regierte so streng wie Katharina die Große, so daß sogar einmal eine Redakteurin einen Selbstmordversuch unternahm, indem sie sich vor einen U-Bahnzug warf.

Morgen schon könnte das alles anders sein, denn neuesten Erkenntnissen aus Amerika zufolge macht akzeptierte Freizeit-Bürokleidung die Mitarbeiter kreativer. Lockere Kleidung entschärfe die Hierarchien und fördere die Teamarbeit. Nach Erhebungen des Jeansproduzenten Levi Strauss erlauben »67% der US-Firmen teilweise Freizeitkleidung im Büro, 23% gestehen den Angestellten an den meisten Tagen lockere Kleidung zu, für 24% sind Jeans und Shirts an bestimmten Tagen etikettenkonform.« Ein Sun-Microsystem-Geschäftsführer wird in Zeitungen mit der Aussage zitiert: »Wir haben gar keine Bekleidungsvorschriften in der Firma. Wir verlangen nur, daß sich die Leute in irgendeiner Form bedecken.« Bei AT & T tragen die Manager am dress down Friday keine Anzüge, sondern Hawaiihemden und Turnschuhe.

Personalexperten glauben, daß sich der Trend zur Freizeitkleidung im Büro, der bei Computerfirmen begann, weiter verstärken werde. Der Grund dafür: gestiegene Produktivität, weil Freizeitkleidung den individuell empfundenen Streß reduziere. Die Energie würde nicht mehr ausschließlich für die Freizeit reserviert.

Verboten für offizielle Firmenrepräsentanten sind bei AT & T: kurze Hosen.

Aber: lockere Kleidung bedeutet nicht, sich »schlampig oder besonders sexy« anzuziehen, warnen Personalmanager.

Wie tief darf das Dekolleté im Büro sein?

Auf keinen Fall soll es runter gehen, »bis nach Südamerika«, wie Bruce Willis in ›Das Model und der Schnüffler‹ Cybil Shepards Ausschnitt zu beschreiben pflegt, wenn sie einmal mit einem Verehrer ausgeht und sich dafür fein macht.

Das Bürodekolleté also sollte nicht weiter runter gehen als Friesland oder die belgische Küste. Der Radius sollte, gemessen vom Halsknochen aus, nicht größer als zehn bis fünfzehn cm sein. Sie können sich das nicht vorstellen? Das ist ein Dekolleté, immerhin, aber noch keine Enthüllung.

Sich zu sexy zu kleiden, ist im Büro tatsächlich nicht besonders angebracht, weil

- blöde männliche Mitarbeiter auf schlechte Gedanken (grapsch, grapsch usw.) gebracht werden könnten. (Womit nicht gesagt ist, daß sie die nicht auch so haben),
- einer Frau, die hergerichtet wie für »Look of the

Year« ins Büro kommt, nimmt man nicht so ohne weiteres ab, daß sie auch etwas kann und auch bereit ist, etwas zu tun. Sie schadet sich durch ihre Aufmachung wahrscheinlich eher selber.

Superkurze Miniröcke, Shorts, tiefe Dekolletés und fünfzehn Zentimeter hohe Bleistiftabsätze sollten der Freizeit vorbehalten bleiben, da die Singnalwirkung der Kleidung nicht übersehen werden darf.

Sind Yuppie-Hosenträger, wie Michael Douglas sie im Film ›Wall Street‹ trug, noch zeitgemäß?

Nun, protzige Yuppie-Hosenträger (türkis mit goldenen Sternen oder rotweiß mit blau eingestickten Dollarzeichen) wirken heute etwas antiquiert.

Grundsätzlich aber ist gegen Hosenträger nichts einzuwenden:

- Sie sollten entweder dezent oder witzig sein, auf keinen Fall angeberisch.
- Bei der Arbeit sind sie, vor allem für beleibtere Männer, sehr praktisch, da kein enger Gürtel Bauchschmerzen verursacht und auch durch ständig rutschende Hosen die Konzentration nicht gestört wird.
- Wie das Beispiel des amerikanischen CNN-Interviewers Larry King zeigt, können Sie durch Hartnäckigkeit die Hosenträger auch zu Ihrem ganz persönlichen Markenzeichen machen.

Wenn Sie die Attribute *erfolgreich, jugendlich, im Management tätig* durch Ihre Arbeitskleidung ausdrücken wollen, tragen Sie

- einen maßgeschneiderten Anzug. Wenn Sie Ministersekretär sind, ist daran nichts auszusetzen, auch als Bankbeamter sind Sie damit okay gekleidet, aber in anderen Fällen wirkt das drei Stilebenen zu hoch
- oder die Variante »lässig und doch korrekt«: schwarzes T-Shirt unter dem Sakko. Wirkt meist recht schick und jugendlicher als die konservative Anzug-Krawatten-Variante. Wird schon von den Nachrichtensprechern öffentlich-rechtlicher Sender vorexerziert. In öffentlich-rechtlichen Sendern wie dem ORF ist dieses Ensemble für Herren am Bildschirm als zu lässig untersagt.

Das Vorstellungsgespräch

Wie erkläre ich in einem Einstellungsgespräch, warum ich meinen früheren Job aufgegeben habe?

Sie konnten Ihre Fähigkeiten nicht entfalten, hatten gewisse Ideen zur Umstrukturierung der Abteilung eingebracht, die aber wieder versandet wären, etc.

Sie können schon ein bißchen auf die Tube drücken, aber nicht zu sehr. Die sind mit allen Wassern gewaschen, diese Personalchefs. Die merken, wenn Sie ihnen das Blaue vom Himmel erzählen.

Berichten Sie niemals von sich aus – außer, wenn Sie wissen, daß die Firma über entsprechende Informationen oder Unterlagen verfügt – daß nicht Sie gekündigt haben, sondern daß Sie gekündigt wurden. Schwindeln zum Vorteil des Jobsuchenden ist erlaubt!

Unbedingt zu vermeiden bei Vorstellungsgesprächen sind Toilettefehler wie Laufmaschen, Alkoholfahnen oder ungeputzte Fingernägel. Und zu exzentrische Aufmachung empfiehlt sich nicht unbedingt.

Die Kündigung

Wie kündige ich richtig?

Schriftlich. Per eingeschriebenem Brief.

Die Kündigung soll in sachlichem Ton gehalten sein. Persönliche Bemerkungen, man habe mit der XY nicht gekonnt, dies aber sei nicht der einzige Grund, sondern…, sind fehl am Platz.

Auch nach Beendigung eines Dienstverhältnisses empfiehlt es sich nicht, die Firma gegenüber aller Welt schlecht zu machen. Man wähle nur Gesprächspartner seines Vertrauens! Aufgrund gewisser Seilschaften sind durch solch entgrenztes Rachebedürfnis schon Karrieren vereitelt worden.

Wie verhalte ich mich gegenüber einem Arbeitskollegen, dem gekündigt wurde?

Verständnisvoll, aber nicht aufdringlich. Unbedingt zu unterbleiben haben halblaute Bemerkungen wie »na, bin ich froh, daß es mich nicht erwischt hat« und ähnliches.

Anrede im Betrieb

Alternative Betriebe: Vorname + Du.

Liberales Büroklima + angelsächsische Länder: Vorname + Sie.

Hochkulturbranche: Herr Doktor..., Grüß Gott, Herr Professor...

Normalfall: Herr, Frau.

Verpönt: Fräulein (kommt selten vor), Anreden wie Schätzchen oder Kleines, (geh, machst du mir mal einen Kaffee) sollte man sich energisch, eisig und streng verbitten.

Wie lerne ich, wie ich mich gegenüber meinen Gesprächspartnern in den arabischen Emiraten richtig zu verhalten habe?

Durch den Besuch eines sehr en vogue gewordenen interkulturellen Benimmseminars für Manager und andere Leute. Angeboten werden auch »Fettnäpfchen-Seminare« für Verhandlungen im Ausland. Tatsächlich kann die Flasche Whisky als Gastgeschenk einen Millionenauftrag in einem arabischen Land zunichte machen. Wer auf so ein Gastgeschenk kommt, muß sich allerdings auch die Frage gefallen lassen, wie er es mit seinem gering entwickelten IQ so weit gebracht hat.

Unhöflichkeiten

Was tue ich, wenn mich Kollegen ärgern?

Mit gleicher Münze heimzahlen. Lassen Sie sich nichts gefallen. Das haben Sie doch nicht nötig. Sie dürfen alles:

- frech sein,
- gemein sein,
- grob sein.

Was Sie nicht dürfen, ist Schwäche zeigen.

Sie müssen wissen, wer Kollegen hänselt, sie etwa wie in der Volksschule als Streber beschimpft, nur weil sie Ihre Arbeit machen, hat zumindest im Geiste den Laufstall noch nicht verlassen und befindet sich auf dem Niveau eines Kleinkindes. Und Kleinkinder finden nichts lustiger, als jemanden zu ärgern, der zeigt, daß er sich darüber ärgert. Bleiben Sie cool. Denken Sie sich die gemeinste Rache aus, aber gönnen Sie der Idiotie keinen Triumph!

Was aber, wenn es ganz unerträglich wird?

Dann bleibt wohl nicht mehr, als zuerst mit einem Chef oder in der Abteilung die Sache zu besprechen. Wenn auch das nichts nützt, tja, einen neuen Job suchen kann man sich immer noch.

Jemand, der sich Tag für Tag schlecht benimmt im Büro, kann man höflich, aber bestimmt auf seine Unsitten aufmerksam machen. Man sorgt durch Hartnäckigkeit dafür, daß er sie sich abgewöhnt.

Mein neuer Arbeitskollege, Greenpeace-Johnny, schickt seiner Freundin, die ihn zirka fünfmal täglich anruft, immer Küsse durchs Telefon. Das klingt, als würde ein Nilpferd schmatzen. Ich fühle mich dadurch belästigt, weiß aber nicht, wie ich ihm das sagen soll.

Machen Sie ihn einfach nach. Vielleicht merkt er dann, wie lächerlich sein Verhalten ist (Küsse sind nicht für Großraumbüros bestimmt). Von den unangenehmen Geräuschen einmal ganz abgesehen.

Wie reagiere ich, wenn mich mein Chef oder Kollege belästigt?

Psychotherapeutinnen und Psychologinnen empfehlen in solchen Fällen:

- eisig reagieren,
- sich nicht zur Weißglut treiben lassen, sondern die Nerven bewahren,
- nicht kokett werden,
- strenge Zurechtweisungen vor versammelter Mannschaft. Oft wirkt ein strenges »Bitte, benehmen Sie sich!« mehr als Gebrüll.

Ein Geschäftspartner hatte mir versprochen, eine Preisliste zu faxen. Er ließ sich damit zwei Stunden Zeit. Innerhalb welchen Zeitraums hat man ein versprochenes Fax zu senden?

»Faxen Sie mir das mal rüber.« »Ich fax Ihnen das mal rüber.« »Meine Sekretärin faxt Ihnen« – das ist heute Büroalltag und beschleunigt Prozesse, die früher Tage gedauert haben. Das Fax ist ein flottes Kommunikationsmittel – sonst bräuchte man es ja nicht.

Ein Geschäftspartner, der sich vier Stunden Zeit läßt mit einem versprochenen Fax – die Gründe dafür sind egal: Fax kaputt, Sekretärin krank usw., Ausreden gelten nicht – zeigt Ihnen dadurch seine Mißachtung. Das verzögerte Fax bedeutet: so wichtig ist der auch wieder nicht, den kann ich warten lassen. Wer jemandem verspricht, »ich fax Ihnen das schnell«, meint, ich schicke das Fax sofort oder innerhalb eines akzeptablen Zeitraums (zehn Minuten, halbe Stunde) weg.

Ich warte heute noch auf Ihren Rückruf!

Der versprochene und nicht gehaltene Rückruf gehört im Berufs- (wie auch im Privatleben!) zu den gröbsten Unhöflichkeiten gegenüber anderen. Auf einen Geschäftspartner, der zu Ihnen sagt, »Ich bin gerade in einer Besprechung, kann ich Sie in zehn Minuten zurückrufen?«, dies aber unterläßt, sollten Sie verzichten. Er erweckt einen unseriösen Eindruck.

Ich fuhr extra für einen Termin von Frankfurt nach Essen. Als ich nach mehrstündiger Autofahrt endlich ankam, teilte mir die Sekretärin mit, daß der Termin leider platze, da der Chef nicht da sei. Mir platzte der Kragen!

Wie könnte es auch anders sein! Hoffentlich haben Sie das Büro, in dem Sie so schändlich behandelt wurden, auf der Stelle verlassen. Man hätte Ihnen zumindest anbieten können, daß Herr X. zu Ihnen nach Frankfurt käme, um den Termin wahrzunehmen.

Hoffentlich können Sie Ihren Geschäftspartner dadurch bestrafen, daß Sie keinen Kontakt mehr mit ihm aufnehmen und sich dafür einen neuen, viel interessanteren Partner suchen.

Der Flirt am Arbeitsplatz

»Wäre unser Büro ein paar Zentimeter kleiner gewesen, wäre es kein Büro mehr gewesen, sondern ein Ehebruch.«

Dorothy Parker

Das Büro ist die große Kupplerin unserer Tage.

In Deutschland arbeitet bald die Hälfte der werktätigen Bevölkerung in einem Büro.

Das Büro ersetzt oft das soziale Umfeld. Es wird zum Familienersatz, die Freizeit ist für viele ins Restaurant, ins Kino oder in die Kneipe verlängerte Bürozeit, die sie mit ihren Arbeitskollegen verbringen.

Und: Das Büro ist ein wichtiger Umschlagplatz für Ehen, Partnerschaften, Amouren, Leidenschaften, Affären. Man sieht: das Büro ist die große Kupplerin unserer Tage.

Ein neuer Kollege in meiner Firma gefällt mir sehr gut. Leider arbeitet er in einer anderen Abteilung. Wie soll ich es anstellen, ihn kennenzulernen, wo wir beruflich nichts miteinander zu tun haben?

Zieren Sie sich nicht so! Es läßt sich immer etwas so einfädeln, daß es zuerst wie ein beruflicher Kontakt aussieht. Überlegen Sie sich, wofür er zuständig ist und welche Verbindung zu Ihrer Arbeit bestehen *könnte.* Dann erfinden Sie dazu eine Problemstellung, deren herausragende Eigenschaft ist, daß sie mit einer Vielzahl von Kontakten mit *ihm* – telefonischen Nachfragen, zahlreichen »ich komm' mal eben schnell vorbei« verbunden ist.

En passant streuen Sie gezielt persönliche Bemerkungen ein, erzählen ein bißchen von Ihren Hobbys usw. Wenn die Sache gut läuft, wird sich bald die Gelegenheit ergeben, zu ihm zu sagen »Sie schwärmen doch auch so für den ostasiatischen Film. Haben Sie Lust, mit mir den Eröffnungsfilm der ostasiatischen Filmwoche anzuschauen?« Im Idealfall kommt er Ihnen zuvor und will sich mit Ihnen verabreden.

Wenn gar nichts läuft, merken Sie das sicher, bevor Sie noch den Trick mit dem Kino probieren. Sicherheitshalber können Sie den Trick ja anwenden. Aber wenn er kein Interesse an Ihnen hat, wozu eigentlich? Um das träge Blatt zu wenden??

Welche Gefahren bringt der Büroflirt mit sich?

Mit einem Kollegen oder einer Kollegin:

- Getratsche.
- Einen Unsicherheitsfaktor, der nicht zu unterschätzen ist. Was nämlich ist, wenn die Sache zu Ende ist und Sie arbeiten dann immer noch bei dieser Firma? Womöglich in einem Raum mit diesem Kollegen.
- Am Anfang ist oft heimliches Versteckspiel vor den Kollegen nötig.
- Daß Ihre Flamme einer ist, der den ganzen Betrieb schon abgegrast hat, und nur Sie – weil Sie neu sind – haben noch nicht davon gehört.

Mit dem Chef:

- Hände weg! Es bestehen alle oben genannten Gefahren plus die Gefahr, die durch Autoritäten droht. Wenn die Sache gelaufen ist, kann es vorkommen, daß sich Chef und Ex-Geliebter Ihnen gegenüber brutaler verhält als einer, der bloß Ihr Chef ist.
  Psychologen erklären die Schwierigkeiten, die fast immer in solchen Beziehungen entstehen, dadurch, daß das Machtgefüge durcheinandergerät und in Frage gestellt wird.
- Die Kollegen befürchten, daß der Chef sie gegenüber seiner Geliebten benachteiligt. Daß die Geliebte des Chefs die Kollegen an ihn verrät. Ein Chef, der ein Verhältnis im Betrieb hat, das allen bekannt ist, untergräbt seine Position.
  Denken Sie daran: Auch die Affäre zwischen dem großen Bellheim und der Dekorateurin ging nicht gut.

»Wer sich einbildet, hauptamtlich im Berufsleben zu stehen, um Eroberungen zu machen, dürfte ja keine Entlohnung dafür verlangen, sondern müßte vielmehr eine Art Vergnügungssteuer zahlen.«

Katja Holm, ›Die neue Etikette für junge Leute‹, 1972

Es ist passiert! Die Affäre am Arbeitsplatz

Ich habe ein Verhältnis mit einem Kollegen angefangen. Wie verhalten wir uns gegenüber den Kollegen?

Art und Dauer der Beziehung entscheiden, wie Sie sich gegenüber den Kollegen verhalten.

Wenn es für beide nur ein Flirt ist, ist Geheimhaltung das beste Rezept. Erzählen Sie die Angelegenheit nicht herum, wenn möglich auch nicht Ihrer besten Bürofreundin, Madame. Solche Gerüchte gehören zur heißesten Ware im Büroklatsch, sie verbreiten sich immer wie ein Lauffeuer.

Prahlen Sie ja nicht vor Ihren Kollegen, mein Herr. Sie diskreditieren die Frau, die sich mit Ihnen eingelassen hat. Wenn sie Sie sitzen läßt, stehen Sie vor Ihren Kollegen wie ein begossener Pudel da.

Wenn es für beide eine ernstere Sache ist, ist es nach einer angemessenen, nach Büroklima und Intelligenzquotienten der Kollegen zu bemessenden Wartefrist angebracht, die Sache offiziell zu machen und sich als Paar zu deklarieren. Aber Vorsicht: das ist kein Freibrief dafür, händchenhaltend und schmusend vor dem Computer zu sitzen!

Wenn die Katastrophe eintritt und es für einen der beiden Beteiligten nur eine Liebelei à la Schnitzler war, für den anderen/die andere aber die große Liebe … Contenance ist das Wichtigste!

Bedenken Sie: wer den Schaden hat, braucht für den Spott nicht zu sorgen. Es gibt immer wieder Leute, die sich an ihrem Arbeitsplatz langweilen und deswegen die Probleme anderer zu epischer Breite auswalzen. Da ist die Tragödie am Schreibtisch gegenüber ein gefundenes Fressen.

Wenn Sie nicht Spott, Hohn und Schadenfreude ernten wollen (mitunter vielleicht eine kleine Prise ehrliches Mitgefühl), halten Sie sich zurück. Heulen und schluchzen Sie nicht, werfen Sie nicht mit Papierkörben, schicken Sie keine bösen Messages via Computer an andere Schreibtische und vor allem, hüten Sie sich davor, intime Details herumzuerzählen.

Wie verhalte ich mich gegenüber Personen, von denen jedermann in der Firma weiß, daß sie ein Verhältnis haben, die selber aber glauben, niemand ahne etwas?

Wenn Sie die beiden mögen, vermeiden Sie Anspielungen wie »Na, gut geschlafen ihr beiden?« »Seid ihr zufällig mit derselben U-Bahn gekommen?« Auch Tuscheln und Kichern ist unhöflich. Versuchen Sie, sich so unbefangen und unwissend wie möglich zu geben. Vermeiden Sie neugierige Fragen: »Kennst du den Fredi Keks eigentlich besser? Wie ist der denn so???«

Wenn Sie die beiden nicht mögen, wird über kurz oder lang das Böse in Ihnen siegen und die Hänseleien werden aus Ihnen herausbrechen. Sie sollten sich dabei aber als schlechter Mensch fühlen.

Gefahrenherd: Betriebsfeier

Betriebsfeiern sind, man braucht dazu keinen Gerhard-Polt-Film gesehen, sondern nur einmal an einem solchen Ereignis teilgenommen zu haben, Betriebsfeiern sind hochgradig gefährliche Veranstaltungen. Oft schrankenloser Alkoholgenuß (es ist gratis, der Vorrat grenzenlos) läßt ansonsten propere Personen die Kontrolle über sich selbst verlieren. Und nach zwei Stunden gleicht so manche Betriebsfeier einem Skikurs mit Eng- und Ententanz. Daß geschmust und herumgefummelt wird, ist praktisch eine normale Sache. Sollte es aber zum Äußersten kommen, sollte man zumindest so intelligent sein und sich nicht vom Chef dabei erwischen lassen. Abschreckendes Beispiel:

Werner W. arbeitet als Photoreporter bei einer Boulevardzeitung. Eine Sekretärin aus dem Ressort »Prominenz, München« gefiel ihm ausnehmend gut, und er suchte nur nach einer Gelegenheit, ihr nahezukommen. Da war die Betriebsfeier der ideale Anlaß. Es traf sich, daß die Sekretärin auch an Werner W. Gefallen gefunden hatte und genauso trinkfreudig war wie er. Es dauerte nicht lange und die beiden landeten halbnackt irgendwo in einer Rumpelkammer auf einem Packen ›Münchner Aktuelle‹. Und los ging's!

Daß der bärtige Chef noch um diese Zeit seine Runde drehen würde, damit hatten sie allerdings nicht gerechnet. Die Sache flog auf, und nur der Tatsache, daß der betrunkene Chef in den Gängen seiner Zeitungen herumirrte, um eine Toilette zu finden und dem Treiben seiner Mitarbeiter gar nicht so recht Bedeutung beimaß, verdanken sie, daß sie noch immer bei der ›Münchner Aktuellen‹ beschäftigt sind.

Tugenden und Untugenden

Die Lüge

»Höflichkeit ist Hohlheit!« »Manieren sind Lüge!« – so oder ähnlich lauteten Parolen aus den 60er Jahren. Die Opposition gegen die Lüge, gegen die Konvention war ein wesentlicher Motor der studentischen Protestbewegung. Dafür wurde das ehrliche, das alternative Lebensmodell im Manifest der totalen Offenheit festgelegt. Es hob u. a. die Existenz der Intimsphäre auf und erlaubte im Gegenzug das Entfernen von Toilettentüren in Wohnungen. In der Hochblüte der Wohngemeinschaftskultur dominierte das Sozialexperimentelle in Form beinharter Wahrheitsfindung. Wer nicht brav war, dem konnte es passieren, daß er beim »Jour fixe« unangenehme Dinge über sich zu hören bekam. Beispielsweise: »Du, ich wollte dir schon lange sagen, daß du nicht in unsere Gruppe paßt, weil du eine unheimlich dominante Person bist, deren Charakter manchmal sogar repressive Züge trägt...«

Sehr quälend konnten Vorstelltermine für ein Zimmer in einer Wohngemeinschaft sein. Die Stammannschaft befand über den Kandidaten wie das Schiedsgericht: »Also, wir finden, daß du hier lieber nicht einziehen solltest, weil wir glauben, daß du ein unheimlich komplizierter Mensch bist, der auch noch viele Probleme mit sich selber hat. Wir hatten uns eher jemanden Unkomplizierten vorgestellt...«

Die quälende Analyse mochte für das Schiedsgericht ja durchaus eine befreiende Wirkung haben. Für das Analyseopfer hätte man ob der Grobheiten, die da verbreitet wurden, manchmal am liebsten gebetet.

Montaigne hatte für Lügner den schlimmsten Kreis der Hölle reserviert, er hätte dies aber besser für Offenbarungsfanatiker tun sollen.

Die totale Offenheit im Selbsterfahrungs-Supermarkt ist brutal und gnadenlos. Das Prinzip Authentizität erlaubt es selbstbewußten, starken Leuten, sich auf Kosten von Schwächeren, Sensibleren durchzusetzen. Ein paar mit analytischem Tiefsinn verbrämte Kränkungen aus dem Nähkästchen geplaudert, und schon geht es dem Bewerber um das Wohngemeinschaftszimmer, der unter seiner Introvertiertheit leidet, noch viel schlechter als zuvor. Dies soll der Sinn des Offenen, Ehrlichen, Authentischen sein?

Jede Lüge ist eine edle Tat dagegen! Schon Wilhelm Busch soll gesagt haben: »Da lob' ich mir die Höflichkeit, das zierliche Betrügen.«

Niemand hat ein Recht darauf, jemand anderen um der puren Offenheit willen zu kränken. Woher nehmen manche die Frechheit, ihr Terrain derart auszuweiten, daß sie in die intimsten Bereiche anderer eindringen? Daß sie ihnen sagen, wie sie auf dieses und jenes reagieren und wie die ordnungsgemäße Reaktion wäre.

Die höfliche Lüge – nicht die gemeine Lüge –, nein, die nette Lüge, die Lüge als Umschreibung unangenehmer Wahrheiten muß rehabilitiert werden. Diese Art der noblen Lüge ist nicht zu verwechseln mit der Unterdrückung unangenehmer Themen wie Krebs, Drogensucht usw. Sie galten früher als völlig tabu, dies hat sich aber heute (Ausnahme: Aids. Dieses Thema ist wie vom Bannstrahl getroffen) einigermaßen gelockert.

Gibt es die Lizenz zum Lügen? In welchen Situationen ist die Lüge erlaubt?

Grundsätzlich dann, wenn sie höflicher ist als die Wahrheit.

- Bedienen Sie sich der als Kompliment getarnten Lüge, und alle Welt wird Sie lieben. Mrs. X.: »Oh, ich habe schrecklich zugenommen.« Sie: »Wenn schon, meine Liebe, dann nur an den richtigen Stellen...« Pflegen Sie die Kultur des Lobes! Loben Sie andere, wenn Ihnen etwas gefallen hat; machen Sie Komplimente, auch wenn es Ihnen schwerfällt! Die oft als hohl kritisierte Höflichkeit der Amerikaner kann uns hier durchaus Beispiel sein. Ein amerikanischer Hotelboy findet es nicht zu banal, sogar die Schönheit des Gepäcks seiner Kunden zu loben. »Nice bag!« sagt er, der Gast mit dem häßlichen Koffer freut sich, und der Hotelboy hat sein Trinkgeld. Da ist doch allen geholfen!
  Eine ausgeprägte Kultur des Lobes könnte das Leben am Arbeitsplatz, in der Freizeit viel leichter machen. Jeder Mensch freut sich, wenn er gelobt wird, und wer gelobt wird, ist zu anderen freundlicher. Dies ist die Umwegrentabilität des Satzes: »Dieses Kleid steht Ihnen fabelhaft, Frau Fischer!«
- Zerstöre niemandem mutwillig seine Freude! – ein alter Grundsatz, aber immer noch richtig.
  Auch wenn Sie heucheln und schwindeln, bewundern Sie die neuen Kleidungsstücke, auf die Ihre Arbeitskollegin so stolz ist. Sagen Sie niemals, »nee, das gefällt mir nicht, das sieht wie ein Sack aus an dir«, »Das ist besonders häßlich, wo hast du denn das her?« Versuchen Sie, ein Kompliment zustandezu-

bringen, auch wenn Sie insgeheim finden, daß die neue Trompetenhose aus London zu einem Elefanten noch besser als zu Frau Brigitte von der Telefonzentrale gepaßt hätte.

- Erzählen Sie anderen niemals Schlechtigkeiten, die andere Leute über sie erzählt haben! Ob Sie sich insgeheim über diese Geschichten amüsieren, ist Ihre Sache, aber solch unnötige Kränkungen sollte man vermeiden.
- Beenden Sie einen Abend unter Kollegen oder Geschäftsfreunden, der Ihnen nicht besonders gefallen hat, mit einer netten, kleinen Lüge. »Es tut mir furchtbar leid, aber ich muß morgen sehr früh raus, ich hab' nämlich einen wichtigen Termin in Stuttgart...« Das ist doch viel freundlicher, als wenn Sie sagen würden: »Also, Kinder, ich hab' jetzt keine Lust mehr. Tschüß, ich geh'.«
- Zeigen Sie es nicht allzu deutlich, daß Sie sich in Gesellschaft langweilen. Wer hat schon gerne Gäste zu Hause, die andauernd gähnen, auf die Uhr sehen oder sich Verschwörerblicke zuwerfen? Wenn Ihnen so sehr langweilig ist, müssen Sie sich noch um Ihre kranke Mutter kümmern, muß der Babysitter heute früher gehen oder Sie bekommen plötzlich schreckliche Kopfschmerzen, und die können nur am Wetter liegen und nicht am Wein, den Ihre Gastgeber serviert haben.
- Manche Lügen sind zu Ihrem persönlichen Vorteil erlaubt! Während eines Vorstellungsgespräches zum Beispiel kann niemand von Ihnen verlangen, daß Sie wirklich erzählen, warum es mit ihrem letzten Job nicht so recht geklappt hat, Sie hatten einfach wieder Lust, etwas Neues zu tun, deshalb haben Sie gekündigt, und nicht, weil Sie jeden Tag mit Ihrem dum-

men Abteilungsleiter Streit hatten. Sie sind im übrigen unheimlich für das amerikanische Prinzip der Mobilität und Flexibilität, das fordert die Leute so richtig, deswegen finden Sie auch diese Stelle so unheimlich reizvoll. Das wäre eine Herausforderung, wie Sie sie sich wünschen... Lügen Sie das Blaue vom Himmel herunter, wenn Sie den Job bekommen wollen. Aber geben Sie trotzdem acht, daß Sie nicht wie ein Märchenerzähler wirken. Stellen Sie Ihre Vorzüge dosiert und nicht maßlos übertrieben dar. Präpotenz würde Ihnen nicht zum Vorteil gereichen.

Das Lügenmodell nach Professor Stiegnitz

Der Wiener Soziologe Peter Stiegnitz hat in langjährigen Untersuchungen die Lüge erforscht und kam zu einer interessanten Kategorisierung der Lüge und ihrer geschlechtsspezifischen Unterschiede.

Weiblich dominiert sind demnach:

- die Alterslüge: zwei Drittel aller Frauen ab 40 machen sich jünger als sie sind, aber nur ein Drittel der Männer.
- die Gewichtslüge: rund 80% der Frauen, errechnete der Soziologe, geben ein falsches Körpergewicht an.

Überwiegend männliche Lügen sind:

- die Orgasmuslüge: zwei Drittel der Männer schätzen sich als überaus potente Liebhaber ein. Aber zwei Drittel der befragten Frauen gab zu, »recht häufig« einen Orgasmus vorzutäuschen.

- die Einkommenslüge: rund drei Viertel der Männer geben gerne ein höheres Einkommen an, als sie tatsächlich verdienen. Ebensoviele beschönigen und erhöhen die Position, die sie in ihrer Firma einnehmen.

Unentschieden, von Männern wie Frauen gleichermaßen häufig vorgebracht werden:

- die Eitelkeitslüge: Sie ist eine Selbstlüge mit einfachem Inhalt: »Ich bin viel klüger und schöner als die anderen...«
- die Suchtlüge: Sie ist die einzige »neue« Lüge, sie war früher nicht bekannt. Rund ein Drittel der Frauen und 40% der Männer lügen, wenn sie nach ihren Süchten gefragt werden. »Die Verniedlichung«, so Professor Stiegnitz, »ich rauche ohnehin nur die leichten Zigaretten...«, »ich trinke nur abends«, ist die wohl häufigste Form der Suchtlüge.«

Wie finde ich besonders gute Ausreden?

- Ist Ihr Vergehen nicht mehr zu kaschieren, versuchen Sie es einmal mit einer typischen Ausrede aus der Kindheit: »Der Wecker hat nicht geläutet.« »Die Bahnschranke war zu« oder andere grenzenlose Naivitäten können unter Umständen recht charmant wirken, da deutlich wird, daß Sie Ihr Schuldbewußtsein erkennen und um die Notwendigkeit einer Ausrede wissen. Die kindliche Ausrede entwaffnet durch ihre Unglaubwürdigkeit.
- Zitieren Sie, klauen Sie aus der Kulturgeschichte. Vielleicht fällt Ihnen etwas ein, wenn Sie wieder ein-

mal an Mae West denken. Ihre Schlafzimmerdecke hatte sie mit Spiegeln tapeziert: »Damit ich immer weiß, wie es mir geht.« Oder: einen ihrer frisch angetrauten Ehemänner soll sie einmal um Mitternacht ins Hotelzimmer eingesperrt haben, um nach drei Stunden wieder zurückzukehren. Begründung: »Ich habe nur ein bißchen Spaß gebraucht.«

- Schieben Sie alles auf die anderen. »Es war ein schrecklicher Stau im Bahnhofsviertel…«, »Diese Bundesbahn! Würde man sich darauf verlassen, jeder Termin würde platzen…«

Wie gebe ich an?

Der virtuose Bluff ist hintergründig und zurückhaltend.

Spielen Sie niemals den Renommierdeppen: »Ach, damals, wie wir beim Bocuse, bei dem Starkoch, gell, also, wie wir bei dem waren, da kommt ja gar nicht jeder rein. Ich hab' aber einen gekannt, der einmal da gearbeitet hat…«

- Klinken Sie sich mit einer originell begründeten Meinung zum Beispiel über den alten Streit CD oder Schallplatte, ob klassische Musik grundsätzlich unerträglich ist oder nicht etc., in eine Diskussion ein. Streuen Sie Hinweise auf Ihre Kontakte, auf die Leute, die Sie alle kennen, mit leichter, beiläufiger Hand. »Einmal bin ich neben Mick Jagger gesessen, der hatte vielleicht Mundgeruch.« »Beim Joggen ist mir Ringo Starr begegnet, aber was ich eigentlich sagen wollte…«
- Pflegen Sie Ihr Repertoire an Anekdoten, Zitaten und komischen Begebenheiten. Denken Sie sich

spannende, lustige, skurrile Begebenheiten aus, ein bißchen schummeln ist erlaubt.
Wer Ereignisse aufzählt und Erlebnisse abspult, erregt Unmut bei den Zuhörern: »Drei Tage bin ich mit dem Bundeswehrgepäck durch den Wald marschiert, und als wir dann aus dem Wald raus waren, dann …« Entweder gehen alle, oder sie schlafen ein.

Tröstungen und delikate Ratschläge

… wenn es jemandem schlecht geht:

Mein Freund Kurt ist an und für sich ein lieber Mensch. Nur wenn er Liebeskummer hat, wird er unerträglich. Ununterbrochen ruft er an und beklagt sich selbst und die Welt. Wie sage ich ihm, daß er mir auf die Nerven geht, ohne ihn noch mehr zu verletzen?

Das vermag wohl nur die hohe Kunst der Diplomatie. Dennoch sind Sie nicht verpflichtet, sich von seelenkranken oder sonstwie leidenden Menschen alles gefallen zu lassen. Erklären Sie Ihrem Kurt ruhig, aber bestimmt,

- daß er sich nur wie ein Münchhausen am Schopf aus dem Seelenmorast ziehen kann,
- daß er aber mit seinem gebetsmühlenartigen Jammern immer mehr darin versinkt, bis er eines Tages nicht mehr heraus kann. Und dann wird er noch jemanden mit hineingezogen haben, nämlich Sie.

Wenn Sie sich dieses Gejammer noch länger anhören müssen.

An dieser Stelle mäßigen Sie Ihren Tonfall. Denn Kurt sieht Sie aus entsetzten, schmerzgeweiteten Augen an. Streichen Sie Kurts Vorzüge hervor! Falls er kaum welche hat, erfinden Sie welche.

Sagen Sie: Kurt, du bist doch ein gutaussehender Mann. Du kannst was, du hast einen interessanten Beruf. Und mit den Frauen... Das ist schwierig heutzutage, auch bei Michelle Pfeiffer soll es ja nicht so klappen mit den Männern. Vielleicht solltest Du es einmal bei der versuchen, haha.

Sie können Kurt erzählen, was Sie wollen, Sie können ihm sogar Rilke vorlesen, falls ihn das tröstet. Es ist schließlich für einen guten Zweck, Momente lang soll er nicht an die Schlechtigkeit der Welt denken. Und er muß begreifen, daß er sich am Ende nur selber helfen kann.

Wie sage ich jemandem unangenehme Dinge über sich selbst?

Sie meinen die Geschichte von dem Mann, der derart starken Mundgeruch hatte, daß sich alle vor ihm ekelten, sich aber niemand traute, es ihm zu sagen, so daß er schließlich alles verlor: Geschäft, Frau und Freunde.

In solch delikaten Fällen muß die gewisse Mischung aus Feingefühl und Bestimmtheit oberstes Prinzip sein. Sagen Sie zum Beispiel:

- »Da ist etwas, Klaus, das ich dir schon lange sagen wollte... Nein, du brauchst nicht so entsetzt zu schauen, es handelt sich wirklich nur um eine Nebensächlichkeit. Aber hast du dir schon einmal überlegt, ob du nicht Probleme mit dem Magen haben könntest, weißt du, in letzter Zeit habe ich nämlich bemerkt, daß ...«

- »Hast du dir schon einmal überlegt, daß sich dieser kleine Fehler nachteilig auf deine Geschäftsbeziehungen auswirken könnte? Tu mir den Gefallen und denk einmal drüber nach.«

Überlassen Sie dieses heikle Feld nicht den Sadisten! Der seelische Schaden könnte nicht wieder gutzumachen sein. Leider gibt es tatsächlich Leute, die nichts lieber tun, als anderen Leuten Gemeinheiten ins Gesicht zu schleudern wie: »Du stinkst aus dem Mund wie ein Misthaufen.«, »dein Gesicht sieht aus wie eine Kraterlandschaft, iiiii, so eine ekelige Akne hab ich noch nie gesehen.« usw.

Die Sache mit der Pünktlichkeit

Ich leide unter dem Zuspätkommens-Syndrom. Mein Durchschnittswert liegt bei einer Viertelstunde Verspätung, mein Rekord bei einer Dreiviertelstunde. Können Sie mir ein paar Ausreden für diese Fälle empfehlen?

Na, hören Sie einmal! Zu spät kommen und dann auch noch Ansprüche stellen!

Gut, daß Sie nicht wissen, wie weit verbreitet Ihre Schwäche ist, sonst würden Sie sich noch rücksichtsloser verhalten. Sie scheinen gar nicht zu wissen, wie sehr die Pünktlichen durch die extrem und zwanghaft Unpünktlichen genervt werden.

Nur Selbstdisziplin kann Ihr Verhalten ändern. Sie müssen sich fragen: Wie bin ich pünktlich?

Indem Sie sich vor jedem Termin genau und unter Zugrundelegung realistischer Zeitspannen (also nicht: vom Frankfurter Hauptbahnhof bis nach Bornheim schaff ich's mit dem Taxi in fünf Minuten) überlegen, wann Sie losfahren müssen.

Der Einwand, beim Zuspätkommen müsse man zwischen privatem und geschäftlichem Termin unterscheiden, stimmt zum Teil. Aber nur deswegen, weil die Geduld von Freunden strapazierfähiger ist als die von Geschäftspartnern. Notorischen Zuspätkommern kann es allerdings schon passieren, daß Freundschaften leiden oder im Extremfall ganz entzogen werden. Denn ständiges Wartenlassen (vor allem in Restaurants, bei Verabredungen an Bahnhöfen, Straßenbahnhaltestellen usw.) kommt einer Mißachtung des anderen gleich. So, als wollten Sie sagen: »Der hat eh nichts zu tun, der kann ruhig auf mich warten!« Auch wenn es nicht so gemeint ist, so wird es aufgefaßt!

Geschäftspartner kennen selten ein Pardon. Wer zu spät kommt und auch nicht vorher anruft, um Bescheid zu sagen, kann kein seriöser Partner sein. Basta.

Für alle Fälle empfiehlt sich ein Standardrepertoire an Ausreden:

»Das Telefon, ich könnte es wegwerfen, immer läutet es, wenn ich gerade weg muß«, »der Wagen ist nicht angesprungen«, »das Flugzeug konnte nicht starten«.

In den letzten Jahren hat sich auch in Mitteleuropa eine gewisse Toleranzgrenze durchgesetzt. Pünktlichkeit heißt nicht mehr unbedingt pünktlich auf die Minute. Eine kleine Marge von fünf Minuten wird man in den meisten Fällen ohne weiteres durchgehen lassen. Kommen Sie auf keinen Fall zu früh! Dies wirkt unterwürfig und erregt auch Ärger.

Der Umgang mit den Nerven anderer Leute

Es lebt eine Spezies von Menschen unter uns, die glaubt, im Umgang mit uns – mitunter – alle Regeln der Höflichkeit fallenlassen zu können.

Es sind dies die berühmten schwarzen Schafe. Bestimmte, durch Charakterschwäche, Griesgrämigkeit oder Faulheit innerlich deformierte Angehörige der Berufsgruppen Ärzte, Krankenschwestern, Taxifahrer, Kellner, Kellnerinnen, Fleischhauer, Verkäuferinnen, Immobilienmakler, Chefs aller Art, Friseure usw.

Sie können es sich nur erlauben, uns schlecht zu behandeln, weil wir zu ihnen – vorübergehend oder längerfristig – in einem Abhängigkeitsverhältnis stehen. Wir wollen etwas von ihnen: daß sie uns die Haare schneiden, uns ein schönes Schnitzel verkaufen, uns gesund machen, uns nicht kündigen…

- Nicht mehr gefallen lassen muß man sich heute den Arzt, der seine Patienten duzt und sagt: »Kinderl, schluck die Tabletten und komm wieder.« Zumindest in den Städten haben auch Ärzte Konkurrenten. »Wissen Sie, was Sie mich können…«, sagt man beispielsweise zu einem dieser weißen Götter, die die modernen Zeiten, als sich die Patienten emanzipierten, verschlafen haben.

- Auch bei boshaften Friseuren ist Selbstbewußtsein angebracht: den, der uns diesen entstellenden Streichholzschnitt verpaßt hat, strafen wir durch Boykott, wenngleich dies ein schwacher Trost ist.
- Bei Bankbeamten, Immobilienmaklern etc. entscheidet der Kontostand, wie frech man sein darf.
- Für die Behandlung von Chefs gibt es keine Patentrezepte. Aber zu viel gefallen lassen, muß sich niemand.

Empörende Fallbeispiele:

Eine alleinreisende Frau in einer Mailänder Hotelbar. Die sucht bestimmt Anschluß, denkt sich der Barmixer, und schon steht ein unbestellter Martini vor ihr. Was sie denn in Mailand tue, fragt er. Ah, Modejournalistin, sososo, ihr müsse doch langweilig sein, er kenne die besten Discos der Stadt. Sie müsse nur warten, um Mitternacht habe er Dienstschluß, und dann könne er ihr die besten Plätze zeigen, er kenne sich aus wie kein zweiter. Die Anmache hat nur einen Martini lang gedauert. Die Frau hat praktisch keine andere Wahl, als den nächsten Drink auf ihrem Zimmer zu nehmen. Ein Getränk mehr, und der ungehobelte Barkeeper wertet dies als Einverständnis. Falls sie tatsächlich heftigen Anschluß sucht, kann sie an der Bar sitzen bleiben und sich gratis vollaufen lassen.

»In die Eschenheimer Landstraße? Wie kommt man da hin?« fragt der Taxifahrer. Der Fahrgast erklärt den Weg. Zwei Minuten später. Der Fahrgast: »Könnten Sie bitte etwas langsamer fahren. Ich habe schwache Nerven.« Der Taxifahrer: »Du bist wohl irre, Kleiner.« Der Fahrgast: »Sie haben jetzt zwei Möglichkeiten: entweder ich kotze in Ihren Wagen oder Sie bleiben sofort stehen und ich steige aus. *Ohne* zu zahlen.«

Richtig: das gerechte schlechte Benehmen. Der Fahrgast steigt aus. Zurück bleibt ein tobender Taxifahrer, der brüllt »na, warte, ich ruf die Polizei, du Arschloch.«

Das Benehmen von Taxifahrern, die zweifelsohne sehr, sehr bemitleidenswert sind, läßt häufig sehr, sehr zu wünschen übrig. Natürlich gibt es viele, die sich auskennen, einfach fahren und den Fahrgast in Ruhe lassen. Die bekommen dann auch Trinkgeld.

Aber es gibt auch manch andere, die den Fahrgast mit ekelerregenden politischen Äußerungen behelligen, Geschichten über ihre Mutter und deren schreckliche Krankheit erzählen, und »so ein hübsches Mädchen« partout auf einen Kaffee einladen wollen. Wenn man alleine im Taxi ist, empfiehlt es sich, nicht allzu frech zu werden. Sich reserviert geben und sich auf keine Diskussion einlassen, ist sicherer. Immerhin sind die meisten dummen Taxifahrer stärker als die meisten »hübschen Mädchen«.

Die Entschuldigung

ist eine Selbstverständlichkeit. Besonders angebracht ist sie

- nach einem Streit zur Einleitung der Versöhnung,
- wenn man sich in einer Sache geirrt hat,

- bei Unhöflichkeiten in der Öffentlichkeit: Anrempeln, jemandem auf die Füße treten etc.,
- wenn man jemanden um eine Auskunft bittet.

Geborgtes Geld

Wie fordere ich geborgtes Geld zurück?

- Haben Sie keine Hemmungen, es auch tatsächlich zurückzufordern. Auch wenn die Beträge noch so gering sind.
- Legen Sie sich diskret eine Liste an, wo Sie vermerken, wieviel Sie wem wann geborgt haben. Nach einer angemessenen Frist (bei Kleinbeträgen ein paar Tage, bei größeren Summen müssen sowieso Sondervereinbarungen – schriftlich etc. – getroffen werden) fordern Sie das Geld höflich zurück. Gewissensbisse wie »hoffentlich wirke ich nicht wie ein Geizhals« sind völlig fehl am Platz. Zumeist haben die säumigen Kleinbetragsrückzahler, etwa für den Döner Sandwich in der Mittagspause, einfach die 5,50 Mark vergessen, aber es gibt auch Leute, die vergessen absichtlich immer wieder. Sie werden so lange gemahnt, bis sie die Nerven verlieren und zahlen. Das ist wie bei der Mafia.

Wie wahre ich die Intimsphäre?

Ich sehe gerne in den Aktenkoffer meines Mannes, wenn er nach Hause kommt. Wir haben deswegen schon schrecklichen Streit gehabt, weil er denkt, ich spioniere ihm nach. Dabei will ich nur nachsehen, ob er eine neue Zeitung oder ein Magazin oder eine Tafel Schokolade für mich mitgebracht hat.

Erinnern Sie sich noch daran, wie Ihre Mutter in Ihrer Schultasche nach Zigarettenschachteln fahndete und sich dabei gebärdete wie ein Suchhund der Drogenfahndung? Da sind Sie auch immer wütend geworden, haben die Tür zugeknallt und geschrien: »Zensur ist seit Joseph II. verboten!« Das Wühlen in den Sachen anderer ist eine grobe Verletzung der Intimsphäre.

Diese Schwäche werden Sie sich abgewöhnen müssen. Sollte Sie bereits die Dimension eines Suchtverhaltens erreicht haben, versuchen Sie zuerst wenigstens, sich nicht erwischen zu lassen. So vermeiden Sie Streit! In der Folge müssen Sie noch hart an sich arbeiten.

Alkohol und andere Drogen

Wie verhalte ich mich gegenüber Leuten, die abfällige Bemerkungen darüber machen, daß ich manchmal beim Ausgehen keinen Alkohol trinken will?

Über solche Idioten regen Sie sich auf? Haben Sie nichts Besseres zu tun?

Lassen Sie sich niemals, aus welchen Gründen immer, zu Drogen zwingen. Sie brauchen sich nicht gesellschaftlich verpflichtet zu fühlen, an der Haschischpfeife mitzurauchen oder sich die Kokainline reinzuziehen, nur weil das alle tun.

Den angebotenen Zug aus dem Joint, die gelegentlich auf Parties angebotene Line Koks kann man wirklich ablehnen. Die unsäglichen Ausreden – »du traust dich nicht, Haschisch zu rauchen, weil du Angst hast vor der Polizei«, »Du bist fad, wenn du nicht trinkst« – braucht niemand ernstzunehmen. Sie sind genauso dumm wie abfällige Bemerkungen, wenn man einmal (viel öfter ist es bei den meisten ohnehin noch nicht vorgekommen) ein Glas Wein ablehnt.

Besonderes Ärgernis erregen Konsumenten jeglicher Suchtgifte durch Angeberei. Das gilt für Alkohol ebenso wie bei Kokain. Dieses eitle Gerede »Mann, war ich gestern wieder abgefüllt!«, »Ich glaube, ich muß mir bald neue Nasenscheidewände einsetzen lassen« paßt gut zu pubertierenden Partygästen, aber nicht zu erwachsenen Leuten. Auch von exhibitionistischer Ausbreitung vorhandener Kenntnisse über ausgefallene und besonders teure Weine wird dringend abgeraten. Wenn Sie das wollen, müssen Sie in die Hornochsenbar gehen. Dort hört man gerne zu.

Was nicht geht:
Trinken und Seele ausschütten, Trinken und (endlos, grundlos) jammern, Trinken und den anderen auf die Nerven fallen. Und: wer trinkt, soll die, die nicht trinken wollen, in Ruhe lassen. Abfällige Bemerkungen wie »Heute bist du wieder langweilig!«, »Das machst du nur, weil du dich mit mir treffen mußt« haben zu unterbleiben.

Wer nicht trinkt und deshalb über manche Witze nicht lachen kann und will, wer nicht trinkt und deshalb früher nach Hause geht, hat das Recht, von den anderen in Ruhe gelassen zu werden.

Aber: auch der Nichttrinkende macht den anderen keine Vorwürfe. Wer trinkt, muß schließlich die Folgen selber tragen. Und die sind nicht schön, heißt es. Mit »Alkohol macht dumm, alt und häßlich« hat sie Zsa Zsa Gabor einmal zusammengefaßt. Sie wird es schon wissen.

Zuletzt: der gezielte Fauxpas

Man kann heute nicht gut von Etikette sprechen, ohne von ihrer Mißachtung zu sprechen. Von der geschickt plazierten Verletzung der gesellschaftlichen Spielregeln.

Damit ist nicht plumpe Anmache wie »du hast heute die einmalige Chance, mit mir ins Bett zu gehen« gemeint. Sie ist wie das Foul im Strafraum. Ungeschickt, dumm und sittenwidrig.

Auch der modisch gewordene schlechte Geschmack,

ohne den unsere Kulturindustrie zugrundegehen würde, ist damit nicht gemeint.

Sondern eine Art filigraner Fauxpas. Der Konventionsbruch in einer bestimmten, wohlüberlegten Situation kann sehr charmant sein:

- Streuen Sie eine Derbheit ein. Verwenden Sie einmal, aber nur ein einziges Mal, eine als obszön geltende Vokabel – und geben Sie sich im Anschluß daran wieder wie der vollendete Kavalier. Sollten Sie die Aufmerksamkeit einer Dame erregen wollen, sie wird aufhorchen und sich fragen: interessant…
- Geben Sie sich in entsprechend modernem Rahmen vollendet formvollendet und zitieren Sie den Kavalier der alten Schule. Man wird Ihren Witz registrieren und bemerken: Sie wissen Bescheid, sie kennen die Flaschenpost aus früheren Tagen.

Literatur zum Thema

›Wenn Sie mich so fragen. Rosemarie von Zitzewitz gibt Antworten auf Benimmfragen.‹ Ein Brigitte-Buch im Mosaik-Verlag, München 1986

Karlheinz Graudenz, Erica Pappritz: ›Das Buch der Etikette‹ Perlen-Verlag, Marbach 1956

Willy Ellmayer: ›Gutes Benehmen wieder gefragt.‹ Diverse Auflagen ›Gutes Benehmen – kein Problem!‹ von Joachim Wachtel. Humboldt-TB 1981

Konstanze von Franken: ›Der gute Ton.‹ Berlin 1929

›Durch gute Lebensart zum Erfolg. Ein Wegweiser für Jedermann.‹ Von Ruth Goetz von Schüching. Leipzig, ohne Jahr

Katja Holm: ›Die neue Etikette für junge Leute.‹ München 1971

›Umgangsformen heute. Die Empfehlungen des Fachausschusses für Umgangsformen.‹ 1991

Loriot: ›Der gute Ton. Das Handbuch der feinen Lebensart in Wort und Bild.‹ Diogenes, Zürich 1957

Michael Schiff: ›Leitfaden für Playboys.‹ Moderne-Verlags-GmbH, München 1965

Jörg Mauthe: ›Wiener Knigge.‹ Amalthea Verlag, Wien 1975

›Der gute Ton für meine Tochter.‹ Perlen-Reihe

Norbert Golluch. ›Der Anti-Knigge‹. Eichborn Verlag, Frankfurt 1992

Constanze Elsner: ›Manieren. Tests und Tips für den verzogenen Mann.‹ Ullstein, Frankfurt 1989

Horst-Volker Krumrey: ›Entwicklungsstrukturen von Verhaltensstandards. Eine soziologische Prozeßanalyse auf der Grundlage deutscher Anstands- und Ma-

nierenbücher von 1870 bis 1970.‹ Suhrkamp, Frankfurt 1984
Irene Brin: ›Morbidezza. Kleine Geschichte des Snobismus zwischen den Kriegen.‹ Rotbuch, Berlin 1986
Norbert Elias: ›Der Prozeß der Zivilisation.‹ Suhrkamp, Frankfurt 1976
P. J. O'Rourke: ›Modern Manners. An Etiquette Book for Rude People.‹ Atlantic Monthly Press, New York 1989
Judith Martin: ›Miss Manners. Guide for the turn-of-the-Millennium.‹ Fireside, New York 1988
Paul Fussell: ›Class. A guide through the american status system.‹ Simon & Schuster, New York 1983

Christine Nöstlinger im dtv

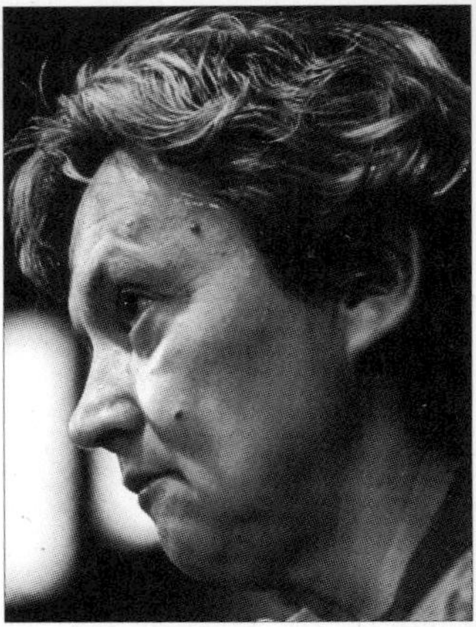

Foto: Klaus Morgenstern

Haushaltsschnecken leben länger
Mit Illustrationen von
Christiana Nöstlinger
dtv 10804 / großdruck 25030

Werter Nachwuchs
Die nie geschriebenen Briefe
der Emma K.
dtv 11321 / großdruck 25076

Das kleine Frau
Mein Tagebuch
dtv 11452

Manchmal möchte ich ein Single sein
Mit Illustrationen von
Christiana Nöstlinger
dtv 11573

Einen Löffel für den Papa
Einen Löffel für die Mama
Mit Illustrationen von
Christiana Nöstlinger
dtv 11633

Streifenpullis stapelweise
Mit Illustrationen von
Christiana Nöstlinger
dtv 11750

Salut für Mama
Mit Illustrationen von
Christiana Nöstlinger
dtv 11860

Liebe Tochter, werter Sohn!
Die nie geschriebenen Briefe
der Emma K.
Zweiter Teil
dtv 11949

Mit zwei linken Kochlöffeln
Ein kleiner Kochlehrgang für
Küchenmuffel
Mit Illustrationen von
Christiana Nöstlinger
dtv 12007

Irmgard Keun im dtv

Foto: Isolde Ohlbaum

Das kunstseidene Mädchen
Doris will weg aus der Provinz, die große Welt erobern. In Berlin stürzt sie sich in das Leben der Tanzhallen, Bars und Literatencafés – und bleibt doch allein.
dtv 11033

Das Mädchen, mit dem die Kinder nicht verkehren durften
Von den Streichen und Abenteuern eines Mädchens, das nicht bereit ist, die Welt einfach so zu akzeptieren, wie sie angeblich ist.
dtv 11034 / dtv großdruck 25050

Gilgi – eine von uns
Gilgi ist einundzwanzig und hat einiges satt: die Bevormundung durch ihre (Pflege-)Eltern, die »sich ehrbar bis zur silbernen Hochzeit durchgelangweilt« haben, die »barock-merkantile« Zudringlichkeit ihres Chefs und den Büroalltag sowieso. Da trifft es sich gut, daß sie sich in Martin verliebt. Doch als sie bei ihm eingezogen ist, kommen ihr Zweifel...
dtv 11050

Nach Mitternacht
Deutschland in den dreißiger Jahren. Ein Konkurrent hat Susannes Freund denunziert. Als er aus der »Schutzhaft« entlassen wird, rächt er sich bitter, und Susanne muß sich entscheiden...
dtv 11118

D-Zug dritter Klasse
In der Zeit des Nationalsozialismus treffen in einem Zug von Berlin nach Paris zufällig sieben Menschen aus unterschiedlichsten Gesellschaftsschichten und mit unterschiedlichsten Reisemotiven zusammen...
dtv 11176

Ich lebe in einem wilden Wirbel
Briefe an Arnold Strauss
1933 bis 1947
dtv 11229

Mary Wesley
im dtv

Foto: Nick Rogers

Zweite Geige
Roman · dtv großdruck 25084

Laura Thornby hat einige sehr gute Gründe dafür, sich in ihrem Leben auf keine allzu enge Beziehung einzulassen. Als sie merkt, daß sie sich in den jungen Claud verliebt hat, sucht sie auf ihre unkonventionelle Art Abhilfe. Selten ist eine durchaus mit tragischen Elementen behaftete Liebesgeschichte zwischen einer erfahrenen Frau und einem jungen Mann so kühn und mit soviel trockenem Humor erzählt worden.

Eine talentierte Frau
Roman · dtv 11650

Noch keine zwanzig, schwanger und mehr oder weniger mittellos verläßt Hebe den Schoß der Familie. Sie will das Kind, das sie erwartet, nicht abtreiben lassen, und tatsächlich gelingt es ihr offenbar, sich durchzuschlagen. Sonst würden wir sie zwölf Jahre später nicht in offensichtlich so angenehmen Lebensumständen wiedertreffen, daß sie als alleinerziehende Mutter ihrem Sohn sogar eine teure Privatschule finanzieren kann.

Ein Leben nach Maß
Roman · dtv 11741

Drei Männer begleiten Flora ein Leben lang. Sie lernt sie als zehnjähriges Mädchen kennen, sie verbringt Zeiten voll Gelächter und Leidenschaft mit jedem von ihnen, aber eine Trennung scheint immer unvermeidlich zu sein. Flora will unabhängig bleiben und ihren eigenen Weg gehen.

Matildas letzter Sommer
Roman · dtv 11893

Matilda, etwas exzentrisch, über fünfzig und verwitwet, sieht in ihrem Leben keine Perspektiven mehr und möchte ihm ein Ende machen. Das ändert sich, als sie einem Mann begegnet, der seit Wochen von der Polizei gesucht wird, weil man glaubt, er habe seine Mutter umgebracht...

Nancy Thayer im dtv

Foto: ECON Verlag GmbH

Das Glück am Rande des Wassers
Roman · dtv 11382

Nach dreißig Jahren Ehe bricht Margaret Wallace aus ihrem bisherigen Leben aus – ein Schritt, mit dem sie bei ihren beiden Töchtern auf wenig Verständnis stößt, stecken diese doch selber in einer Krise: Die schwangere Daisy wurde gerade von ihrem Mann mit zwei Kindern sitzengelassen, und Dale überfällt, trotz aller guten Vorsätze, die große Liebe…

Ein Morgen am Meer
Roman · dtv 11643

Was Sara nicht alles tut, um schwanger zu werden: Sie rennt von einem Arzt zum anderen, und kein Fruchtbarkeitsritus ist ihr mehr fremd. Doch was bei allen anderen so leicht zu gehen scheint – bei ihr klappt es einfach nicht. Sie bekommt und bekommt kein Baby…

Nell
Roman · dtv 11667

Nell St. John, Ende dreißig, ist von ihrem egozentrischen Mann verlassen worden – ausgerechnet wegen ihrer besten Freundin. Nun lebt sie mit ihren beiden Kindern, ihren Katzen und Hunden allein in einem großen Haus in Arlington, Neuengland. Eigentlich genießt sie die neue Selbständigkeit, wären da nicht die ständigen Geldsorgen, das Chaos im Haus, die leidige Kindererziehung und der ständige Ärger mit der Jobberei. Auch ihre Beziehung zu dem jungen Griechen Stellios ist nicht ohne Probleme. Da bietet sich ihr eine unerwartete Chance…

Nina Bawden im dtv

Foto: Jerry Bauer

»Nina Bawdens große erzählerische Begabung ist, uns durch scheinbar ganz normale Straßen zu führen. Und dann reißt sie die Fassaden ein und zeigt uns das seltsame und leidenschaftliche Geschehen hinter den verschlossenen Türen…«
(David Holloway im ›Daily Telegraph‹)

Besuch bei Freunden
Roman · dtv 11635

Laura ist glückliche Ehefrau und Mutter und hat Erfolg als Schriftstellerin. Eigentlich müßte sie sich nur noch Sorgen um ihre Verdauung oder den nächsten Zahnarztbesuch machen. Doch ihr Sohn aus erster Ehe landet im Gefängnis, und sie hat Alpträume, in denen das Haus über ihr zusammenbricht…

Das Eishaus
Roman · dtv 11775

Daß Ruth ihre ganze Kindheit hindurch von einem Vater, der halb verrückt aus dem Krieg nach Hause kam, mißhandelt wurde, macht es ihr später, als ihr Leben scheinbar so geordnet und angenehm verläuft, schwer, den Tatsachen ins Auge zu sehen. Die Affäre ihres Mannes mit einer anderen Frau bringt sie völlig aus dem Gleichgewicht.

Eine Frau in meinen Jahren
Roman · dtv 11726

Die Ereignisse auf einer Urlaubsreise nach Marokko werden für Elizabeth zum Anlaß, den eigenen Lebenslügen nachzuspüren. Besonders als sie feststellt, daß ihr Mann schon lange ein Verhältnis mit der Freundin der Familie hat, die ihnen dort scheinbar zufällig begegnet. Aber auch Elizabeth ist für Überraschungen gut.

Kunst der Täuschung
Roman · dtv 11908

Ein Mann, zwei Frauen, Kinder. Er verdient sein Geld mit den Kopien alter Meister. Täuschung ist sein Lebenselement. Doch manchmal täuscht er sich auch selbst. »Eine äußerst komische Geschichte, faszinierend und unterhaltsam im höchsten Maße.« (The Independent)